主编 ◎ 吴绍伟

汽车发动机构造与维修教程

中国劳动社会保障出版社

图书在版编目(CIP)数据

汽车发动机构造与维修教程/吴绍伟主编. —北京：中国劳动社会保障出版社，2015

ISBN 978-7-5167-1825-4

Ⅰ.①汽… Ⅱ.①吴… Ⅲ.①汽车-发动机-构造-教材②汽车-发动机-车辆修理-教材 Ⅳ.①U472.43

中国版本图书馆 CIP 数据核字(2015)第 109099 号

中国劳动社会保障出版社出版发行

(北京市惠新东街1号 邮政编码：100029)

*

三河市华骏印务包装有限公司印刷装订 新华书店经销
787 毫米×1092 毫米 16 开本 13.25 印张 233 千字
2015 年 5 月第 1 版 2019 年 2 月第 7 次印刷

定价：26.00 元

读者服务部电话：(010) 64929211/64921644/84626437
营销部电话：(010) 64961894
出版社网址：http://www.class.com.cn

版权专有 侵权必究

如有印装差错，请与本社联系调换：(010) 50948191
我社将与版权执法机关配合，大力打击盗印、销售和使用盗版图书活动，敬请广大读者协助举报，经查实将给予举报者奖励。
举报电话：(010) 64954652

教材编写委员会

顾问

林为群	原天津交通职业学院	教授
孙 爽	天津职业技术师范大学	教授
陈泽宇	广州铁路职业技术学院	教授
吴玄光	华南农业大学	副教授
阮少宁	广州丰田汽车特约维修有限公司	副总经理
漆 军	广东机电职业技术学院	教授

主　任：李宗国
副主任：翟恩民　陈林生
委　员：赵晓霞　庄　伟　伊晓浏　谢金富
　　　　毕翠丽　朱建玲　余东权　陈伟忠
　　　　钟祥爱　陈　龙　曾婉芬　吕强松
　　　　杨八妹　潘　毅　揭锡富　吴绍伟
　　　　任玉仪　胡军钢　庾蕙敏　杨华春
　　　　田运芳　杨建政　罗　英　谢静匀
　　　　谭婉虹　刘小琳　唐晓霞　李　莉
　　　　林　琳　卫淑华　黄晓彬　吴　浩

本书主编：吴绍伟

前　言

《汽车发动机构造与维修教程》是汽车发动机构造与维修一体化课程配套使用的教材，本书以汽车维修案例中典型工作任务为导向，基于工作过程，采用"学中做、做中学"的一体化教学模式编写，以典型工作任务引导和组织教学内容，建议在教学过程中配合本教材综合运用现场实训、案例引导和小组合作等多种教学方法，引导学生主动、全面地学习以完成课程目标要求。

本书作为一体化课程教材，在编写过程中注重理论与实践相结合，根据当前汽车维修企业的生产实际，以现代汽车发动机的配气机构、曲柄连杆机构、点火系、燃油供给系、润滑系和冷却系等两大机构、四大系统为学习内容，系统地讲解、示范了汽车发动机各系统及部件总成的结构原理、拆检规程、装配和调整要领、相关工艺标准和技术要求以及常见故障的诊断和典型案例分析，具有较强的针对性，内容系统、连贯、完整，实用性强。

本书适应我国汽车技术发展和汽车维修行业的需求，符合国家职业标准的相关规定，符合汽车维修技术人员职业岗位要求，主要作为各类职业院校汽车类专业教材，也可供汽车维修从业人员、汽车驾驶人员、汽车运行管理人员以及汽车行业技术人员阅读参考。

本书的编写得到广州汽车摩托车维修行业协会关绍裘、广州丰田汽车特约维修有限公司阮少宁、广州长宁汽车销售服务有限公司杨兴舜的大力支持,在此一并表示感谢。

由于水平和经验有限,书中难免有不足和错误之处,恳请各位专家和读者批评指正。

编 者
2015年6月

目 录
CONTENTS

任务一　发动机维修准备 /001
【任务描述】 /001
【任务分析】 /001
【相关资讯】 /002
　一、发动机的概念 /002
　二、发动机的总体构造 /002
　三、发动机的常用术语 /004
　四、发动机的基本工作原理 /005
　五、发动机的主要性能指标 /007
【任务准备】 /008
【任务实施】 /008

任务二　点火系、燃料供给系的检修 /017
【任务描述】 /017
【任务分析】 /017
【相关资讯】 /018
　一、点火系 /018
　二、燃料供给系 /022
【任务准备】 /027
【任务实施】 /028
　一、点火系的检修 /028
　二、燃料供给系的检修 /030

任务三　配气机构的检修 /037

/037　【任务描述】
/037　【任务分析】
/038　【相关资讯】
/038　　一、配气机构的功用
/038　　二、配气机构的组成
/046　　三、配气机构的工作原理
/046　　四、配气机构的分类
/047　　五、配气相位
/049　　六、可变配气相位
/050　【任务准备】
/050　【任务实施】
/050　　一、拆卸配气机构零部件
/057　　二、检查配气机构零部件
/066　　三、更换配气机构零部件
/068　　四、维修气门座
/069　　五、安装配气机构零部件
/082　【任务拓展】

任务四　曲柄连杆机构的检修 /085

/085　【任务描述】
/085　【任务分析】
/086　【相关资讯】
/086　　一、曲柄连杆机构的功用
/086　　二、曲柄连杆机构的组成
/099　【任务准备】
/099　【任务实施】
/099　　一、分解曲柄连杆机构
/103　　二、检查曲柄连杆机构零部件
/116　　三、更换曲柄连杆结构部分零件

/118　四、重新装配曲柄连杆机构
/125　【任务拓展】

/129　任务五　润滑系的检修
/129　【任务描述】
/129　【任务分析】
/130　【相关资讯】
/130　一、润滑系的功用
/130　二、润滑剂
/131　三、润滑系主要部件
/135　四、润滑系的润滑方式
/136　五、机油的分类
/137　六、润滑系的工作过程
/137　【任务准备】
/138　【任务实施】
/138　一、检查发动机机油的油位、质量、油压
/139　二、更换机油和机油滤清器
/140　三、拆卸检查油压力开关
/141　四、拆卸检查机油泵
/145　【任务拓展】

/149　任务六　冷却系的检修
/149　【任务描述】
/149　【任务分析】
/150　【相关资讯】
/150　一、冷却系的功用
/150　二、冷却系的组成
/156　三、冷却系的循环水路
/156　四、冷却液
/157　【任务准备】
/158　【任务实施】

/158　一、检查冷却系的泄漏，冷却液液位和质量，散热器叶片及冷却风扇
/160　二、更换冷却液
/161　三、检查水泵
/162　四、拆装水泵总成
/163　五、拆装和检查节温器
/165　六、检查冷却风扇电动机
/165　七、检查 2 号冷却风扇继电器电阻
/166　八、检查散热器盖分总成
/166　【任务拓展】

/169　**任务七　发动机组装与验收**
/169　【任务描述】
/169　【任务分析】
/170　【相关资讯】
/170　一、发动机维修竣工的技术条件
/171　二、发动机磨合
/174　【任务准备】
/174　【任务实施】
/174　一、安装曲轴箱及油底壳
/177　二、安装汽缸盖总成
/181　三、安装发动机正时链条
/187　四、安装发动机附件

任务一　发动机维修准备

任务描述

一台丰田卡罗拉轿车发动机发生故障,需进行解体检修。根据作业要求,需了解发动机构造,为发动机解体检修前需拆除发动机周边附件。

任务分析

学习目标:

1. 掌握发动机的定义和基本术语。
2. 描述四冲程发动机的基本工作原理。

3. 掌握发动机总成结构特点。
4. 学会拆装发动机的附件。

工作过程与学习活动：

1. 相关资讯（发动机构造知识与基本工作原理）
2. 任务准备（维修手册、学材、工具）
3. 任务实施（发动机附件拆装）

相关资讯

发动机构造知识与基本工作原理

一、发动机的概念

发动机是汽车的动力源，是将某种形式的能量（通常是热能）转换为机械能的机器。汽车发动机一般是将液体燃料或气体燃料与空气混合后输入机器内部燃烧产生热能，并将热能转变为机械能，因此又被称为内燃机。常见的汽车发动机有汽油发动机和柴油发动机两种。

二、发动机的总体构造

汽油发动机通常由两大机构、五大系统组成，如图 1—1 所示。而柴油发动机则由两大机构、四大系统组成。两大机构是指曲柄连杆机构和配气机构，五大系统是指燃料供给系、点火系（柴油发动机无此系统）、冷却系统、润滑系统和起动系统。

1. 曲柄连杆机构

曲柄连杆机构主要由汽缸体、汽缸盖、活塞、连杆、曲轴和飞轮等组成。曲柄连杆机构是发动机借以产生动力，并将活塞的往复直线运动转变为曲轴旋转运动而输出动力的机构。

发动机汽缸体内圆柱形腔体称为汽缸，内装有活塞，活塞通过活塞销、连杆与曲轴相连接。活塞在汽缸内作往复直线运动，通过连杆推动曲轴作旋转运动。

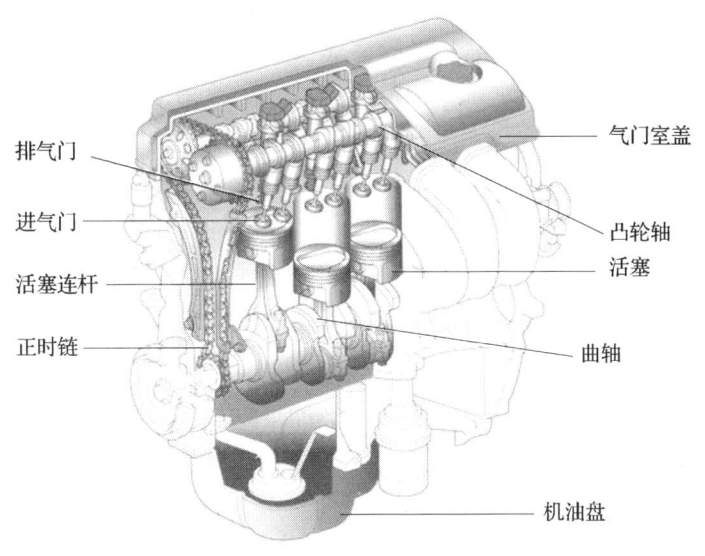

图 1—1 汽油发动机的结构

2. 配气机构

配气机构主要由气门、气门弹簧、液压挺柱、凸轮轴、正时齿形带轮等组成。配气机构的功用是根据发动机的工作需要，通过凸轮轴适时地打开进气门或排气门，使可燃混合气及时地充入汽缸，或使废气及时地从汽缸内排出；而在发动机不需要进气或排气时，则利用气门将进气通道或排气通道关闭，以保持汽缸密封。

3. 燃料供给系

汽油机的燃料供给系由燃油箱、燃油滤清器、燃油泵、节气门体、喷油器、空气滤清器、进排气歧管和排气消声器等组成。其功用是向汽缸内供给已配好的可燃混合气（缸内喷射式发动机为空气），并控制进入汽缸内的可燃混合气的数量，以调节发动机的输出功率和转速，最后将燃烧后的废气排出汽缸。

4. 点火系

点火系通常由电源（蓄电池和发电机）、点火开关、点火线圈、火花塞等组成。汽油机点火系的功用是按一定时刻向汽缸内提供电火花，及时点燃汽缸中被压缩的可燃混合气。

5. 冷却系统

水冷式冷却系统通常由水泵、散热器、风扇、节温器、水套等组成。冷却系统的功用是利用冷却介质冷却高温零件，并通过散热器将热量散发到外界空气中去，以保证发动机正常工作。

6. 润滑系统

润滑系统一般由机油泵、机油滤清器、集滤器、限压阀、润滑油道、油底壳等组成。润滑系统的功用是将清洁的润滑油分送至各个摩擦表面，以减小摩擦和磨损，并清洗、冷却摩擦表面，从而延长发动机的使用寿命。

7. 起动系统

起动系统包括起动机及其附属装置。起动系统的功用是带动飞轮旋转以获得必要的动能和起动转速，使静止的发动机起动并进入自行运转状态。

三、发动机的常用术语

图1—2中标示出了发动机中常用的专业术语，其含义见表1—1。

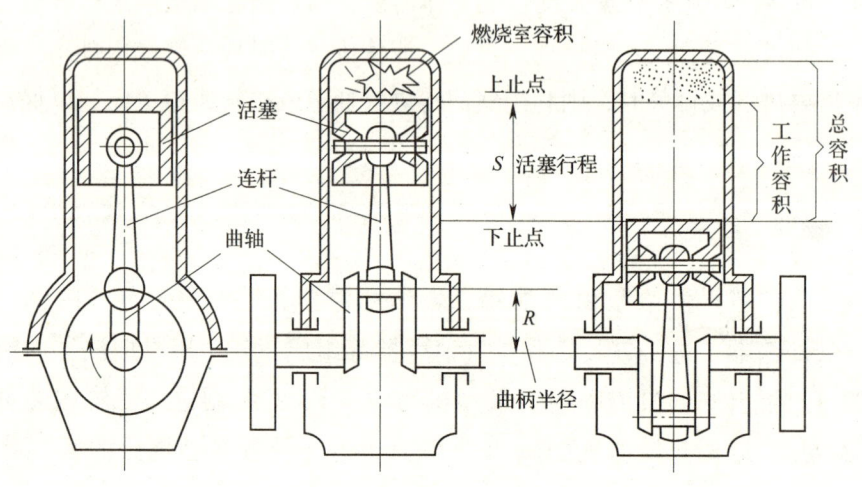

图1—2　发动机常用术语

表1—1　　　　　　　　　　发动机常用术语的含义

术语名称	含义
上止点	活塞离曲轴回转中心最远处，即活塞的最高位置
下止点	活塞离曲轴回转中心最近处，即活塞的最低位置

续表

术语名称	含义
活塞行程（S）	上止点与下止点之间的距离
曲柄半径（R）	曲轴与连杆下端的连接中心至曲轴中心的距离（即曲轴的回转半径） 活塞行程为曲柄半径的两倍，即 $S = 2R$
汽缸工作容积（V_h, L）	又称汽缸排量，为活塞从一个止点运动到另一个止点所扫过的容积
燃烧室容积（Vc, L）	活塞在上止点时，活塞顶与汽缸盖之间的容积
汽缸总容积（Va, L）	活塞在下止点时，活塞顶上方的容积 汽缸总容积是汽缸工作容积与燃烧室容积之和
发动机排量（VL, L）	多缸发动机各汽缸工作容积的总和
压缩比（ε）	汽缸总容积与燃烧室容积之比 一般车用汽油机的压缩比约为 6~11，柴油机的压缩比一般为 16~22；压缩比越大，压缩终了时汽缸内气体的压力和温度越高
工作循环	在汽缸内进行的每一次将燃料燃烧的热能转变成机械能的一系列连续过程（进气、压缩、做功、排气）称为发动机的一个工作循环

四、发动机的基本工作原理

现代汽车发动机应用最广、数量最多的是水冷式四冲程往复活塞式内燃机，这里主要介绍四冲程发动机的基本工作原理。

1. 四冲程汽油发动机工作原理

四冲程汽油发动机每一个工作循环包括 4 个活塞行程，即进气行程、压缩行程、做功行程和排气行程，如图 1—3 所示。

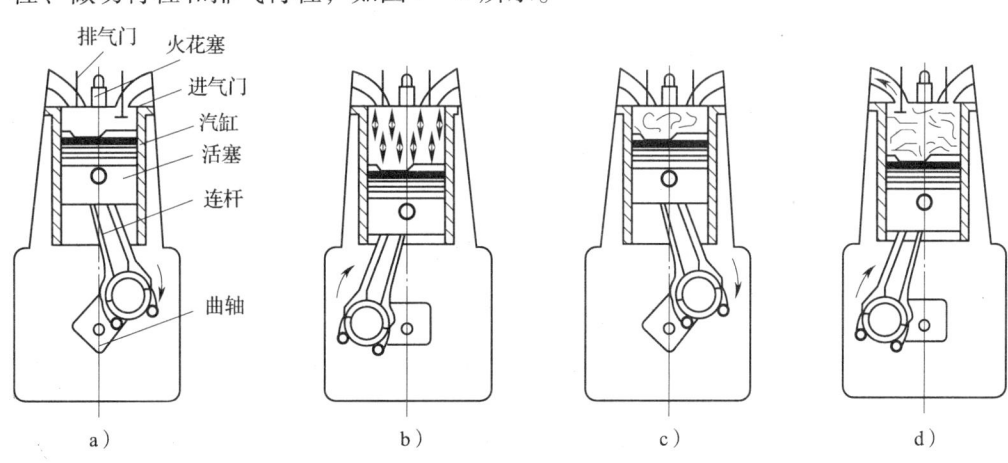

图 1—3 四冲程汽油发动机工作循环图
a）进气行程 b）压缩行程 c）做功行程 d）排气行程

（1）进气行程。在进气行程中，活塞在曲轴和连杆的带动下由上止点向下止点运行，这时进气门开启，排气门关闭。在活塞由上止点向下止点运动过程中，由于活塞上方汽缸容积逐渐增大，形成一定的真空度。这样，可燃混合气通过进气门被吸入汽缸，直至活塞到达下止点时，进气行程结束。

（2）压缩行程。活塞在曲轴和连杆的带动下由下止点向上止点运动，此时进排气门处于关闭状态。由于活塞上方汽缸容积逐渐减小，进入汽缸内的可燃混合气被压缩，温度和压力不断升高，直至活塞到达上止点时，压缩行程结束。

（3）做功行程。当活塞运动到接近压缩行程上止点附近时，火花塞跳火点燃汽缸内的可燃混合气。这时由于进气门和排气门均处于关闭状态，使缸内气体温度和压力同时升高，高温高压的气体膨胀，推动活塞由上止点向下止点运动，并通过连杆带动曲轴旋转输出机械能，直到活塞到达下止点时，做功行程结束。

（4）排气行程。在做功行程结束后，汽缸内的可燃混合气通过燃烧转变为废气。此时排气门开启，进气门处于关闭状态，活塞在曲轴和连杆的带动下由下止点向上止点运动，汽缸内的废气经排气门排出，直到活塞到达上止点时，排气行程结束。

排气行程结束后，进气门再次开启，又开始下一个工作循环。如此周而复始，发动机就连续运转。

2. 四冲程柴油发动机工作原理

四冲程柴油发动机工作原理与四冲程汽油发动机一样，四冲程柴油机每个工作循环也是由进气、压缩、做功和排气4个活塞行程组成。但由于柴油和汽油使用性能的不同，柴油发动机在可燃混合气的形成方式、着火方式等方面与汽油发动机有着较大的区别。

（1）进气行程。柴油发动机在进气行程中进入汽缸的是纯空气，而不是可燃混合气。

（2）压缩行程。柴油发动机在压缩行程中压缩的是进气行程进入汽缸内的纯空气。由于柴油发动机压缩比高，压缩终了时缸内气体的温度和压力均高于汽油发动机。

（3）做功行程。柴油发动机做功行程与汽油发动机有很大区别。在压缩行程接近上止点时，喷油泵泵出的高压柴油经喷油器呈雾状喷入汽缸内的高温空气中，柴油迅速吸热、蒸发、扩散并与空气混合形成可燃混合气。由于此时汽缸内的温度远高于柴油的自燃温度（约500 K），形成的可燃混合气自行着火燃烧，随后的一段时间内边喷油边混合边燃烧，汽缸内的温度和压力迅速升高，推动活塞下行做功。

（4）排气行程。与汽油机的排气行程基本相同。

3. 四冲程发动机工作循环的特点

（1）每完成一个工作循环曲轴旋转 2 圈（720°），每一行程曲轴旋转半圈（180°）。在 4 个活塞行程中，只有做功行程产生动力，其余 3 个活塞行程是为做功行程做准备的辅助行程，都要消耗动力。

（2）发动机起动时（第一个工作循环），必须借助外力带动曲轴旋转以完成进气、压缩行程，在混合气着火做功行程开始后，依靠曲轴和飞轮储存的能量，使发动机转入正常运转状态。

（3）对于多缸四冲程发动机，曲轴每转两周，各缸分别做功一次，且各缸做功间隔角（以曲轴转角表示）保持一致。对于缸数为 i 的四冲程直列式发动机而言，做功间隔角为 $7\,200/i$。汽缸数越多，发动机工作越平稳，结构也越复杂。现代汽车发动机都采用多缸四冲程发动机，应用最多的是四缸、六缸和八缸发动机。

五、发动机的主要性能指标

发动机的主要性能指标有动力性指标（有效转矩、有效功率、转速等）和经济性指标（燃油消耗率）。

1. 动力性指标

（1）有效转矩。发动机通过飞轮对外输出的转矩称为有效转矩，以 T_e 表示。有效转矩与外界施加于发动机曲轴上的阻力矩相平衡。

（2）有效功率。发动机通过飞轮对外输出的功率称为发动机的有效功率，用 P_e 表示。

（3）转速。发动机曲轴每分钟的转数称为转速，单位为 r/min。发动机产品铭牌上标明的功率及相应转速称为额定功率和额定转速。

2. 经济性指标

燃油消耗率：发动机每发出 1 kW 有效功率，在 1 h 内所消耗的燃油质量（以 g 为单位）称为燃油消耗率，以 g_e 表示。燃油消耗率越低，发动机的经济性越好。

任务准备

1. 资料准备

丰田卡罗拉发动机的《维修手册》《汽车发动机构造与维修》学材（工作页）。

2. 工具准备

52件套套筒扳手、曲轴皮带轮专用拆卸工具、机油滤清器专用拆卸工具、14 mm火花塞扳手。

任务实施

步骤1：安装发动机台架。

将发动机放置在发动机台架上。

步骤2：拆卸进气歧管。

（1）拆下线束卡夹支架。

（2）拆下2个螺栓并断开进气管（见图1—4）。

（3）将通风软管从进气歧管上断开。

（4）断开2根水旁通软管。

（5）拆下4个螺栓和2个螺母（见图1—5），并拆下进气歧管和进气歧管撑条。

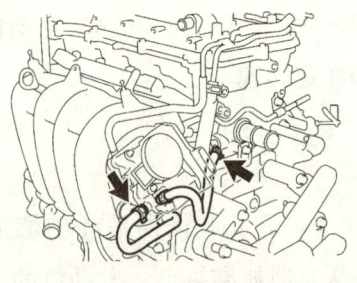

图1—4

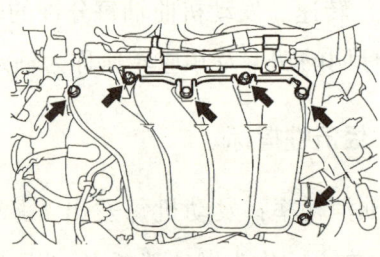

图1—5

(6) 将衬垫从进气歧管上拆下。

步骤3：断开燃油管分总成。

捏住燃油管连接器的固定器（见图1—6），并拉出燃油管连接器，然后从燃油管路上断开燃油管。

提示：

- 开始作业之前，去除燃油管连接器上的所有污垢和异物。
- 断开燃油管时不要划伤零件或使其沾上异物，因为燃油管连接器上有用来密封燃油管的O形圈。
- 用手操作。不要使用任何工具。
- 不要用力地弯曲、扭曲或转动尼龙管。
- 断开燃油管后，用塑料袋覆盖断开的部位，以起到保护作用。
- 如果燃油管连接器和燃油管卡住，推拉连接器，使其松开。

步骤4：拆卸输油管分总成。

(1) 拆下螺栓（见图1—7）。

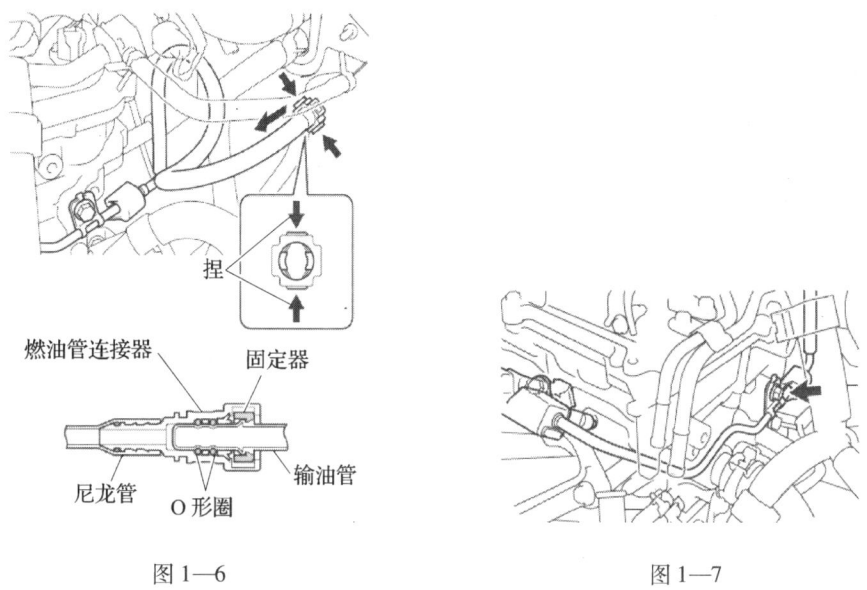

图1—6　　　　　　　　　　图1—7

(2) 拆下2个螺栓，然后拆下带4个喷油器的输油管（见图1—8）。

提示：

拆下输油管时不要使喷油器掉落。

(3) 拆卸2个1号输油管隔圈。

(4) 拆卸4个喷油器隔振器。

步骤5：拆卸4个喷油器总成（见图1—9）。

图 1—8

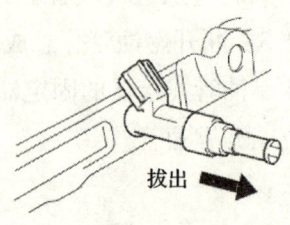
图 1—9

提示：

用塑料袋罩住喷油器，以防止异物的侵入。

步骤6：拆下4个螺栓和拆卸4个点火线圈总成。

步骤7：拆卸机油尺分总成。

（1）拆下螺栓和机油尺（见图1—10）。

（2）从机油尺上拆下O形圈。

步骤8：拆卸排气歧管。

（1）拆下4个螺栓和排气歧管1号隔热罩（见图1—11）。

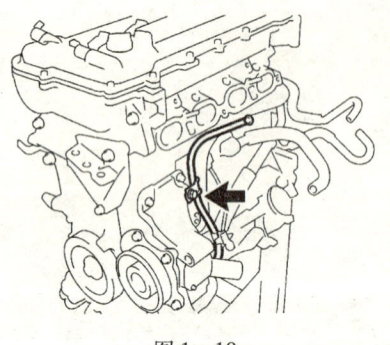
图 1—10

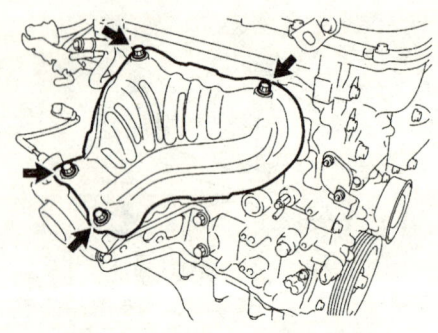
图 1—11

（2）拆卸3个螺栓和歧管撑条（见图1—12）。

（3）拆下5个螺母并拆卸排气歧管（见图1—13）。

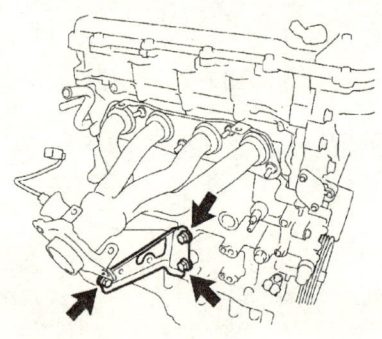
图 1—12

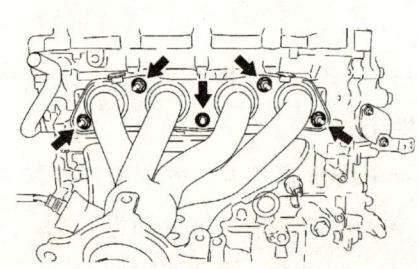
图 1—13

步骤9：拆卸通风软管（见图1—14）。

步骤10：将3号水旁通软管从进水口壳体上分离（见图1—15）。

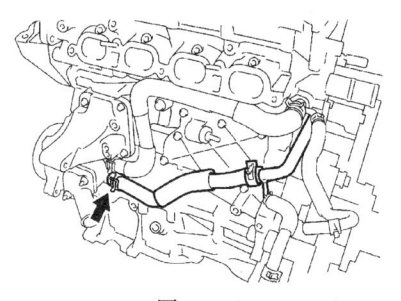 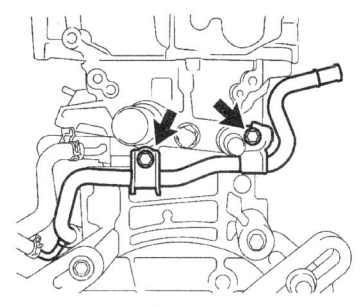

图1—14　　　　　　　　　　图1—15

步骤11：拆卸1号水旁通管。

（1）拆下2个螺栓和1号水旁通管（见图1—16）。

（2）拆下卡夹和水旁通软管。

步骤12：拆卸2个卡夹和进水软管，拆卸进水口，拆卸节温器。

步骤13：拆卸螺栓和收音机设置调相器（见图1—17）。

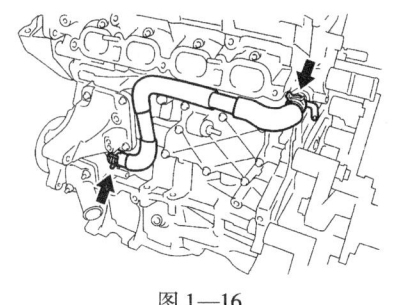 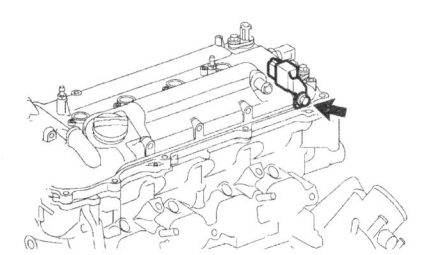

图1—16　　　　　　　　　　图1—17

步骤14：拆卸2个螺栓和2个发动机吊架（见图1—18）。

步骤15：用14 mm火花塞扳手拆下火花塞（见图1—19）。

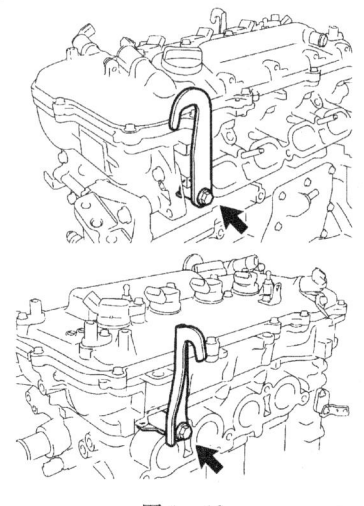 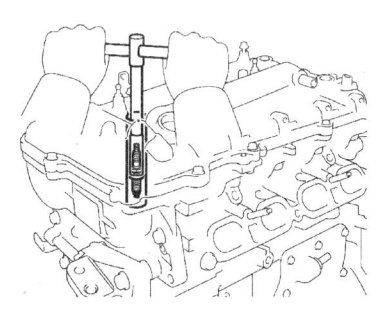

图1—18　　　　　　　　　　图1—19

步骤16：拆卸2个螺栓和2个凸轮轴位置传感器（见图1—20）。

步骤17：拆卸2个螺栓、O形圈、支架和2个凸轮轴正时机油控制阀总成（见图1—21）。

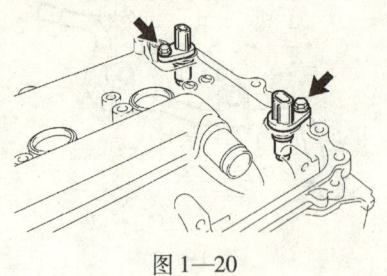

图1—20　　　　　　　　　图1—21

步骤18：拆卸汽缸盖罩分总成

（1）拆下13个螺栓、密封垫圈并拆卸汽缸盖罩（见图1—22）。

（2）从凸轮轴轴承盖上拆下3个衬垫（见图1—23）。

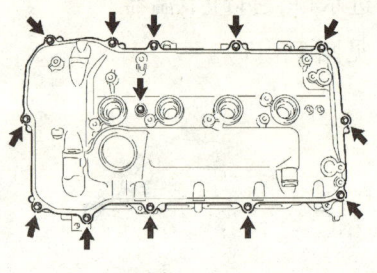 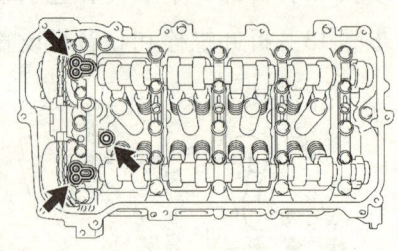

图1—22　　　　　　　　　图1—23

提示：

拆卸汽缸盖罩时小心不要将衬垫掉进发动机里，同时衬垫可能会粘附到汽缸盖罩上。

（3）拆卸汽缸盖罩衬垫（见图1—24）。

步骤19：将1号汽缸设置到TDC/压缩。

（1）转动曲轴皮带轮，直到其凹槽与正时链条盖上的正时标记"0"对准。

（2）检查并确认凸轮轴正时齿轮和链轮上的各正时标记和位于1号和2号轴承盖上的各正时标记对准。如果没有对准，则转动曲轴1圈（360°），如上所述对准正时标记（见图1—25）。

步骤20：拆卸曲轴皮带轮及正时链条盖油封。

（1）轴皮带轮用SST固定皮带轮就位并松开皮带轮螺栓（见图1—26）。

提示：

安装SST时要检查其安装位置，以防止SST安装螺栓接触正时链条盖分总成。

（2）用SST拆下曲轴皮带轮和皮带轮螺栓（见图1—27）。

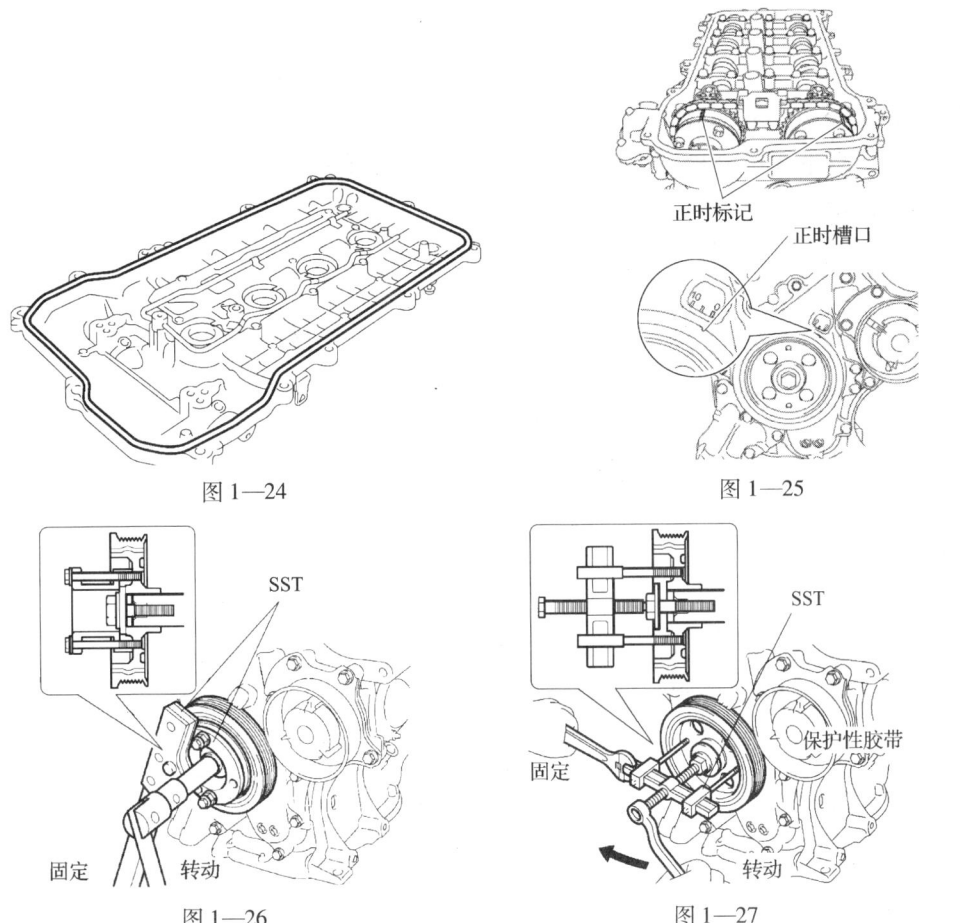

图 1—24　　　　　　　　　　图 1—25

图 1—26　　　　　　　　　　图 1—27

提示：

如有必要，用 SST 拆下皮带轮和皮带轮螺栓。

（3）用刀子切掉油封唇口拆卸正时链条盖油封。

步骤21：拆下 2 个螺母、托架，拆卸 1 号链条张紧器总成和衬垫（见图1—28）。

提示：

不要在不使用链条张紧器的情况下转动曲轴。

步骤22：用机油滤清器专用拆卸工具SST拆卸机油滤清器分总成（见图1—29）。

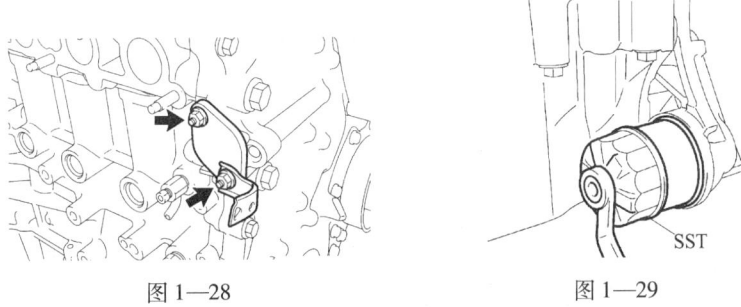

图 1—28　　　　　　　　　　图 1—29

提示:

拆卸机油滤清器前放置一个容器,以容纳放出的机油。

步骤23:拆卸正时链条盖分总成。

(1) 拆下3个螺栓和发动机悬置支架(见图1—30)。

(2) 拆下4个螺栓和机油滤清器支架(见图1—31)。

图1—30

图1—31

(3) 拆下2个O形圈(见图1—32)。

(4) 拆下19个螺栓(见图1—33)。

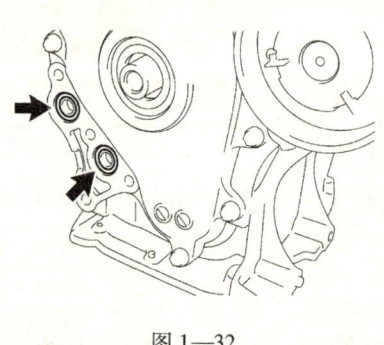

图1—32

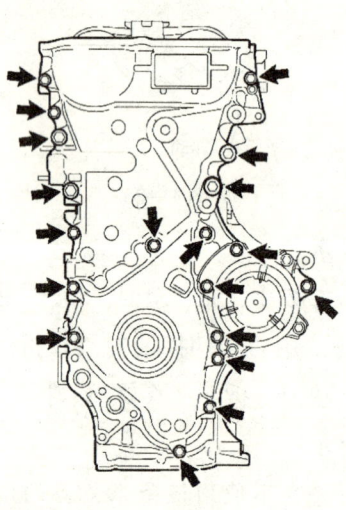

图1—33

(5) 用旋具撬动正时链条盖和汽缸盖或汽缸体之间的部位,拆下正时链条盖(见图1—34)。

提示:
- 注意不要损坏正时链条盖、汽缸体和汽缸盖的接触面。
- 使用旋具之前,请在旋具头部缠上胶带。

(6) 拆下3个O形圈(见图1—35)。

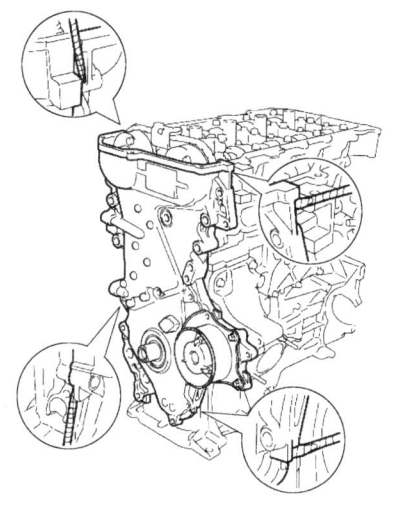

图 1—34

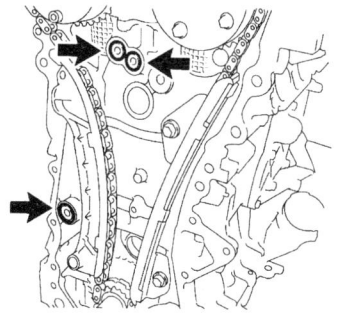

图 1—35

（7）拆下 3 个螺栓和水泵（见图 1—36）。

（8）拆下衬垫（见图 1—37）。

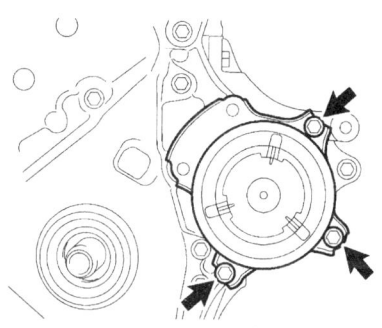

图 1—36

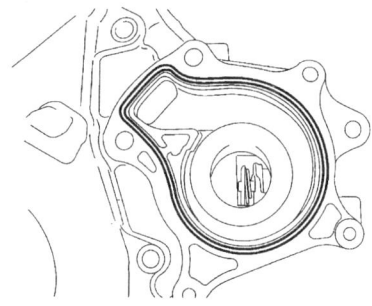

图 1—37

任务二 点火系、燃料供给系的检修

任务描述

一台丰田卡罗拉轿车发动机不能起动,据技师领班的初步判断,很可能是起动系统的问题,是点火系或燃料供给系的故障。请以小组为单位组成维修团队对车辆故障进行检查维修。

任务分析

学习目标:

1. 熟悉发动机点火系和燃料供给系的作用、组成、工作原理。

2. 学会正确使用工具对点火系和燃料供给系进行拆装。

3. 能够对点火系和燃料供给系各零件进行正确的检修。

工作过程与学习活动：

1. 相关资讯（发动机点火系、燃料供给系相关知识）
2. 任务准备（维修手册、学材、工具）
3. 任务实施（发动机的点火系、燃料供给系的检修）

相关资讯

发动机点火系、燃料供给系相关知识

一、点火系

点火系通常分为传统点火系、电子点火系和微机控制点火系三种。

1. 传统点火系的构成和工作原理

（1）传统点火系的构成。传统点火系通常由电源（蓄电池）、点火线圈、分电器、火花塞、附加电阻（通常与点火线圈组装在一起）和点火开关等部件组成，如图2—1所示。

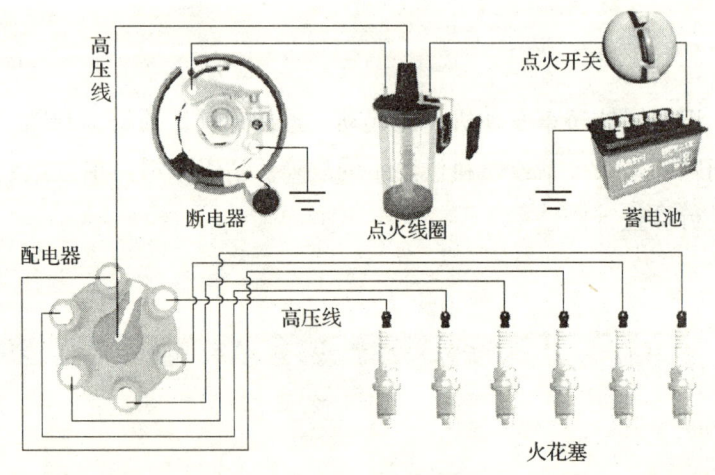

图2—1 传统点火系的构成

1）电源。蓄电池和发电机，标称电压为12 V，其功用是供给点火系所需的电能。

2）点火线圈。其功用是将12 V的低压电转变为15~25 kV的高压电。

3）分电器。分电器由断电器、配电器、电容器和点火提前机构组成。断电器由触点副和凸轮组成，其功用是接通和断开初级电路；配电器由分电器盖和分火头组成，分电器盖上有与发动机汽缸数相同的旁电极，当分火头旋转时，它上面的导电片依次和亮度电极接通，将点火线圈产生的高压电，按发动机工作顺序分别传到各缸火花塞；电容器与断电器触点并联，用来减小触点间的火花，延长触点的使用寿命，提高二次电压；点火提前机构由离心点火提前机构和真空点火提前机构组成，当发动机转速和负荷变化时，自动调节点火提前角。

4）火花塞。其功用是将点火线圈产生的高压电引入燃烧室，并在其电极间产生电火花，点燃混合气，从而使混合气燃烧做功。

5）附加电阻。其功用是改善点火特性和起动性能。

6）点火开关。用来控制仪表电路、点火系初级电路及起动机继电器电路等的通断。

（2）传统点火系的工作原理。如图2—1所示，发动机工作时，断电器凸轮在发动机凸轮轴的驱动下旋转，凸轮旋转时使断电器触点交替地闭合和打开。

1）触点闭合，初级电流增长。初级电流回路：蓄电池（+）→点火线圈一次绕组→断电器触点→固定触点→搭铁（-）。一次绕组通电时，其周围产生磁场。

2）触点被断电器凸轮顶开，产生次级高压。次级电流回路：点火线圈的二次绕组→蓄电池正极→蓄电池→搭铁→火花塞侧电极→火花塞中心电极→高压导线→配电器和分火头→点火线圈二次绕组。二次绕组中感应生成很高的电压，使火花塞两电极之间的间隙被击穿，产生电火花。

2. 电子点火系的构成和工作原理

电子点火系主要由蓄电池、点火开关、点火线圈、点火信号发生器、点火控制器、配电器、高压线、火花塞等部件组成，如图2—2所示。

目前，汽车上应用最为广泛的电子点火系按点火信号发生器的不同主要有磁感应式和霍尔效应式等。

（1）磁感应式电子点火系的工作原理。磁感应式电子点火系也称磁脉冲式电子点火系，其点火信号发生器是采用电磁感应原理制成的。磁感应式传感器主要由永久磁铁、传感线圈和信号转子3部分组成，其结构如图2—3所示。电子点火控制器将传感器输入的交变脉冲信号整形、放大，转变为点火控制信号，经开关型大功率晶体管，控制点火线圈一次绕组的通、断和点火系的工作。

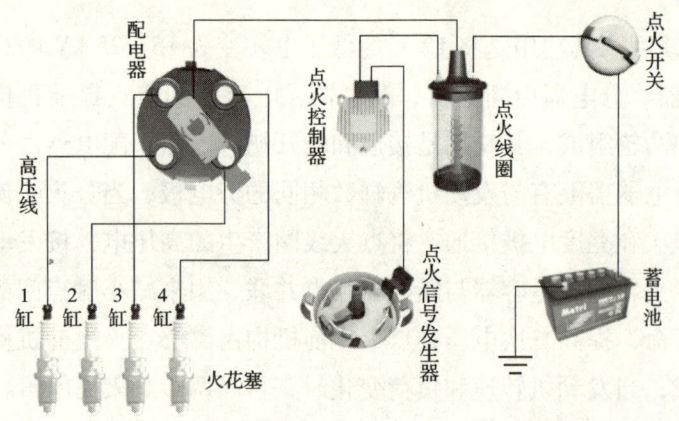

图 2—2　电子点火系的构成

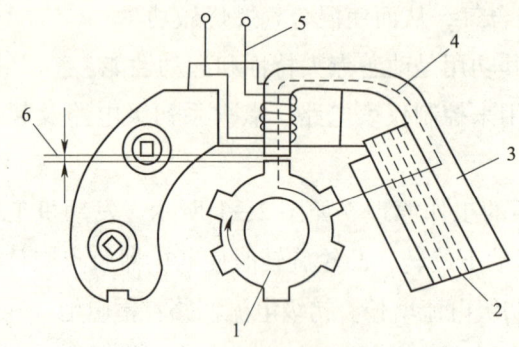

图 2—3　磁感应式传感器的基本结构

1—信号转子　2—永久磁铁　3—铁芯　4—磁通　5—传感线圈　6—空气隙

（2）霍尔效应式电子点火系的工作原理。霍尔效应是由美国科学家爱德华·霍尔于1879年发现的，其原理如图2—4所示。当电流 I 通过放在磁场中的半导体基片且电流方向与磁场方向垂直时，在垂直于电流与磁通的半导体基片横向侧面上即产生一个与电流和磁通密度成正比的电压，称为霍尔电压。霍尔式点火信号发生器由触发叶轮和信号触发开关等组成，如图2—5所示。

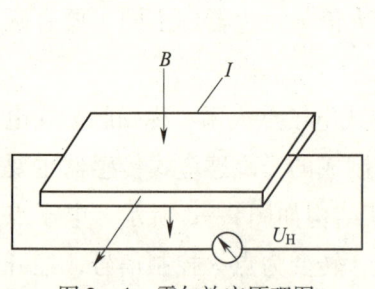

图 2—4　霍尔效应原理图

I—电流　B—磁场　U_H—霍尔电压

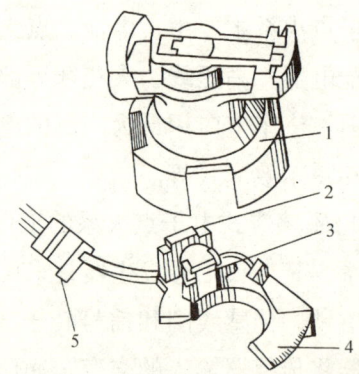

图 2—5　霍尔式点火信号发生器

1—与分火头一体的触发叶轮　2—霍尔集成电路
3—带导磁板的永久磁铁　4—触发开关　5—插接器

3. 微机控制点火系的构成和工作原理

如图2—6所示,微机控制点火系由传感器、微机控制器和点火执行器3种部件组成。主要部件外形见表2—1。微型计算机根据各传感器输入的信号,精确计算出不同工况下的最佳点火提前角和点火线圈初级电路的导通时间,使发动机在任何工况下点火时刻均为最佳值。

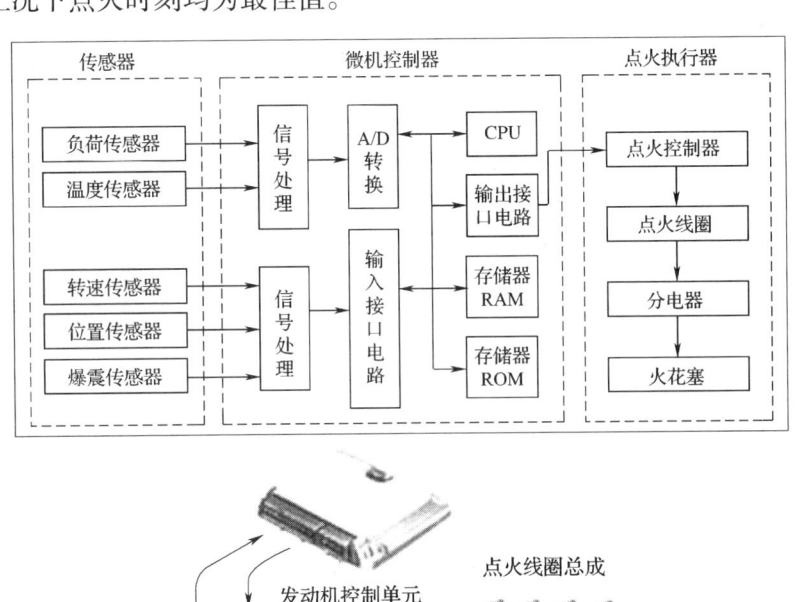

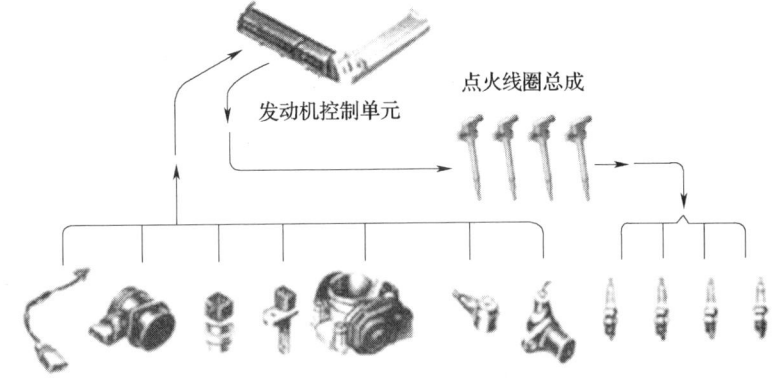

图2—6 微机控制点火系结构

表2—1   微机控制点火系主要部件外形

主要部件名称		说明	外形
传感器	曲轴位置传感器	其安装部位可在曲轴前端、凸轮轴前端、飞轮上	

续表

主要部件名称		说明	外形
传感器	爆震传感器	一般发动机有1~2只爆震传感器,安装在汽缸体侧面前方	
	微机控制器	即电子控制单元(ECU),给各传感器提供参考电压,接受传感器信号,进行存储、计算和分析处理后执行器发出指令	
执行器	火花塞	安装在汽缸盖上,数量与发动机汽缸数相同	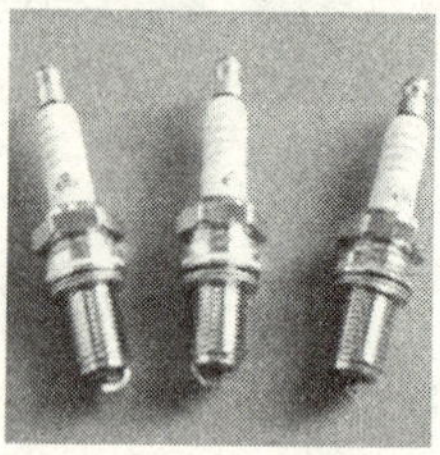
	点火线圈	安装在汽缸盖上,数量与发动机汽缸数相同	

二、燃料供给系

燃油供给系主要用以向汽缸内供给燃烧所需要的清洁汽油,并在发动机各种工况下,保持系统油压不变。

1. 燃油供给系的构成

燃油供给系主要由油箱、电动燃油泵、汽油滤清器、燃油分配管、压力调节器、喷油器和油管等部件组成,如图2—7所示。

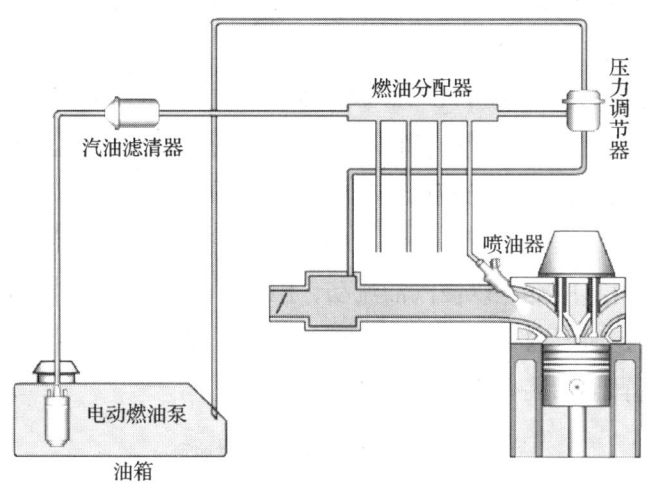

图 2—7 燃油供给系的构成

（1）油箱：用以贮存燃油。

（2）汽油滤清器。汽油滤清器安装在汽油泵出口的一侧，滤清燃油中的杂质（可滤去直径大于 0.01 mm 的杂质和水分），防止燃油系统堵塞，减小机件磨损，保证发动机正常工作。汽油滤清器壳体采用金属外壳或塑料外壳，滤芯多采用滤纸，也有的汽油滤清器使用尼龙布、高分子材料。其外形如图 2—8 所示。

1）汽油滤清器的工作原理。如图 2—9 所示，燃油在燃油泵的作用下，经过进油管进入滤清器的沉淀杯中。由于此时容积变大，流速变小，比油重的水及杂质颗粒便沉淀于杯的底部，轻的杂质随燃油流向滤芯，而清洁的燃油从滤芯的微孔渗入滤芯的内部，然后经出油管流出。

图 2—8 汽油滤清器外形

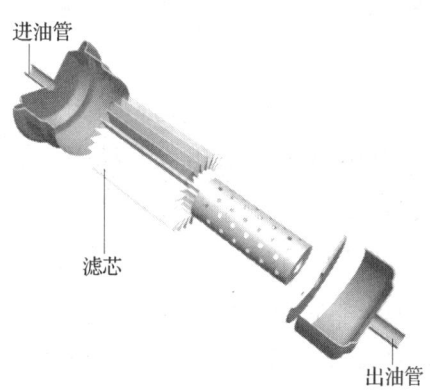

图 2—9 汽油滤清器结构

2）汽油滤清器的维护与安装。多数发动机上装的都是一次性不可拆洗式的纸质滤芯汽油滤清器，应根据车辆行驶里程（一般为 20 000 km）进行更换，若汽油杂质较少，则可延长更换周期。滤清器有进出油口箭头标记，更换时切勿装反。

（3）燃油分配管。燃油分配管总成将油箱通过汽油泵送来的燃油，分配到各汽缸的喷油器中。燃油分配管由钢板冲焊或铸铝制成，安装在发动机上方进气通风系统的下面，由螺栓固定安装在进气歧管下方的固定座上。

燃油分配管总成由输油管、进油口接头、回油口接头和喷油器接头组成，如图2—10所示。内部中空，以便汽油流动，但为了防止汽油在从前往后流动过程中，油压会降低，所以内壁做成前大后小的楔形。采用外置式汽油滤清器的发动机，在燃油分配管上加装有油压调节器。

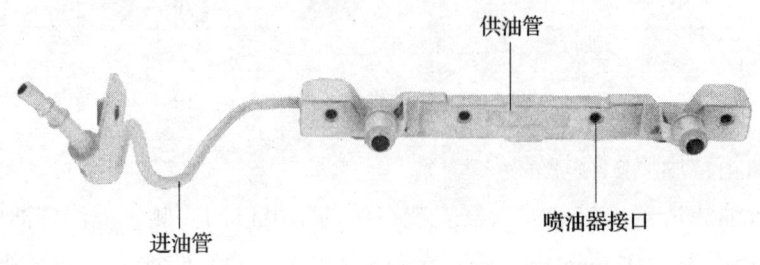

图2—10 燃油分配管结构

燃油分配管的工作过程为：汽油由油箱中的汽油泵流出，经过汽油滤清器，通过进油口流入输油管，再通过喷油器接头进入喷油器，喷入汽缸。油压调节器保持正常的系统压力，多余汽油从回油口流回汽油箱。

（4）压力调节器。压力调节器用以调节燃油压力，使输油管内燃油压力与进气管内气体压力的差值保持恒定的250～300 kPa，从而使得喷油器喷油量仅与喷油时间有关。压力调节器一般安装在燃油分配管上，其外形如图2—11所示。

1）压力调节器的结构。压力调节器由阀片、膜片、膜片弹簧和外壳组成。膜片将金属壳体的内腔分成两个腔室：一个是弹簧室，内装一个具有一定预紧力的螺旋弹簧，弹簧预紧力作用在膜片上，弹簧室通过软管引入进气歧管的负压；另一个是燃油室，通过两个管接头与燃油分配管及回油管相连。

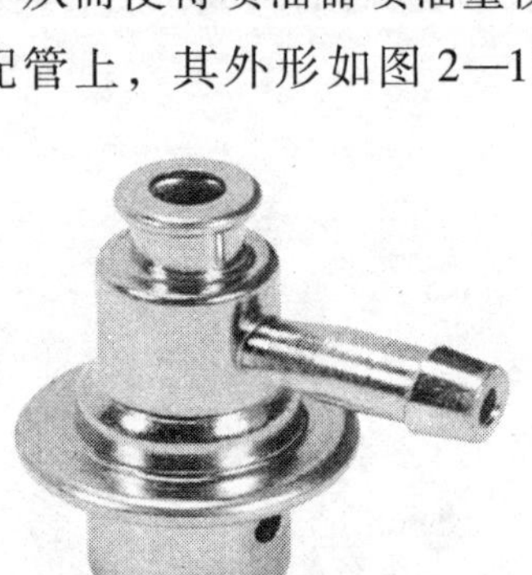

图2—11 压力调节器

2）压力调节器的工作原理（见图2—12）。发动机工作时，燃油压力调节器膜片上方承受的压力为弹簧压力和进气管内气体的压力之和，膜片下方承受的压力为燃油压力，当压力相等时，膜片处于平衡位置不动。当进气管内气体压力下降时（真空度变大），膜片向上移动，回油阀开度增大，回油量增多，使输油管内燃油压力也下降；反之，进气管内气体压力升高时，燃油的压力也升高。

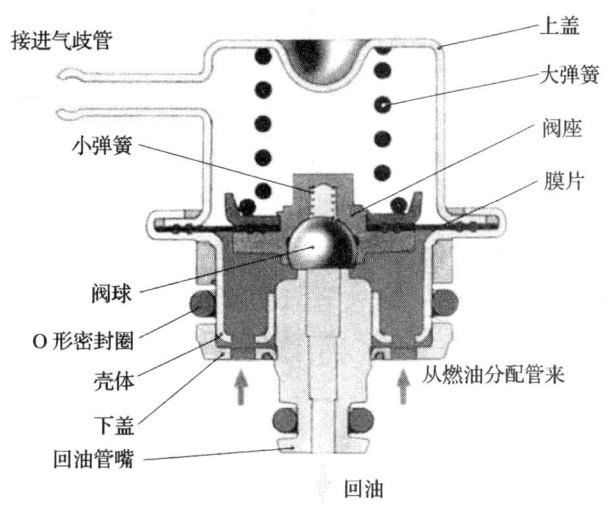

图 2—12　压力调节器的工作原理

（5）喷油器。喷油器实质上是一个电磁阀，其功用是根据电子控制单元（ECU）发出的脉冲指令，将一定量的汽油适时、精确地喷入到进气管内。喷油器的外形如图 2—13 所示。

图 2—13　喷油器的外形

1）喷油器的分类。喷油器按喷射方式可分为轴针式喷油器、孔式喷油器和片阀式喷油器，如图 2—14 所示，按电磁线圈阻值可分为低阻型和高阻型喷油器。各类喷油器特点见表 2—2。

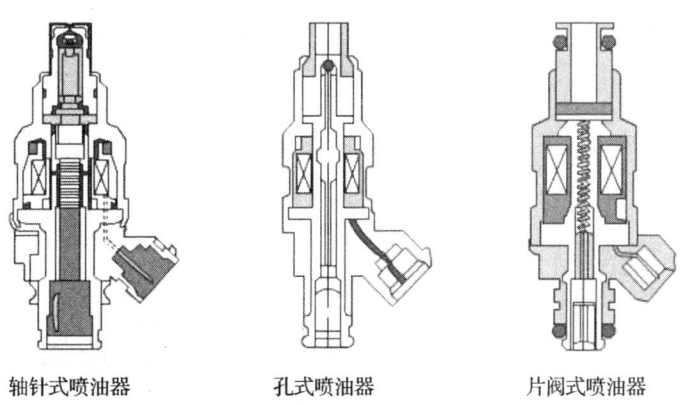

轴针式喷油器　　　孔式喷油器　　　片阀式喷油器

图 2—14　喷油器按喷射方式的分类

表 2—2　　各类喷油器的特点

喷油器类别	特点
轴针式喷油器	喷孔不易堵塞，但燃油的雾化质量较差，动态响应较慢
孔式喷油器	燃料雾化质量较好，响应速度快，但喷孔易堵塞
片阀式喷油器	质量轻，动态流量范围较大，抗堵塞能力强
低阻喷油器	电磁线圈的匝数较少，电阻值约为 0.6~3 Ω；线圈的电感小，动态响应特性好，可用电流驱动和电压驱动；当采用电压驱动方式时，须在驱动回路中串入附加电阻，以增加回路的阻抗
高阻喷油器	电磁线圈的电阻值约为 12~17 Ω；只能采用电压驱动方式，故驱动电路较简单，成本较低，但无效喷射时间较长，响应特性较差

2) 喷油器工作原理。如图 2—15 所示，不喷油时，回位弹簧通过衔铁使针阀紧压在阀座上，防止滴油。当电磁线圈通电时，产生电磁吸力，将衔铁吸起并带动针阀离开阀座，同时回位弹簧被压缩，燃油经过针阀并由轴针与喷口的环隙或喷孔中喷出。当电磁线圈断电时，电磁吸力消失，回位弹簧迅速使针阀关闭，喷油器停止喷油。

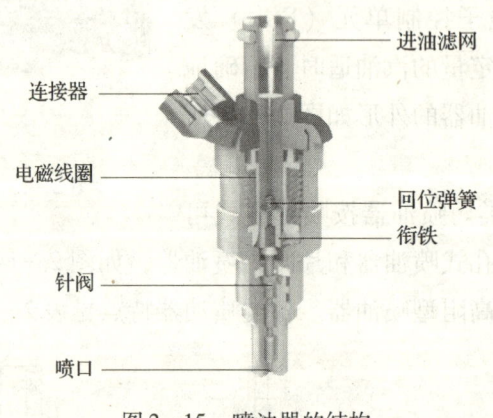

图 2—15　喷油器的结构

3) 喷油器的喷油量。喷油器的喷油量取决于三个因素：喷油孔大小、喷油压力和喷射持续时间。由于喷油器的喷孔大小不变，喷油压力由燃油压力调节器保持恒定，所以喷油器的喷油量取决于针阀的开启时间，即电磁线圈的通电时间。

(6) 电动燃油泵。电动燃油泵将汽油从油箱中吸出，给电动燃油供给系提供足够的具有一定压力的汽油，其外形如图 2—16 所示。

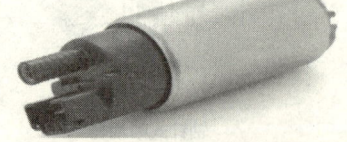

图 2—16　电动燃油泵外形

电动燃油泵根据安装位置不同，可分为内置式和外置式两种。燃油泵内置时，因浸泡在燃油里，可以防止产生气阻和燃油泄露，且噪声小。同时，可以用汽油进行冷却和润滑，延长其使用寿命；外置式燃油泵串接在油箱外部的输油管路中，易布置，安装自由，但噪声大，易产生气阻。

电动燃油泵的特点是：供油压力的脉动小，系统中不需设置减振器，易于实现小型化，适合装在油箱里，简化供油系统管路，降低噪声。但由于它输送率低，故主要用于低压且输送量大的场合。

2. 燃油供给系的工作过程

燃料供给系分为有回油管燃油供给系和无回油管燃油供给系两种，其工作过程如下：

（1）有回油管燃油系统工作过程。油泵工作，将汽油加压经汽油滤清器输送至燃油分配管（油轨）中，剩余燃油通过回油管回到油箱。发动机停止运转，燃油压力调节器关闭，在燃油压力调节器和油泵出油阀之间保持一定压力。

（2）无回油管燃油系统工作过程。汽油滤清器、压力调节器、燃油油位传感器和燃油切断阀与燃油泵合为一体，可以断开发动机部件的回油，并能防止油箱内部温度升高。燃油泵使用快速连接器连接带燃油软管的燃油管，以提高维护的方便性。只有一条燃油供给管，而没有回油管通往油箱。

任务准备

1. 资料准备

准备丰田卡罗拉发动机的《维修手册》《汽车发动机构造与维修》学材（工作页）。

2. 工具准备

准备52件套套筒扳手、数字万用表、曲轴皮带轮专用拆卸工具、机油滤清器专用拆卸工具、14 mm火花塞扳手，将发动机安装在发动机检修台架上。

任务实施

一、点火系的检修

步骤1：检查点火线圈和火花塞。

（1）拆下4个点火线圈和4个火花塞。

（2）断开4个喷油器连接器（见图2—17）。

（3）将火花塞安装到各点火线圈上，然后连接点火线圈连接器。

（4）将火花塞接地。

（5）检查并确认发动机转动时出现火花（见图2—18）。如果未出现火花，则执行以下步骤：

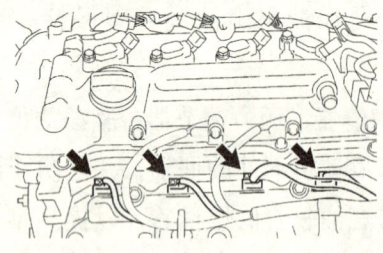

图2—17

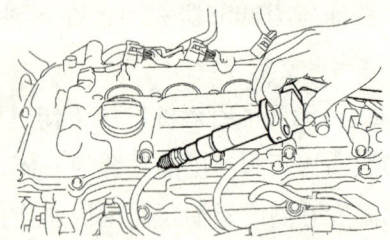

图2—18

1）检查并确认带点火器的点火线圈的线束侧连接器已连接牢固。

2）对每个带点火器的点火线圈进行火花测试，更换功能正常的带点火器的点火线圈，再次进行火花测试。

3）检查火花塞。

4）检查并确认带点火器的点火线圈上施加有电源。将点火开关转到ON，检查并确认点火线圈的正极（+）端子上施加有蓄电池电压。

提示：

- 检查火花塞时，将其接地。
- 如果有任何点火线圈受到碰撞，须将其更换。
- 不要使发动机转动超过2 s。

（6）连接4个喷油器连接器。

（7）安装4个点火线圈和4个火花塞。

步骤2：检查火花塞。

使用兆欧计测量绝缘电阻（见图2—19）检查电极（标准电阻为10 MΩ或更高）。如果结果不符合规定，则用火花塞清洁剂清洁火花塞，并再次测量电阻。

提示：

- 不要用钢丝刷清洁。
- 不要调整旧火花塞的电极间隙。
- 如果没有兆欧计，也可进行下列简易检查：使发动机转速快速提高到4 000 rpm，进行5次，然后拆下火花塞，目视检查火花塞（见图2—20），如果电极是干的，表明火花塞工作正常；如果电极是湿的，检查火花塞的螺纹和绝热器是否损坏，有任何损坏，则更换火花塞。

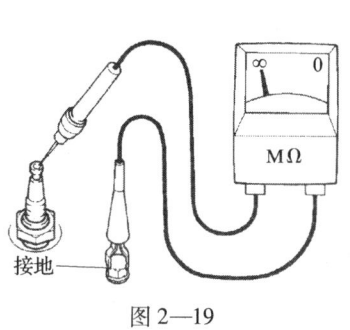

图2—19

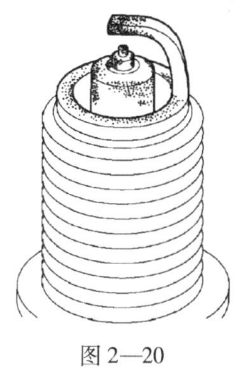

图2—20

步骤3：安装4个火花塞（见图2—21）。

扭矩：20 N·m。

步骤4：安装点火线圈总成。

（1）用4个螺栓安装4个点火线圈（见图2—22）。

扭矩：10 N·m。

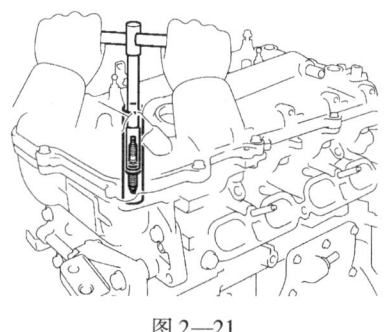

图2—21

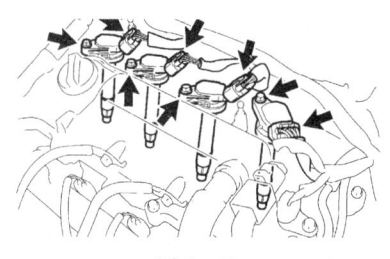

图2—22

提示：

安装点火线圈时，不要损坏橡胶点火线圈尖部。

（2）连接4个点火线圈连接器。

（3）连接凸轮轴正时机油控制阀连接器。

二、燃料供给系的检修

步骤1：拆卸喷油器。

（1）释放燃油系统压力。

（2）拆卸2号通风软管（见图2—23）。

（3）拆下3个螺栓、线束夹箍和4个喷油器连接器，然后分离发动机线束（见图2—24）。

图2—23

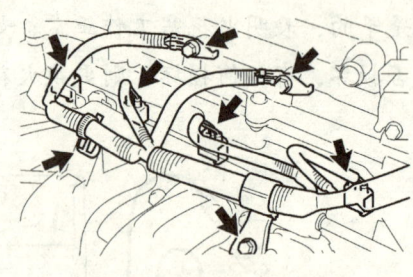

图2—24

（4）拆卸线束支架。断开5个线束夹箍（见图2—25），然后拆下2个螺栓和2个线束支架（见图2—26）。

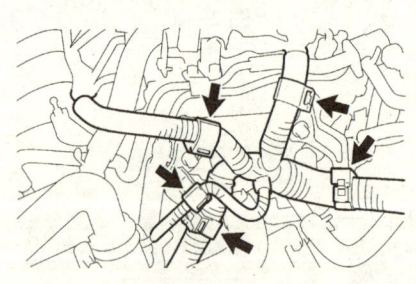

图2—25

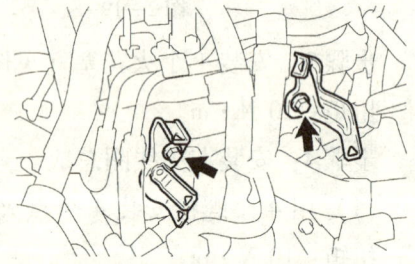

图2—26

（5）断开1号燃油蒸气供油软管（见图2—27）。

（6）断开真空软管（见图2—28）。

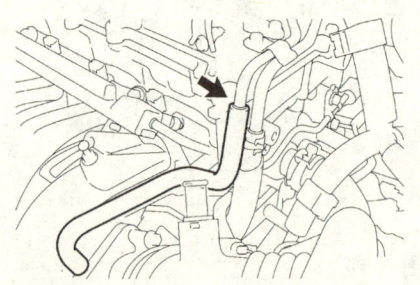

图2—27

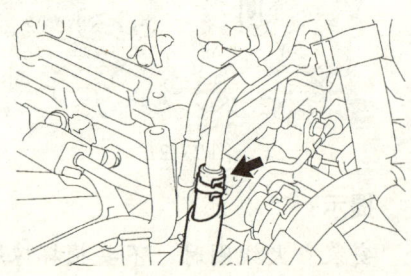

图2—28

(7) 拆卸燃油管夹箍（见图 2—29）。

(8) 断开燃油管分总成。捏住燃油管连接器的固定器，并拉出燃油管连接器，然后从燃油管路上断开燃油管（见图 2—30）。

提示：

- 开始作业之前，去除燃油管连接器上的所有污垢和异物。
- 断开燃油管时不要划伤零件或使其沾上异物，因为燃油管连接器上有用来密封燃油管 O 形圈。

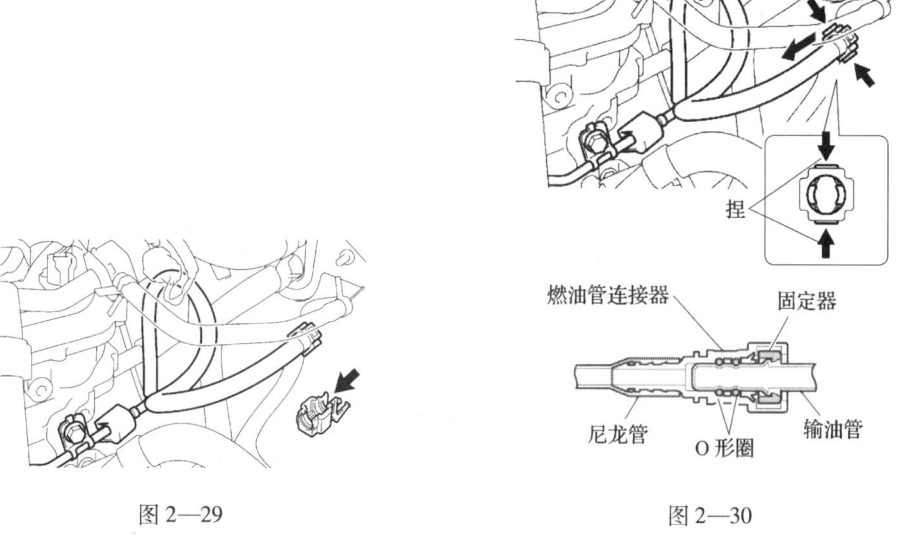

图 2—29　　　　　　　　　　图 2—30

- 用手操作，不要使用任何工具。
- 不要用力地弯曲、扭曲或转动尼龙管。
- 断开燃油管后，用塑料袋覆盖断开的部位，以起到保护作用。
- 如果燃油管连接器和燃油管卡住，推拉连接器，使其松开。

(9) 拆卸输油管分总成。先拆下图 2—31 中所示的螺栓后，再拆下图 2—32 中所示的 2 个螺栓，然后拆下带 4 个喷油器的输油管。

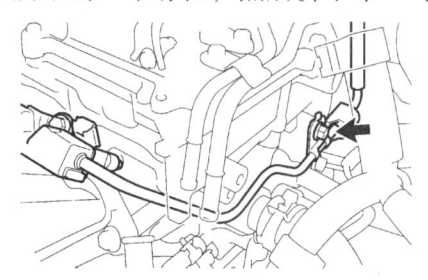 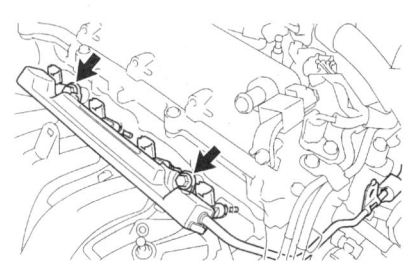

图 2—31　　　　　　　　　　图 2—32

提示:

拆下输油管时不要使喷油器掉落。

(10) 拆卸2个1号输油管隔圈(见图2—33)。

(11) 拆卸4个喷油器隔振器(见图2—34)。

(12) 从输油管中拔出4个喷油器总成(见图2—35)。

提示:

用塑料袋罩住喷油器,以防异物的侵入。

步骤2:检查喷油器。

(1) 测量电阻(见图2—36),参照表2—2中的标准电阻值,如果结果不符合规定,则更换喷油器。

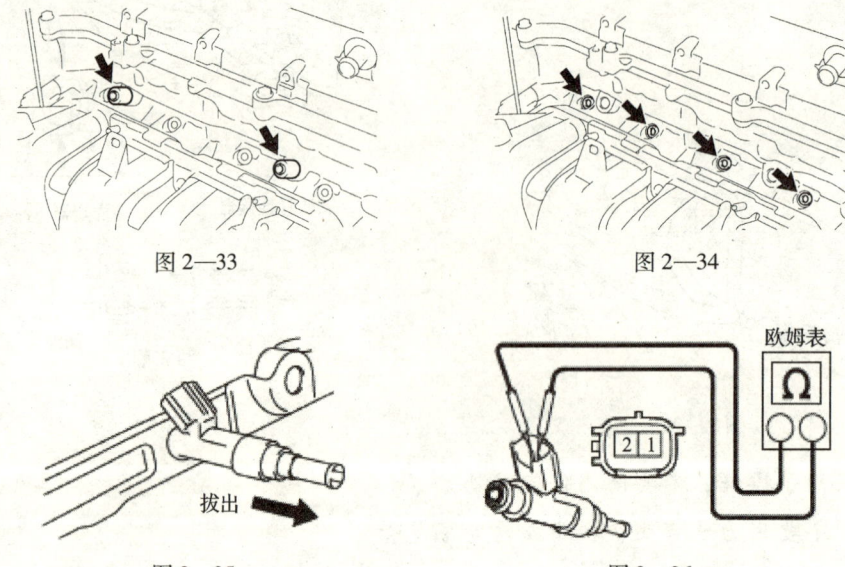

图2—33　　　　　图2—34

图2—35　　　　　图2—36

表2—2　　　　　标准电阻值

IT-II连接	条件	规定条件
1-2	20℃	11.6~12.4 Ω

(2) 检查工作情况。

提示:

在通风良好的地方进行检查。不要在明火附近进行检查。

1) 连接燃油管连接器和软管,然后将其连接到燃油管(车两侧)(见图2—37)。

2) 将O形圈安装到喷油器上。

3) 将接头和软管连接到喷油器上,并用夹箍夹住喷油器和接头(见图2—38)。

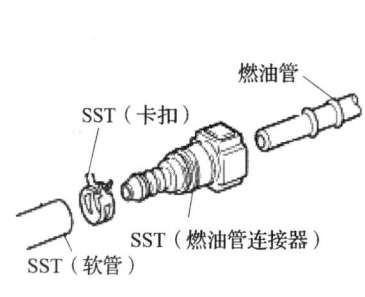
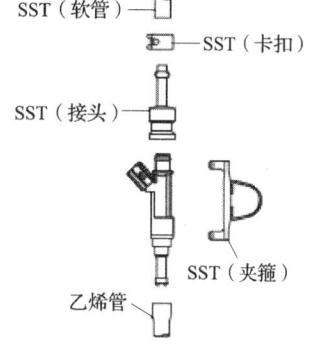

图 2—37　　　　　　　　　图 2—38

4）将喷油器放置在量筒内。

提示：

在喷油器总成上安装合适的乙烯管以防止汽油飞溅。

5）操作燃油泵。

6）将导线连接到喷油器和蓄电池上，并持续 15 s，然后用量筒测量喷射量。每个喷油器检测 2 或 3 次（见图 2—39）。

喷射量标准：每 15 s 60～73 mL。

各喷油器之间的差值标准：13 mL 或更少。

图 2—39

提示：

必须在蓄电池侧进行切换。如果喷射量不符合规定，则更换喷油器。

（3）检查泄漏。

在上述条件下，从蓄电池上断开导线的测试探头，并检查喷油器是否存在燃油泄漏。

燃油滴漏量标准：每 12 min 1 滴或更少。

步骤 3：安装喷油器。

（1）安装喷油器总成。

1）在新的 O 形圈上涂抹一薄层汽油，然后将其安装到各喷油器上（见图 2—40）。

2）在输油管与喷油器 O 形圈的接触表面上涂抹一薄层汽油。

3）左右转动喷油器，同时将其安装到输油管上（见图 2—41）。安装完喷油器后，检查并确认其可以顺畅地转动。如果不顺畅，则更换为新的 O 形圈。

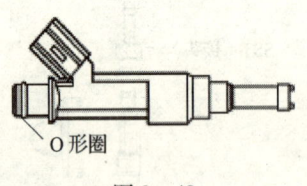 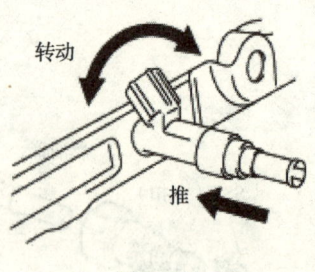

图 2—40　　　　　　　　图 2—41

提示：

不要扭曲 O 形圈。

(2) 将 4 个新喷油器隔振器安装到汽缸盖上（见图 2—42）。

(3) 将 2 个 1 号输油管隔圈安装到汽缸盖上（见图 2—43）。

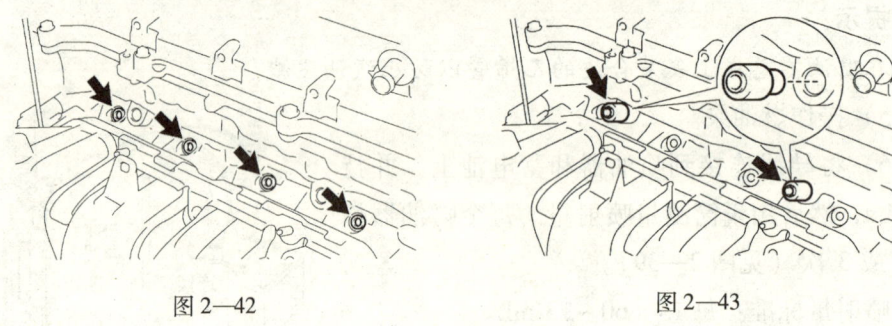

图 2—42　　　　　　　　图 2—43

提示：

按正确的方向安装 1 号输油管隔圈。

(4) 安装输油管分总成。

1) 安装带 4 个喷油器的输油管，然后暂时安装 3 个螺栓（见图 2—44）。

提示：

- 安装输油管时不要使喷油器掉落。
- 安装输油管后，检查并确认喷油器能顺畅地转动。

2) 将 3 个螺栓拧紧至规定扭矩。扭矩为 21 N·m。

(5) 连接燃油管分总成。将燃油管连接器推入燃油管内，直到听到"咔嗒"声（见图 2—45）。

提示：

- 开始作业之前，检查并确认燃油管连接器和燃油管的断开部位没有任何划痕或异物。
- 连接燃油管之后，用手拉燃油管连接器和燃油管，检查并确认其牢固连接。

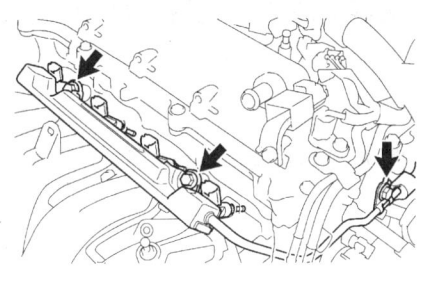

图 2—44

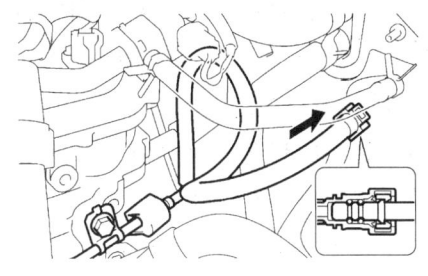

图 2—45

(6) 安装燃油管夹箍（见图 2—46）。

(7) 连接真空软管（见图 2—47）。

(8) 连接 1 号燃油蒸气供油软管（见图 2—48）。

(9) 装线束支架和发动机线束。

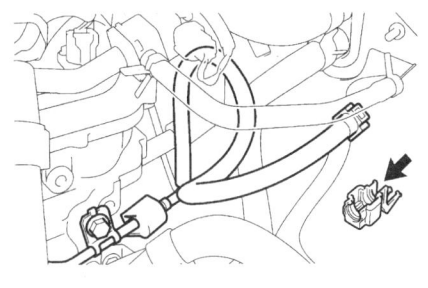

图 2—46

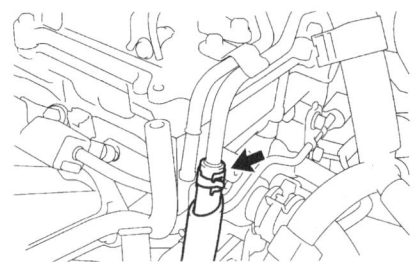

图 2—47

1) 用 2 个螺栓安装 2 个线束支架。扭矩为 13 N·m。

2) 连接 5 个线束夹箍。

3) 用 3 个螺栓和线束夹箍安装发动机线束。

4) 连接 4 个喷油器连接器。

(10) 安装 2 号通风软管。

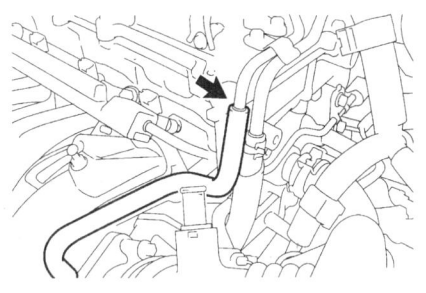

图 2—48

(11) 检查是否存在燃油泄漏。

步骤 4：检查燃油泵。

(1) 测量电阻，参照表 2—3 中的标准电阻值。

表 2—3　　　　　　　　　标准电阻值

IT-II 连接	条件	规定条件
1-2	20℃	0.2~3.0 Ω

（2）将蓄电池正极（+）引线连接到连接器的端子 1，负极（-）引线连接到端子 2。检查并确认燃油泵工作。

提示：
- 这些连接蓄电池的测试必须在 10 s 内完成，以防止线圈烧坏。
- 使燃油泵尽可能远离蓄电池。
- 在蓄电池侧接通和切断电压，而不要在燃油泵侧。

任务三　配气机构的检修

任务描述

一台丰田卡罗拉轿车出现发动机噪声加大、发动机机体振动明显的现象。据技师领班初步判断，是配气机构中凸轮轴磨损，进而存在异响。请以小组为单位组成维修团队对车辆故障进行检查与维修。

任务分析

学习目标：

1. 熟悉配气机构的功用、组成和工作原理。

2. 熟悉气门组各部件的功用和结构特点。

3. 掌握气门传动组各部件的功用和结构特点。

4. 学会使用工具对气门组进行正确拆装与检修。

5. 学会使用工具对气门传动组进行正确拆装与检修。

工作过程与学习活动：

1. 相关资讯（配气机构构造与工作原理）

2. 任务准备（维修手册、学习材料、工具）

3. 任务实施（配气机构的拆装与检修）

4. 任务拓展（配气机构常见故障诊断与排除）

相关资讯

配气机构构造与工作原理

一、配气机构的功用

配气机构是进、排气管道的控制机构，按照发动机各缸的做功次序、各缸工作循环和配气相位的要求，定时开启和关闭各缸进、排气门，以便发动机进行进气、压缩、做功和排气等工作行程。

二、配气机构的组成

配气机构由气门组和气门传动组组成，如图3—1所示。

1. 气门组

气门组由气门、气门座、气门导管、气门弹簧等部件组成，如图3—2所示。气门组的作用是实现汽缸的密封。

（1）气门。气门的功用是与气门座相配合，对汽缸进行密封。气门由头部和杆部两部分组成，如图3—3所示。

1）气门头部。气门头部用来封闭汽缸的进、排气道。气门头部的形状有平顶、喇叭形顶和球面顶，如图3—4所示。平顶气门头部均可用于进、排气门。喇叭形顶头部多用于进气门。球面顶气门头部适用于排气门。

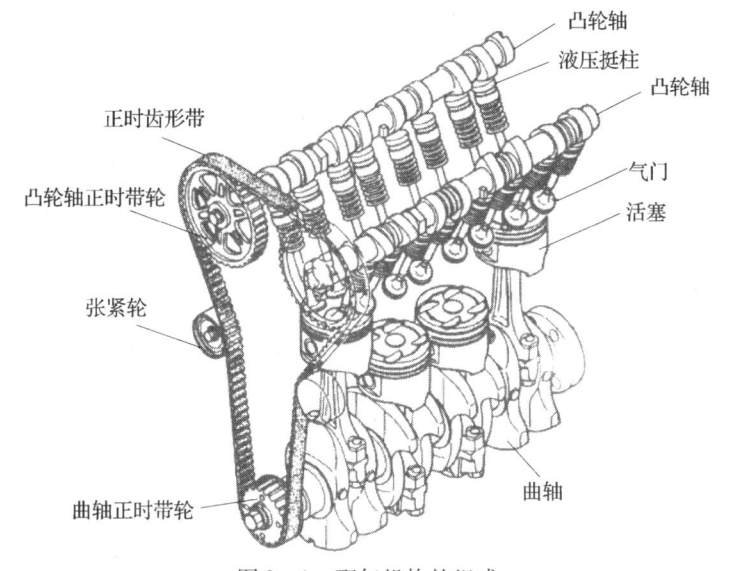

图 3—1 配气机构的组成

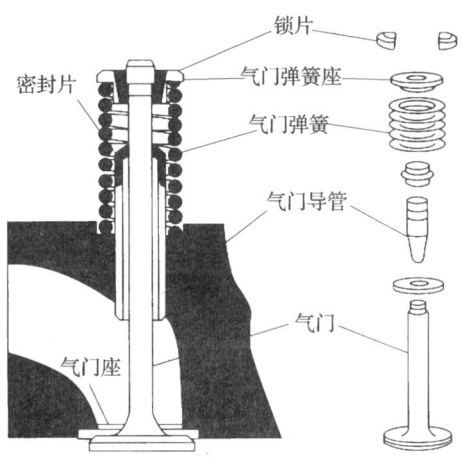

图 3—2 气门组的组成

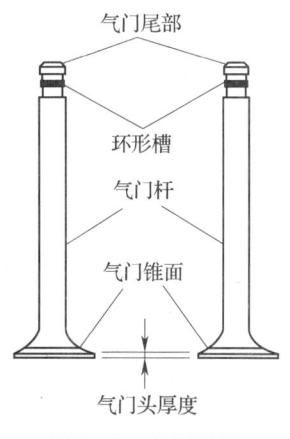

图 3—3 气门结构

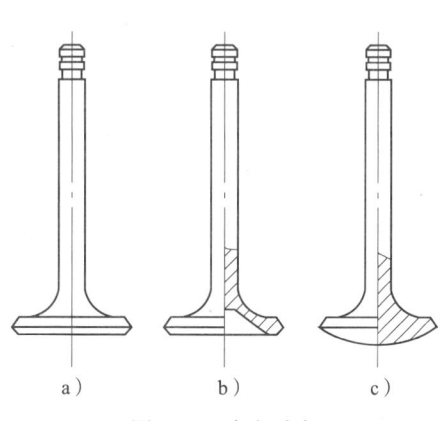

图 3—4 气门头部
a) 平顶 b) 喇叭形顶 c) 球面顶

气门头部与气门座接触的工作面是与杆部同心的锥面,通常将这一锥面与气门顶部平面的夹角称为气门锥角,如图3—5所示,一般做成30°或45°。

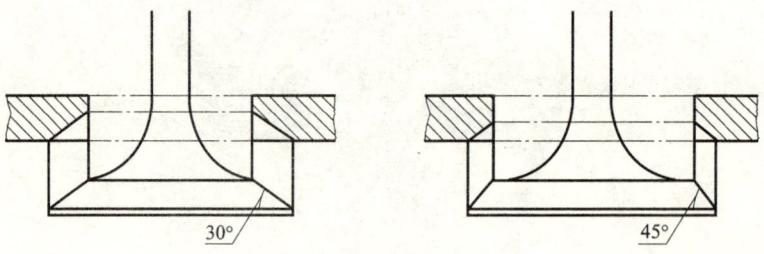

图3—5 气门锥角

进气是利用活塞下移产生的真空来实现的,为尽量减小进气阻力,一般进气门的尺寸略大于排气门,以提高进气效率;而排气则是通过活塞上升将废气排出的,排气门即使小一些也不会造成太大的影响。

2)气门杆部。气门杆部主要为气门的运动导向。气门杆部为圆柱形,在气门导管中不断地上下往复运动。气门杆尾部结构与气门弹簧座的固定方式有关,常见的结构形式如图3—6所示。

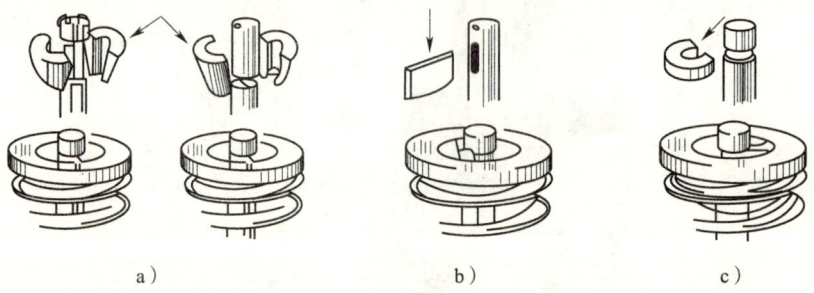

图3—6 气门弹簧座的固定方式
a)锁片式 b)锁销式 c)马蹄式

进、排气门的数量越多,则气门面积之和就越大,进、排气效率就越高,而且单个气门的体积减小,质量减轻。但气门数越多,结构越复杂,成本越高。目前,汽车发动机采用的气门数量见表3—1。

表3—1　　　　　　　　汽车发动机常用气门数量

气门数量	说明	图示
2气门式	每个汽缸采用一个进气门和一个排气门,一般进气门比排气门大些	

续表

气门数量	说明	图示
3气门式	每个汽缸有2个进气门和1个排气门，排气门大对排出高温气体有利，能提高发动机排气性能	
4气门式	每个汽缸有2个进气门和2个排气门，两套凸轮轴装置分别控制一组进、排气门的开闭，丰田卡罗拉发动机采用4气门结构	
5气门式	每个汽缸有3个进气门和2个排气门，并以梅花开状分布	

（2）气门座。汽缸盖上的进、排气道与气门锥面相结合的部位称为气门座，气门座的锥角和气门锥角相同，一般也是30°或45°，如图3—7所示。气门座不仅有密封作用，还有冷却气门的作用。

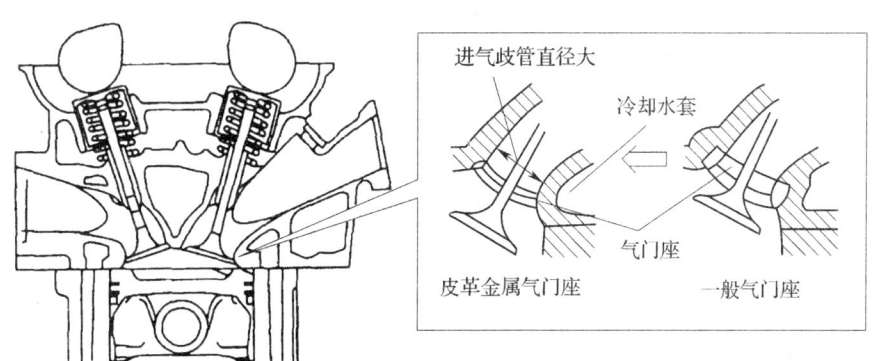

图3—7　气门座

(3) 气门导管。气门导管为气门的运动导向，保证气门做直线往复运动，使气门与气门座锥面相结合。气门杆与气门导管之间一般留有 0.05~0.12 mm 的间隙，以使气门杆能在导管中自由运动，如图 3—8 所示。

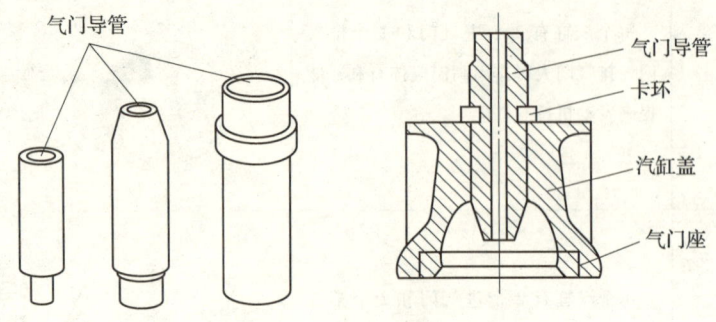

图 3—8 气门导管

(4) 气门弹簧。其功用是保证气门及时落座并与气门座或气门座圈紧密贴合，同时也可防止气门在发动机振动时因跳动而破坏密封。气门弹簧多为圆柱形螺旋弹簧，如图 3—9a 所示，安装时，气门弹簧的一端支撑在汽缸盖上，而另一端则压靠在气门杆尾端的弹簧座上，弹簧座用锁片固定在气门杆的尾端。为了防止弹簧发生共振，可采用变螺距的圆柱形弹簧，如图 3—9b 所示；大多数高速发动机内一个气门装有同心安装的内、外两根气门弹簧，如图 3—9c 所示，这样不但可以防止共振，而且当一根弹簧折断时，另一根仍可维持工作，此外还能减小气门弹簧的高度。当装用两根气门弹簧时，气门弹簧的螺旋方向和螺距应各不相同，这样可以防止折断的弹簧圈卡入另一个弹簧圈内。

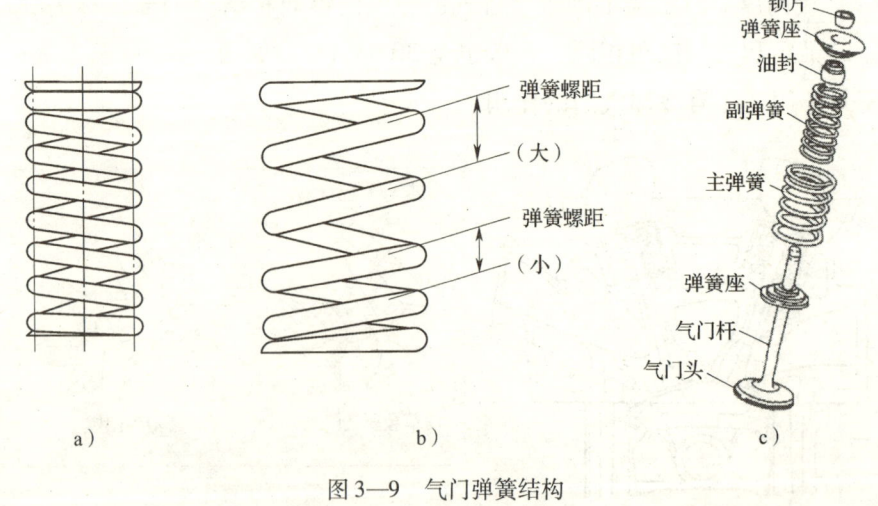

图 3—9 气门弹簧结构
a) 圆柱形螺旋弹簧　b) 变螺距的圆柱形弹簧　c) 双气门弹簧

2. 气门传动组

气门传动组由凸轮轴、凸轮轴正时带轮、正时齿形带、张紧轮、液压挺柱、推杆、摇臂等部件组成。气门传动组的功用是使气门按发动机配气相位（后文将详细介绍）规定的时刻及时开、闭，并保证规定的开启时间和开启高度。

（1）凸轮轴。凸轮轴主要由各缸进、排气凸轮和凸轮轴轴颈等组成，如图3—10 所示。进、排气凸轮用于使气门按一定的工作次序和配气相位及时开闭，并保证气门有足够的升程。

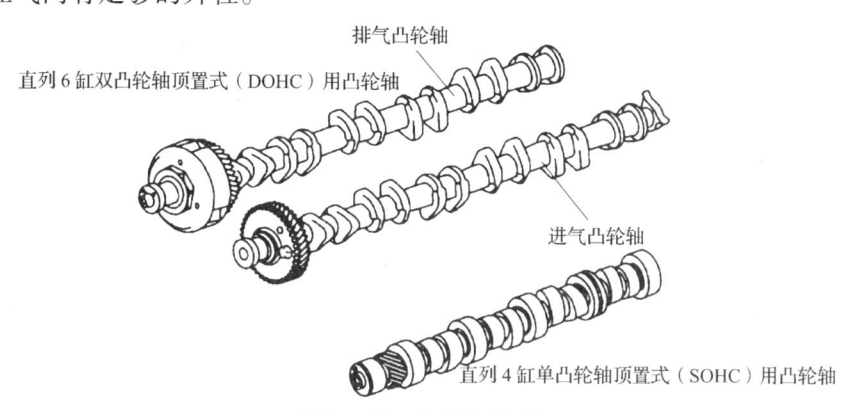

图 3—10　凸轮轴的结构

（2）挺柱。挺柱的功用是将凸轮的推力传递给推杆或气门杆，并承受凸轮轴旋转时所施加的侧向力。挺柱可分为普通挺柱和液压挺柱两种。

1）普通挺柱。配气机构采用的普通挺柱有筒式和滚轮式两种结构形式，如图 3—11 所示。筒式挺柱中间为空心，在挺柱圆周钻有通孔，便于筒内收集的机油流出对挺柱底面及凸轮加以润滑；滚轮式挺柱可以减少磨损，但结构较复杂，质量较大，多用于大缸径柴油机的配气机构上。

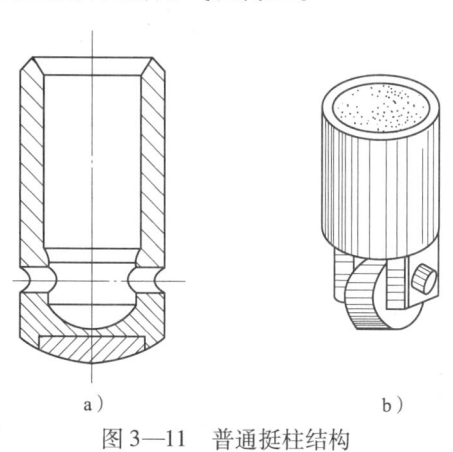

图 3—11　普通挺柱结构
a）筒式　b）滚轮式

2）液压挺柱。如图3—12所示，液压挺柱由挺柱体、油缸、柱塞、单向球阀、单向球阀弹簧和柱塞弹簧等部件组成。发动机普遍采用液压挺柱，液压挺柱的长度能自动调整，故不需要预留气门间隙，也没有气门间隙调整装置。

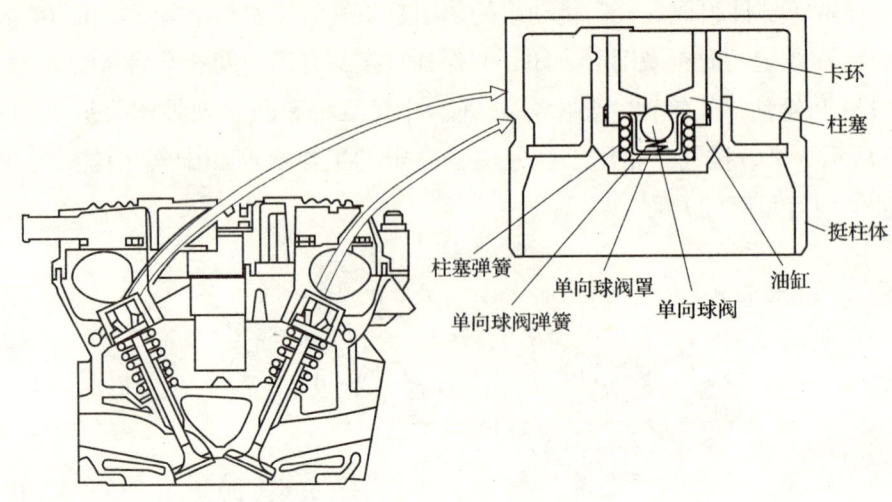

图3—12 液压挺柱结构

液压挺柱的工作原理如图3—13所示。当凸轮轴转动，凸轮的凸起部分与挺柱顶面接触时，挺柱在凸轮推动力作用下向下移动，高压腔内的机油被压缩，单向球阀在压力差和单向球阀弹簧的作用下关闭，高、低压油腔被分隔开。由于液体的不可压缩性，整个挺柱如同一个刚体一样下移推开气门并保证气门升程。

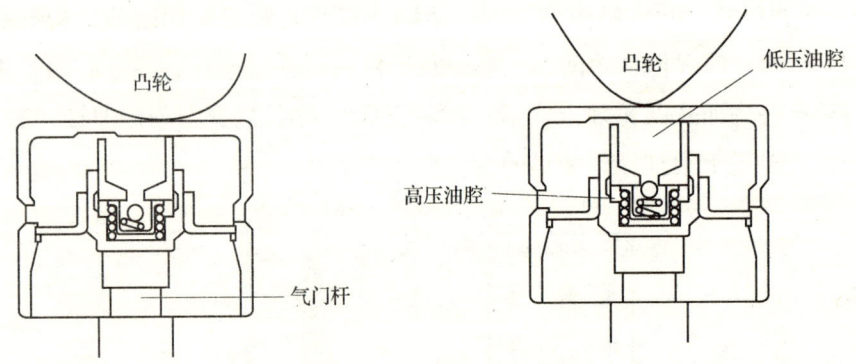

图3—13 液压挺柱的工作原理

当挺柱开始上行返回时，在弹簧向上顶压和凸轮下压的作用下，高压油腔继续封闭，液压挺柱仍可认为是一个刚体，直至上行到凸轮处于基圆即气门关闭时为止。此时，汽缸盖主油道中的机油经量孔、斜油孔和挺柱体上的环形油槽再次进入挺柱的低压油腔，由于挺柱不再受凸轮推动力和气门弹簧力的作用，高压油腔中的机油与复位弹簧推动柱塞上行，高压油腔的油压下降，单向球阀打开，低压油腔中的机油流入高压油腔，使两腔连通充满机油。这时，液压挺柱的顶面仍然和凸轮表面紧贴，从而起到了补偿气门间隙的作用。

当气门受热膨胀时，柱塞和油缸做轴向相对运动，高压油腔中的机油可经过油缸与柱塞间缝隙被挤入低压油腔。因此，使用液压挺柱时，可以不预留气门间隙。

（3）推杆。在凸轮轴下置式或中置式的配气机构中，凸轮轴经挺柱传来的运动和作用力要通过推杆传递给摇臂。推杆可采用实心的，也可以采用空心的，如图3—14所示。

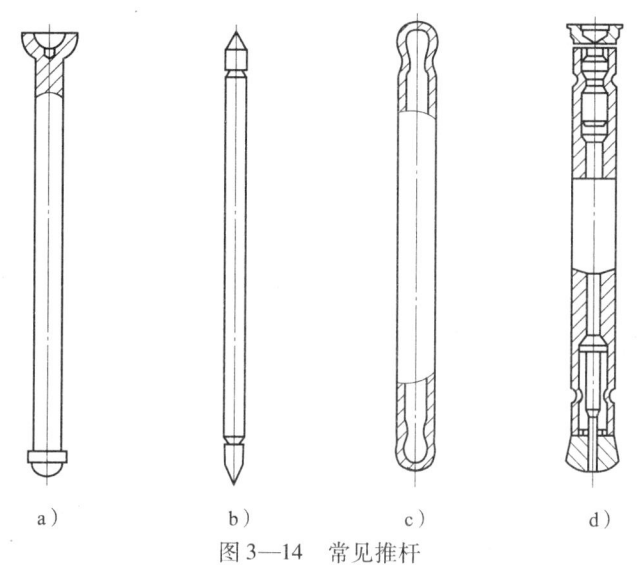

图3—14 常见推杆

a）实心推杆 b）实心推杆 c）空心推杆 d）空心推杆

（4）摇臂。摇臂的功用是将凸轮轴（或推杆）传来的力作用到气门杆尾部，推开气门。摇臂实际上是利用杠杆原理工作的，单顶置凸轮轴式配气机构（SOHC）和双顶置凸轮轴式配气机构（DOHC）的不同之处在于摇臂轴位置不同，如图3—15所示。

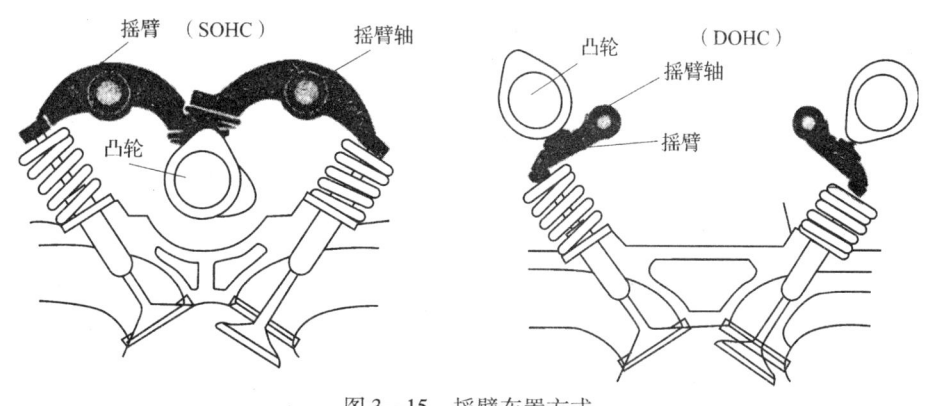

图3—15 摇臂布置方式

三、配气机构的工作原理

发动机工作时,曲轴通过曲轴正时带轮、正时齿形带、凸轮轴正时带轮驱动凸轮轴旋转,当凸轮轴转到凸轮的凸起部分顶到液压挺柱时,通过液压挺柱压缩气门弹簧,使气门离座,即气门开启。当凸轮凸起部分离开液压挺柱时,气门便在气门弹簧力的作用下上升而落座,气门关闭。

由于四冲程发动机每完成一个工作循环,曲轴旋转 2 周,而各缸进、排气门各开启 1 次,完成一次进气和排气,此时凸轮轴只旋转 1 周,因此,曲轴与凸轮轴的转速比为 2:1,即凸轮轴正时带轮的齿数是曲轴正时带轮齿数的 2 倍。

四、配气机构的分类

1. 按照气门组的布置位置不同分类

配气机构按气门组的布置位置不同可分为顶置式配气机构和侧置式配气机构,如图 3—16 所示。目前广泛采用的是顶置式配气机构。

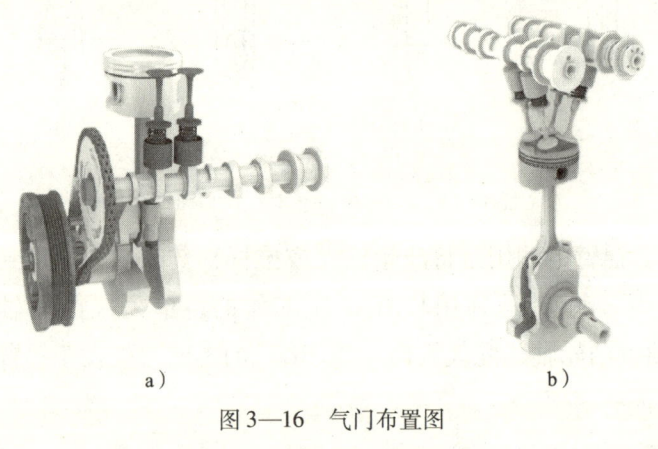

图 3—16 气门布置图
a) 侧置式 b) 顶置式

2. 按照凸轮轴的布置方式不同分类

配气机构按照凸轮轴的布置方式不同可分为凸轮轴上置式配气机构、凸轮轴中置式配气机构、凸轮轴下置式配气机构 3 种。

(1) 凸轮轴下置式配气机构。简化曲轴与凸轮轴之间的传动装置,有利于发动机的布置,但凸轮轴与气门相距较远,动力传递路线较长,环节多,因此不适用于高速发动机。

(2) 凸轮轴中置式配气机构。凸轮轴经过挺柱直接驱动摇臂,省去了推杆。

这种形式的配气机构适用于发动机转速较高时,可以减少气门传动机构的往复运动质量。

(3) 凸轮轴上置式配气机构。凸轮轴与气门距离近,不需要推杆、挺柱,使往复运动的惯量减少。这种形式的配气机构适用于高速发动机。

3. 按照曲轴与凸轮轴的传动方式不同分类

配气机构按照曲轴与凸轮轴传动方式不同可分为同步齿形带传动式配气机构、链条传动式配气机构、齿轮传动式配气机构,如图3—17所示为不同类型的曲轴与凸轮轴传动方式。

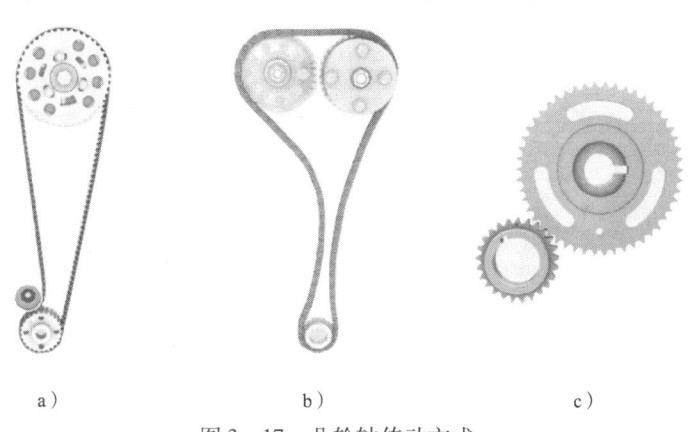

图3—17 凸轮轴传动方式
a) 同步齿形带传动 b) 链条传动 c) 齿轮传动

(1) 齿轮传动。一般从曲轴到凸轮轴只需一对正时齿轮传动,若齿轮直径过大,可增加一个中间齿轮。为了啮合平稳,减小噪声,正时齿轮多用斜齿齿轮。

(2) 链条传动。噪声小,但工作的可靠性、耐久性不如齿轮传动。

(3) 齿形带传动。齿形带传动比准确,效率高,不需润滑,噪声小、工作可靠、成本低。

五、配气相位

配气相位是用曲轴转角表示的进、排气门开闭时刻和开启持续时间,通常用环形图表示,称为配气相位图,如图3—18所示。

理论上,当曲拐处在上止点时,进气门开启,下止点时进气门关闭;排气门则当曲拐在下止点时开启,上止点时关闭。进气时间和排气时间各占180°曲轴转角。但实际上发动机转速很高,活塞每一行程历时相当短,短的时间势必会造成进气不足和排气不净,从而使发动机功率下降。因此,现代发动机都采取延长进、排气时间的方法。

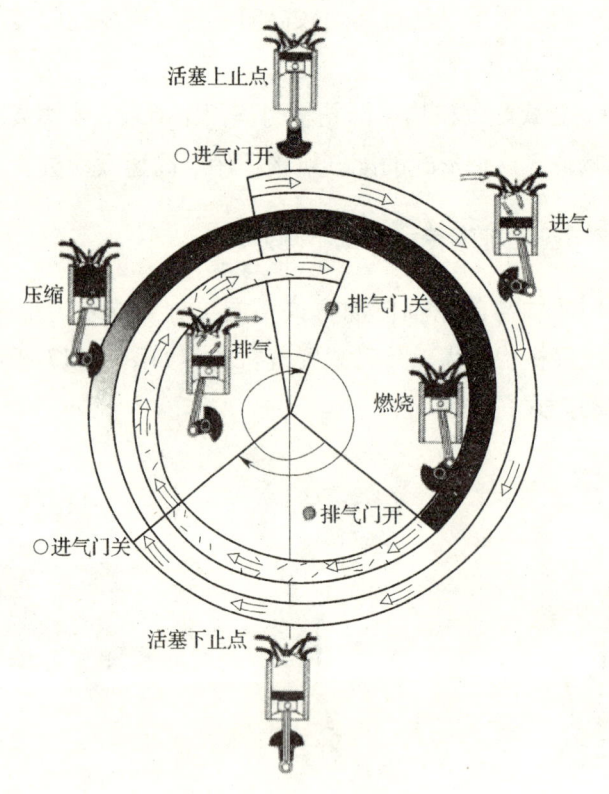

图 3—18　配气相位

（1）进气门早开和晚关。在排气行程接近终了、活塞到达上止点之前，进气门便开始开启，直到活塞越过了下止点以后，进气门才关闭。

进气门提前开启的目的是：为了保证进气行程开始时，进气门已开大，减小进气阻力，新鲜气体能顺利地充入汽缸。

进气门迟后关闭的目的是：由于活塞到达下止点时，汽缸内压力仍低于大气压力，且气流还有相当大的惯性，可以利用气流惯性和压力差继续进气。

（2）排气门早开和晚关。在做功行程接近终了、活塞到达下止点之前，排气门便开始开启，直到活塞越过上止点后，排气门才关闭。

排气门提前开启的目的是：当做功行程活塞接近下止点时，汽缸内的气体压力对做功的作用已经不大，但仍比大气压力高，可利用此压力使汽缸内的废气迅速地自由排出。

排气门迟后关闭的目的是：由于活塞到达上止点时，汽缸内的残余废气压力高于大气压力，加之排气时气流有一定的惯性，仍可以利用气流惯性和压力差把废气排放得更干净。

（3）气门叠开。由于进气门在上止点前即开启，而排气门在上止点后才关闭，这就出现了在一段时间内，进、排气门同时开启的现象，这种现象称为气门叠开。由于新鲜气流和废气流的流动惯性都比较大，在短时间内是不会改变流向的，因此只要气门叠开角选择适当，就不会有废气倒流入进气管以及新鲜气体随同废气排出的可能性。

六、可变配气相位

发动机转速高时，增大进气门的升程，提前开启和延迟关闭进气门，有利于提高发动机的功率；发动机转速低时，减少进气门的升程，延迟开启和提前关闭进气门，可提高发动机的转矩，以满足发动机对经济性、稳定性和减少排放污染物的要求。

可变配气相位技术（"Variable Valve Timing"，"VVT"）。从 20 世纪 60 年代起，工程师们便开始致力于这项技术的研究。1982 年的阿尔法·罗密欧 Spider 2.0 是最早采用 VVT 技术的量产车，最后由丰田在 1993 年进行推广。在这些 VVT 技术中，又可分为两类：一类是以丰田 VVT 为代表的改变气门开启时间的技术，另一类是以本田 VTEC 为代表的改变气门升程的技术。最终，本田、丰田在各自的可变气门正时技术基础上借用对方技术，分别推出了 i – VTEC 及 VVT – i。宝马汽车的 VALVETRONIC 也是属于这类技术。

VVT 系统的功用主要是利用油压来调整进气凸轮轴转角，对气门正时进行优化，从而提高功率输出，改善燃油消耗率，并减少废气排放。

VVT 系统主要由凸轮轴正时齿轮、凸轮轴正时机油控制阀、VVT 控制器、链条张紧器、链条张紧器滑块、链条、曲轴正时齿轮组成，如图 3—19 所示。

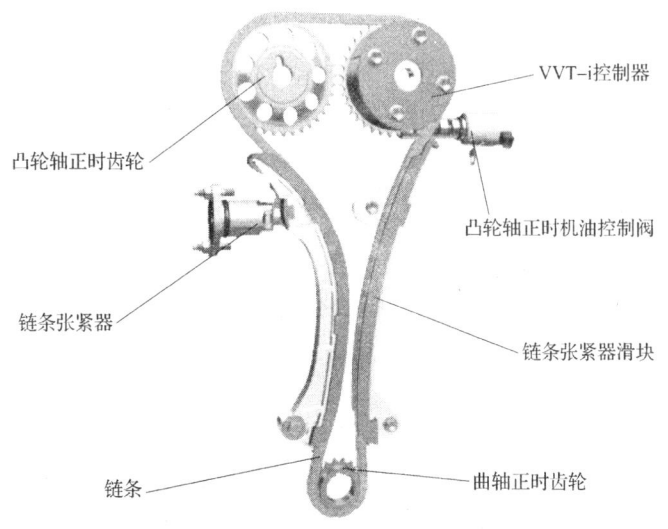

图 3—19 可变正时配气机构传动装置

任务准备

1. 资料准备

准备卡罗拉发动机的《维修手册》《汽车发动机构造与维修》学习材料（工作页）。

2. 工具准备

准备52件套套筒扳手、曲轴皮带轮专用拆卸工具、机油滤清器专用拆卸工具、14 mm火花塞扳手，将发动机安装在发动机检修台架上。

任务实施

一、拆卸配气机构零部件

步骤1：将1号汽缸设置到TDC/压缩。

（1）转动曲轴皮带轮，直到其凹槽与正时链条盖上的正时标记"0"对准。

（2）检查并确认凸轮轴正时齿轮和链轮上各正时标记和位于1号和2号轴承盖上各正时标记对准（见图3—20）。如果没有对准，则转动曲轴1圈（360°），如上所述对准正时标记。

步骤2：拆卸链条张紧器导板（见图3—21）。

步骤3：拆下2个螺栓并拆卸1号链条振动阻尼器（见图3—22）。

步骤4：拆卸链条分总成。

（1）用扳手固定住凸轮轴的六角头部分，并逆时针旋转凸轮轴正时齿轮总成，以松开凸轮轴正时齿轮之间的链条（见图3—23）。

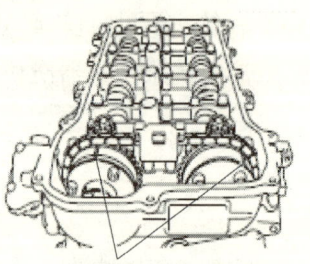

正时标记

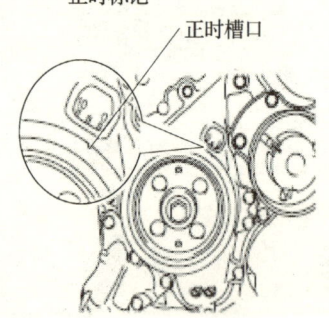

正时槽口

图3—20

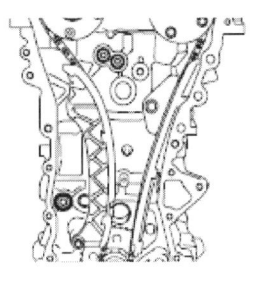
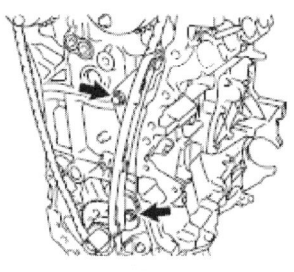

图 3—21　　　　　　　　　图 3—22

(2) 链条松开时，将链条从凸轮轴正时齿轮总成上松开，并将其放置在凸轮轴正时齿轮总成上。

提示：

确保将链条从链轮上完全松开。

(3) 顺时针转动凸轮轴，使其回到原来位置，并拆下链条。

步骤 5：拆下 2 个螺栓并拆卸 2 号链条振动阻尼。

步骤 6：检查凸轮轴正时齿轮总成。

(1) 检查凸轮轴正时齿轮的锁止情况。

(2) 清理和除去进气凸轮轴轴承盖进气侧上 VVT 机油孔的油脂后，用胶带或同等品将机油孔完全密封，以防止空气泄漏（见图 3—24）。

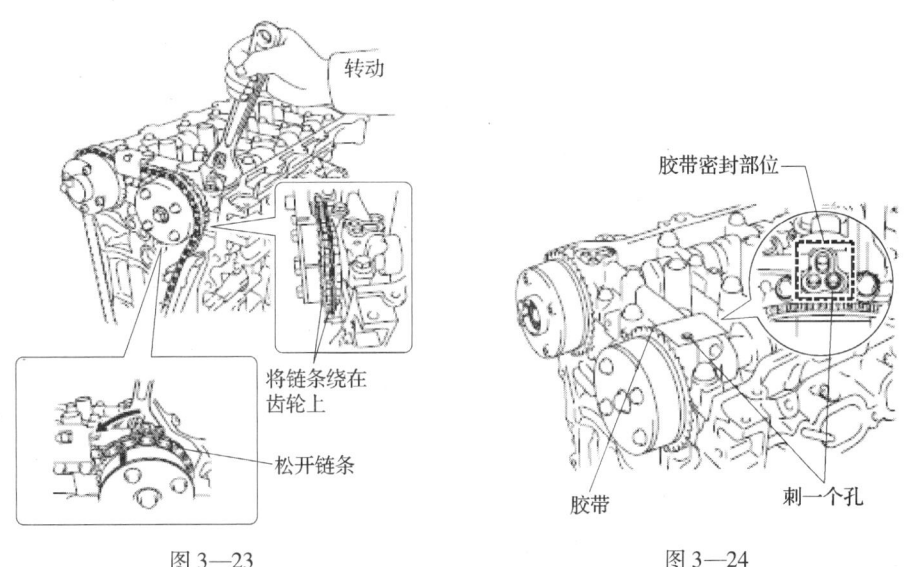

图 3—23　　　　　　　　　图 3—24

提示：

确保完全密封住机油孔，因为密封不充分导致的空气泄漏会阻碍松开锁销。

(3) 在图 3—24 中密封机油孔的胶带上刺一个孔（程序 A）。

(4) 向在程序 A 中刺出的孔施加大约 150 kPa 的空气压力，以松开锁销

（见图3—25）。

提示：
- 如果空气泄漏，重新用胶带密封。
- 施加空气压力时用抹布或布条盖住机油孔口，以防止机油飞溅。

（5）用力将凸轮轴正时齿轮总成朝提前方向（逆时针）转动。

提示：

依靠施加的空气压力，凸轮轴正时齿轮总成可不用手就能朝提前方向转动。

（6）在可移动范围（26.5°~28.5°）内转动凸轮轴正时齿轮总成2或3次，但不要将其转到最大延迟位置，如图3—26所示，确保凸轮轴正时齿轮总成转动顺畅。

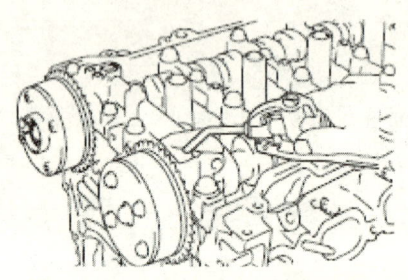

图3—25

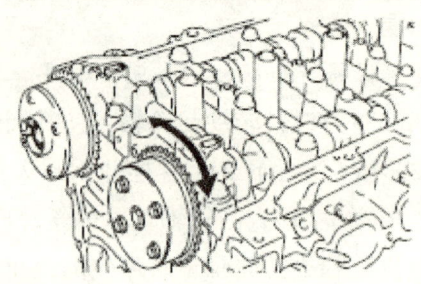

图3—26

（7）从进气凸轮轴轴承盖上拆下胶带。

步骤7：检查排气凸轮轴正时齿轮总成。

（1）检查排气凸轮轴正时齿轮的锁止情况（见图3—27）。

（2）清理和除去进气凸轮轴轴承盖排气侧上VVT机油孔的油脂后，用胶带或同等品将机油孔完全密封，以防止空气泄漏。

提示：

确保完全密封住机油孔，因为密封不充分导致的空气泄漏会阻碍松开锁销。

（3）在密封机油孔的胶带上刺一个孔（程序B）。

（4）向程序B中刺出的孔施加大约200 kPa的空气压力，以松开锁销（见图3—28）。

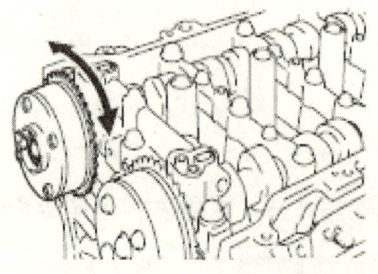

图3—27

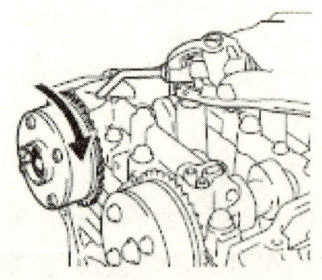

图3—28

提示：
- 如果空气泄漏，重新用胶带密封。
- 施加空气压力时用抹布或布条盖住油孔，以防止机油飞溅。

（5）使用头部缠有胶带的旋具，用力朝延迟方向（顺时针）转动排气凸轮轴正时齿轮。

提示：
- 用旋具确保排气凸轮轴正时齿轮保持在延迟方向。如果齿轮松开，它将在弹簧的作用力下自动回到最大提前位置。
- 不要损坏排气凸轮轴正时齿轮。

（6）使用头部包有胶带的旋具，在可移动范围（19°~21°）内转动排气凸轮轴正时齿轮2或3次，但不要将其转到最大提前位置，确保排气凸轮轴正时齿轮转动顺畅。

（7）从进气凸轮轴轴承盖上拆下胶带。

步骤8：拆卸进气凸轮轴正时齿轮总成。固定凸轮轴六角头部分的同时，拆下凸缘螺栓，然后拆下凸轮轴正时齿轮总成（见图3—29）。

提示：
- 拆下凸轮轴正时齿轮前，确保锁销已松开。
- 不要拆下另外4个螺栓。
- 将凸轮轴正时齿轮总成从凸轮轴上拆下时，要使其保持水平。

步骤9：拆卸排气凸轮轴正时齿轮总成。固定凸轮轴六角头部分的同时，拆下凸缘螺栓，然后拆下排气凸轮轴正时齿轮总成（见图3—30）。

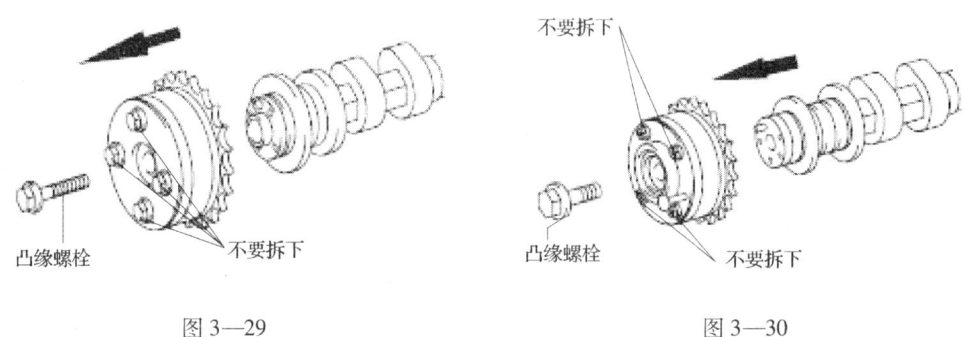

图3—29　　　　　　　　　　图3—30

提示：
- 不要拆下另外4个螺栓。
- 将排气凸轮轴正时齿轮总成从凸轮轴上拆下时，要使其保持水平。

步骤10：拆卸凸轮轴轴承盖。

(1) 按图3—31所示顺序，均匀地拧松并拆下10个轴承盖螺栓，拆卸凸轮轴轴承盖。

(2) 按图3—32所示顺序，均匀地拧松并拆下15个轴承盖螺栓。

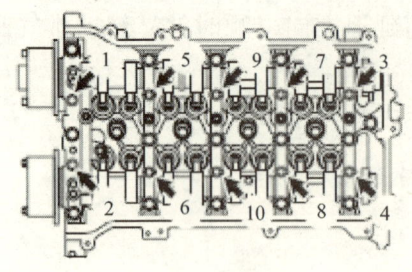

图3—31　　　　　　　　图3—32

提示：

曲轴处于水平状态的同时均匀地拧松螺栓。

(3) 拆下5个轴承盖。

提示：

按正确的顺序摆放拆下的零件。

步骤11：拆卸凸轮轴（见图3—33）。

步骤12：拆卸排气凸轮轴。

步骤13：拆卸16个气门摇臂分总成（见图3—34）。

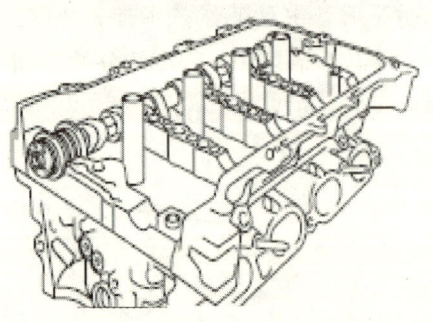 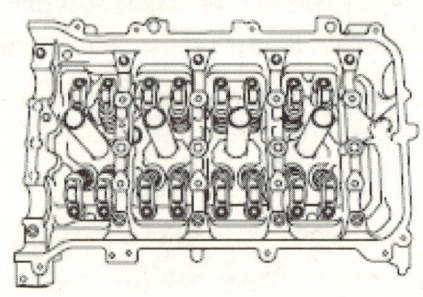

图3—33　　　　　　　　图3—34

提示：

按正确的顺序摆放拆下的零件。

步骤14：从汽缸盖上拆卸16个气门间隙调节器总成（见图3—35）。

提示：

按正确的顺序摆放拆下的零件。

步骤15：拆卸机油控制阀滤清器（见图3—36）。

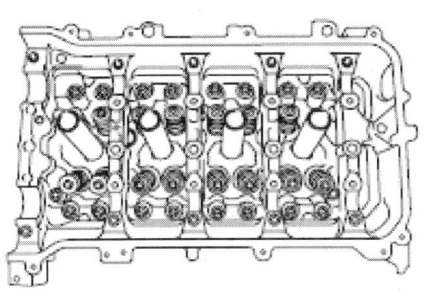 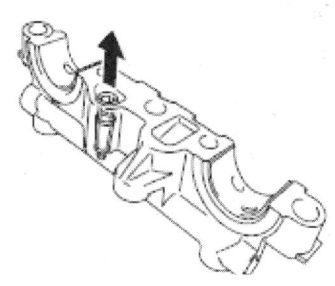

图 3—35　　　　　　　　　　　图 3—36

步骤 16：拆卸 2 个进气凸轮轴轴承（见图 3—37）。
步骤 17：拆卸 2 个排气凸轮轴轴承（见图 3—38）。

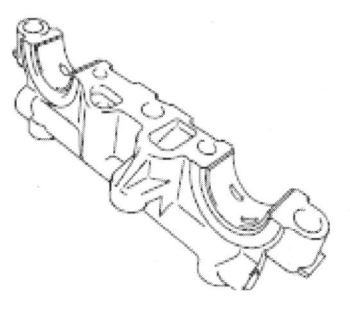 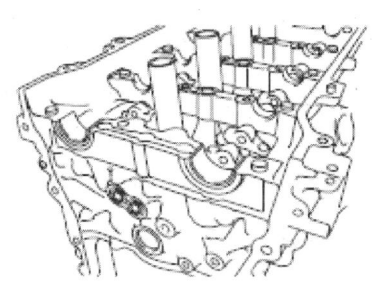

图 3—37　　　　　　　　　　　图 3—38

步骤 18：拆卸凸轮轴壳分总成。
（1）拆下 2 个螺栓（见图 3—39）。
（2）用旋具撬动汽缸盖和凸轮轴壳之间的部位，拆下凸轮轴壳（见图 3—40）。

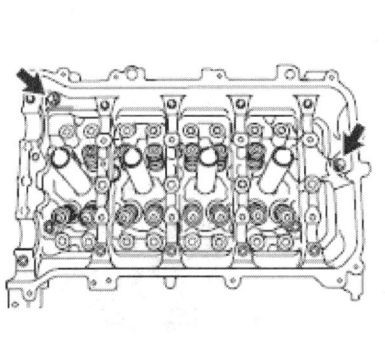 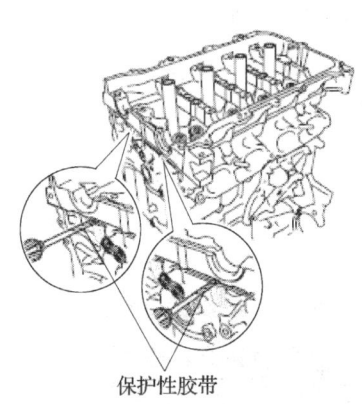

保护性胶带

图 3—39　　　　　　　　　　　图 3—40

提示：
- 小心不要损坏汽缸盖和凸轮轴壳的接触面。
- 使用旋具之前，请在旋具头部缠上胶带。

步骤19：拆卸汽缸盖分总成。

（1）按图3—41所示顺序，用10 mm的双六角扳手，分几步均匀地松开并拆下10个汽缸盖螺栓和10个平垫圈。

提示：
螺栓拆卸顺序不正确可导致汽缸盖翘曲或破裂。

（2）使用头部缠有胶带的旋具，撬动汽缸盖和汽缸体之间的部位，拆下汽缸盖。

提示：
不要损坏汽缸盖和汽缸体的接触面。

步骤20：拆卸汽缸盖衬垫（见图3—42）。

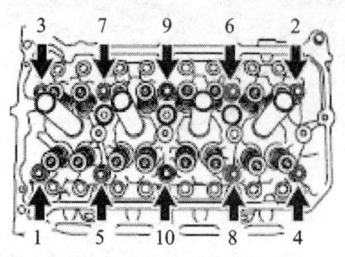
图3—41

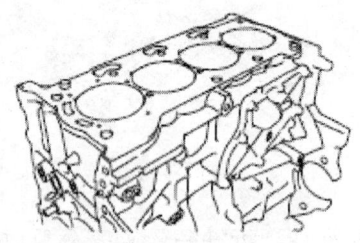
图3—42

步骤21：从汽缸盖上拆卸气门杆盖（见图3—43）。

提示：
按正确的顺序摆放拆下的零件。

步骤22：拆卸进气门。

（1）用SST和木块压缩并拆下气门座圈锁片（见图3—44）。

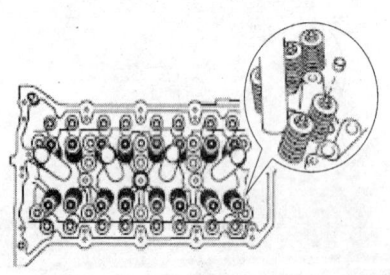
图3—43

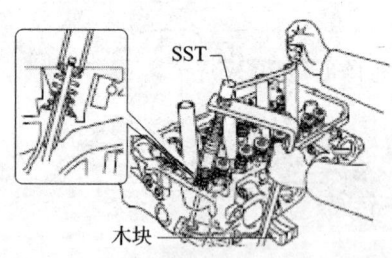
图3—44

（2）拆下弹簧座圈、气门弹簧和气门。

提示：

按正确的顺序摆放拆下的零件。

步骤23：拆卸排气门。

（1）用SST和木块压缩并拆下气门座圈锁片（见图3—45）。

（2）拆下弹簧座圈、气门弹簧和气门。

提示：

按正确的顺序摆放拆下的零件。

步骤24：用尖嘴钳拆卸气门杆油封（见图3—46）。

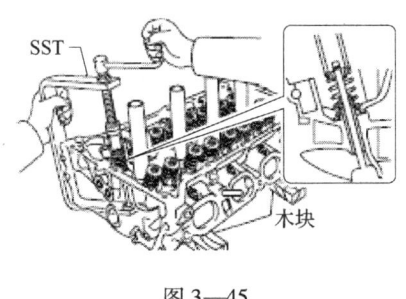

图3—45

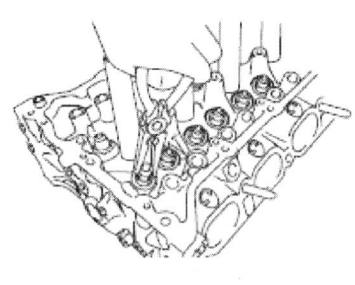

图3—46

步骤25：用压缩空气和磁棒，吹入空气拆卸气门弹簧座（见图3—47）。

步骤26：用10 mm直六角扳手拆下3个2号直螺纹塞和3个衬垫（见图3—48）。

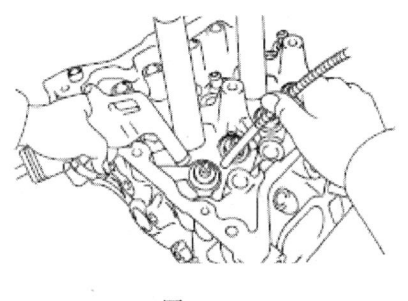

图3—47

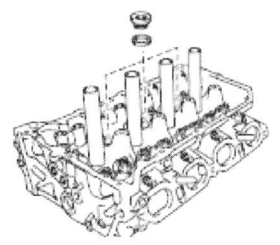

图3—48

提示：

如果直螺纹塞漏水或螺纹塞腐蚀，则将其更换。

二、检查配气机构零部件

步骤1：检查1号气门摇臂分总成。用手转动滚针，检查转动是否平稳。

提示： 如果滚针转动不平稳，则更换气门摇臂分总成。

步骤2：检查气门间隙调节器总成。

提示：

- 使气门间隙调节器远离灰尘和异物。
- 仅使用干净的发动机机油。

(1) 将气门间隙调节器放入装有发动机机油的容器中。

(2) 将专用工具（SST）顶端插入气门间隙调节器的柱塞中，并用顶端挤压柱塞中的单向球，如图3—49所示。

(3) 将SST和气门间隙调节器压在一起，上下移动柱塞5~6次（见图3—50）。

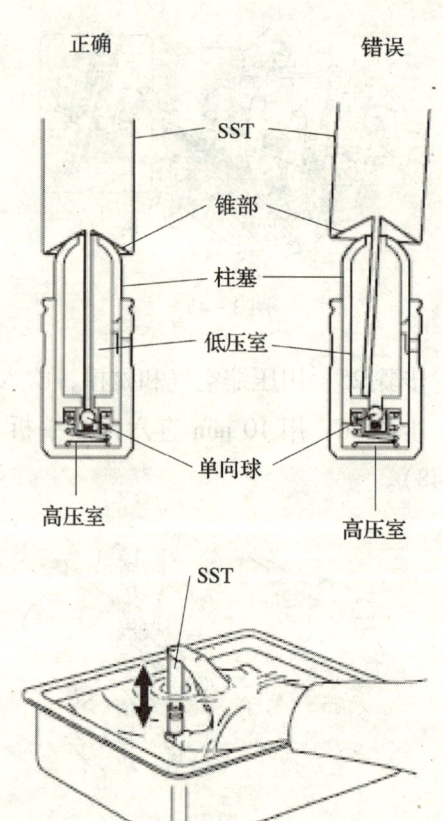

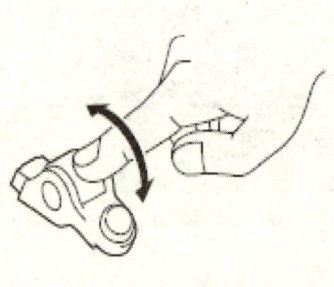

图3—49

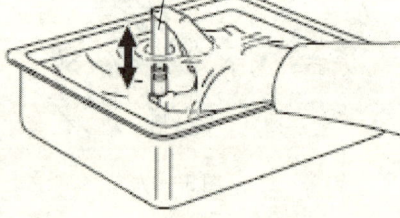

图3—50

(4) 检查柱塞的运动情况并放气。正常情况下，柱塞上下移动。

提示：

从高压室放气时，确保SST的端部已如图所示压住单向球。如果没有压住单向球，空气不会从高压室排出。

(5) 放气后，拆下SST，然后用手指迅速且用力地按压柱塞。正常情况下，柱塞很难移动。如果结果不符合规定，则更换气门间隙调节器。

步骤3：检查链条分总成。如图3—51所示，用147 N的力拉链条。然后用游标卡尺测量15个链节的长度，最大链条伸长率为115.2 mm。如果平均伸长率大于最大值，则更换链条。

提示：

在任意3个位置进行测量，使用测量值的平均值。

步骤4：检查2号链条分总成。

(1) 如图3—52所示，用147 N的力拉链条。

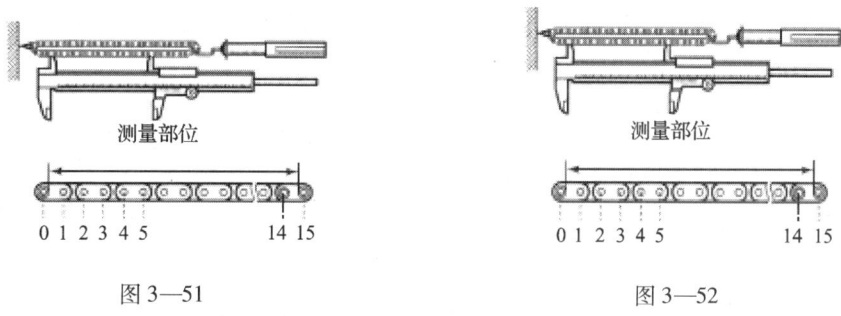

图3—51　　　　　　　　图3—52

(2) 用游标卡尺测量15个链节的长度，最大链条伸长率为102.1 mm。如果平均伸长率大于最大值，则更换2号链条。

提示：

在任意3个位置进行测量，使用测量值的平均值。

步骤5：检查机油泵主动齿轮。

(1) 将链条绕在齿轮上。

(2) 用游标卡尺测量齿轮和链条的直径（见图3—53），最小齿轮直径（带链条）为48.2 mm。如果直径小于最小值，则更换链条和齿轮。

提示：

测量时，游标卡尺的卡钳必须与链轮接触。

步骤6：检查进气凸轮轴正时齿轮总成。

(1) 将链条绕在齿轮上。

(2) 用游标卡尺测量齿轮和链条的直径（见图3—54），最小齿轮直径（带链条）为96.8 mm。如果直径小于最小值，则更换链条和齿轮。

提示：

测量时，游标卡尺的卡钳必须与链轮接触。

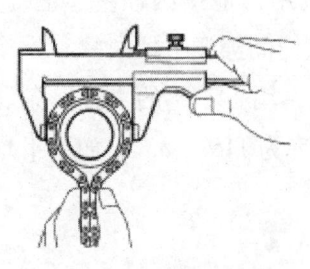
图3—53

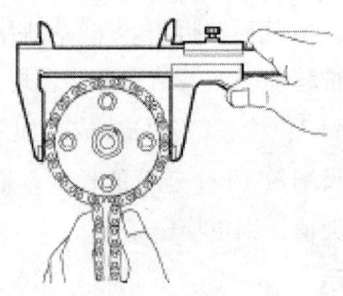
图3—54

步骤7：检查排气凸轮轴正时齿轮总成。

（1）将链条绕在链轮上。

（2）用游标卡尺测量链轮和链条的直径（见图3—55），最小链轮直径（带链条）为96.8 mm。如果直径小于最小值，则更换链条和链轮。

提示：

测量时，游标卡尺的卡钳必须与链轮接触。

步骤8：检查曲轴正时齿轮。

（1）将链条绕在齿轮上。

（2）用游标卡尺测量齿轮和链条的直径（见图3—56），最小齿轮直径（带链条）为51.1 mm。如果直径小于最小值，则更换链条和齿轮。

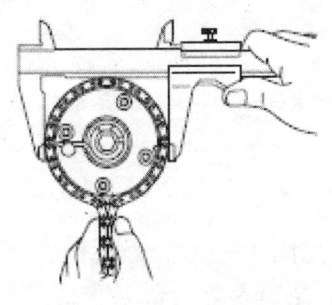
图3—55

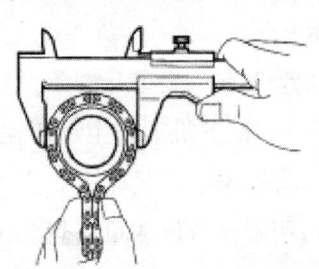
图3—56

提示：

测量时，游标卡尺的卡钳必须与链轮接触。

步骤9：检查链条张紧器导板。用游标卡尺测量张紧器导板磨损量（见图3—57），最大磨损量为1.0 mm，如果磨损量大于最大值，则更换链条张紧器导板。

步骤10：检查1号链条振动阻尼器。用游标卡尺测量振动阻尼器磨损量（见图3—58），最大磨损量为1.0 mm，如果磨损量大于最大值，则更换1号链条振动阻尼器。

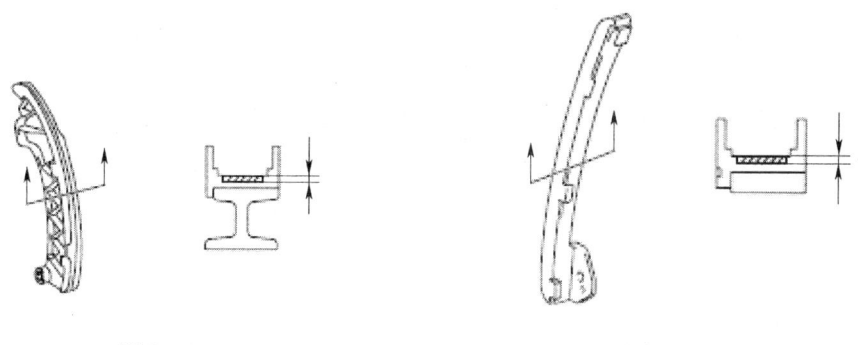

图 3—57　　　　　　　　　　　图 3—58

步骤 11：检查 2 号链条振动阻尼器。用游标卡尺测量振动阻尼器磨损量（见图 3—59），最大磨损量为 1.0 mm，如果磨损量大于最大值，则更换 2 号链条振动阻尼器。

步骤 12：检查链条张紧器板。用游标卡尺测量链条张紧器板磨损量（见图 3—60），最大磨损量为 1.0 mm，如果磨损量大于最大值，则更换链条张紧器板。

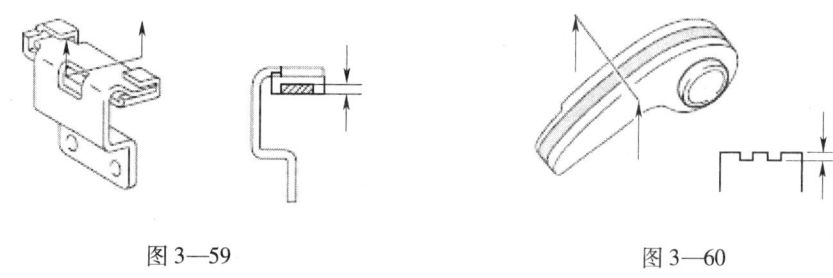

图 3—59　　　　　　　　　　　图 3—60

步骤 13：检查 1 号链条张紧器。

（1）用手指提起棘轮爪时，检查并确认柱塞移动平稳（见图 3—61）。

（2）松开棘轮爪，检查并确认棘轮爪将柱塞锁止就位，且用手指推时不发生移动。

步骤 14：检查凸轮轴。

（1）检查凸轮轴的径向跳动（见图 3—62）。将凸轮轴放在 V 形块上，用百分表测量中心轴颈的径向跳动，最大径向跳动为 0.04 mm，如果径向跳动大于最大值，则更换凸轮轴。

（2）检查凸轮凸角。用螺旋测微器测量凸轮凸角的高度（见图 3—63）。标准凸轮凸角高度为 42.816～42.916 mm，最小凸轮凸角高度为 42.666 mm，如果凸轮凸角高度小于最小值，则更换凸轮轴。

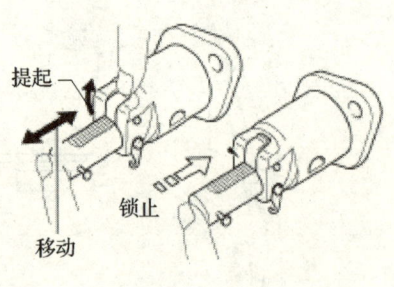
图3—61

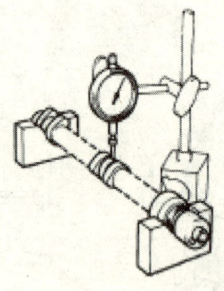
图3—62

(3) 检查凸轮轴轴颈。用螺旋测微器测量轴颈的直径（见图3—64）。标准轴颈直径见表3—2。

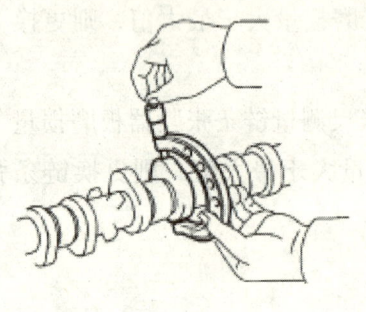
图3—63

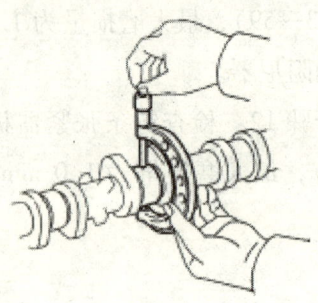
图3—64

表3—2　　　　　　　　　　　　标准轴颈直径

轴颈位置	规定状态
1号	34.449～34.465 mm
其他	22.949～22.965 mm

步骤15：检查排气凸轮轴。检查步骤参考步骤14"检查凸轮轴"步骤。如测量值不符合规定，则更换排气凸轮轴。

步骤16：检查汽缸盖固定螺栓。

(1) 用游标卡尺测量汽缸盖固定螺栓从底座到端部的长度（见图3—65）。标准螺栓长度为146.8～148.2 mm，最大螺栓长度为149.2 mm，如果螺栓长度大于最大值，则更换汽缸盖固定螺栓。

(2) 用游标卡尺在测量点测量细长螺纹的最小直径。标准外径为9.77～9.96 mm，最小外径为9.4 mm。如果直径小于最小值，则更换汽缸盖固定螺栓。

提示：

用直尺，目视检查汽缸盖固定螺栓螺纹部分的最薄部位。

步骤17：检查汽缸盖平面度。使用精密直尺和测隙规测量汽缸体和歧管接触面的翘曲度（见图3—66），最大翘曲度见表3—3。如果翘曲度大于最大值，则更换汽缸盖。

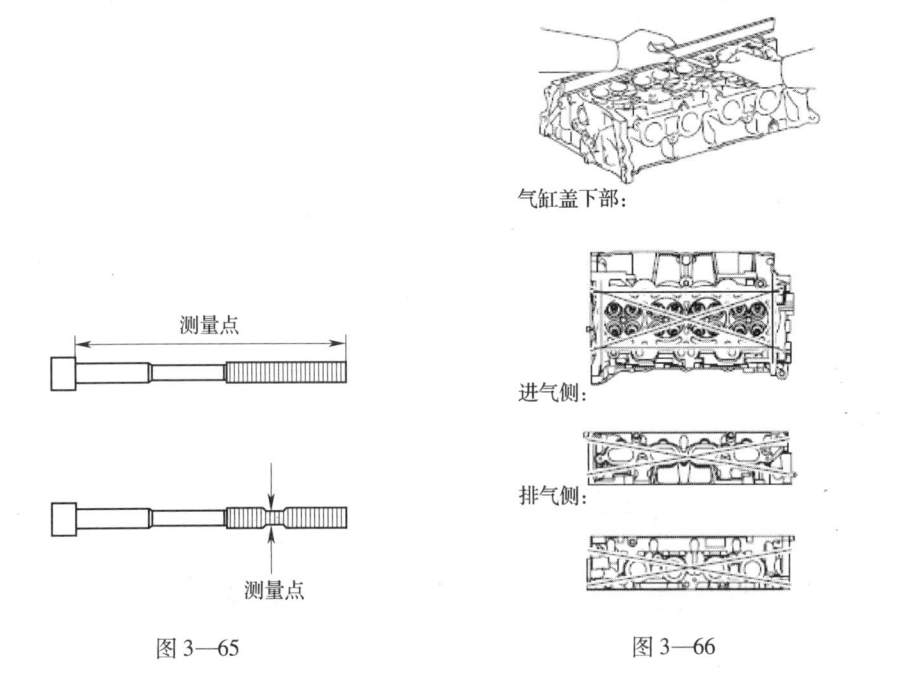

图3—65　　　　　　　　　　　　　　　图3—66

表3—3　　　　　　　　　　　最大翘曲度

项目	规定状态
汽缸体侧	0.05 mm
进气歧管侧	0.10 mm
排气歧管侧	0.10 mm

步骤18：检查汽缸盖是否破裂。用染色渗透法检查进气口、排气口以及汽缸体表面是否有裂纹（见图3—67）。如果有裂纹，则更换汽缸盖。

步骤19：检查气门座。

（1）在气门锥面上涂抹一薄层普鲁士蓝。

（2）使气门锥面轻压气门座。

（3）检查气门锥面和气门座（见图3—68）。如果整个360°气门锥面均出现普鲁士蓝，则气门锥面是同心的，否则更换气门；如果整个360°气门座均出现普鲁士蓝，则气门导管和气门锥面是同心的，否则重修气门座表面。检查并确认气门座接触面在气门锥面的中部，气门座宽度在1.0～1.4 mm之间。

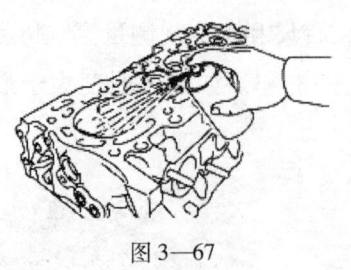

图 3—67

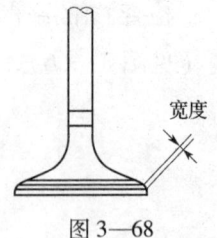

图 3—68

步骤20：检查压缩弹簧。

（1）使用游标卡尺测量气门弹簧的自由长度（见图3—69），自由长度应为53.36 mm，如果自由长度不符合规定，则更换气门弹簧。

（2）用钢角尺测量气门弹簧的偏移量（见图3—70）。最大偏移量为1.0 mm，如果偏移量大于最大值，则更换气门弹簧。

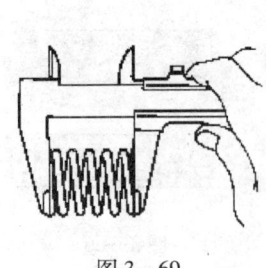

图 3—69

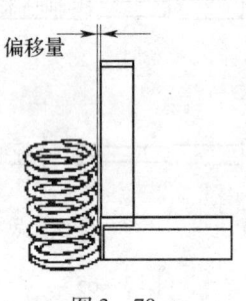

图 3—70

步骤21：检查进气门。

（1）使用衬垫刮刀刮除气门头部的所有积碳（见图3—71）。

（2）用游标卡尺测量气门的总长（见图3—72）。标准总长为109.34 mm，最小总长为108.84 mm，如果总长小于最小值，则更换气门。

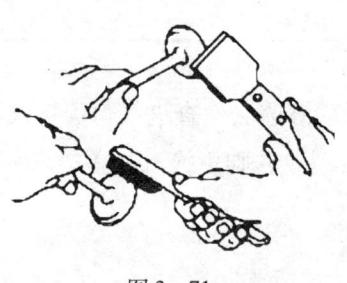

图 3—71

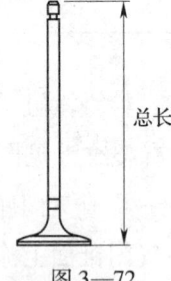

图 3—72

（3）用螺旋测微器测量气门杆直径（见图3—73）。气门杆直径为5.470～5.485 mm，如果气门杆直径不符合规定，则检查油膜间隙。

（4）用游标卡尺测量气门头部边缘厚度（见图3—74）。标准边缘厚度为1.0 mm，最小边缘厚度为0.5 mm，如果边缘厚度小于最小值，则更换气门。

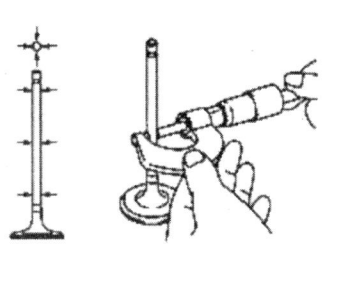

图 3—73　　　　　　　　　图 3—74

步骤 22：检查排气门。

（1）使用衬垫刮刀刮除气门头部的所有积碳。

（2）用游标卡尺测量气门的总长（见图 3—75）。标准总长为 108.25 mm，最小总长为 107.75 mm，如果总长小于最小值，则更换气门。

（3）用螺旋测微器测量气门杆直径（见图 3—76）。气门杆直径为 5.465 ~ 5.480 mm，如果气门杆直径不符合规定，则检查油膜间隙。

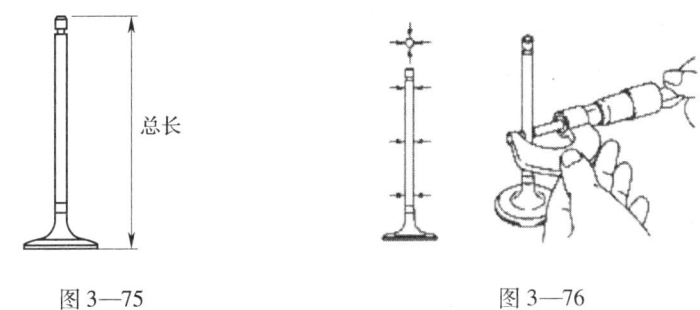

图 3—75　　　　　　　　　图 3—76

（4）用游标卡尺测量气门头部边缘厚度（见图 3—77）。标准边缘厚度为 1.01 mm，最小边缘厚度为 0.5 mm，如果边缘厚度小于最小值，则更换气门。

步骤 23：检查气门导管衬套油膜间隙。

（1）用测径规测量气门导管衬套的内径（见图 3—78）。衬套内径为 5.51 ~ 5.53 mm。

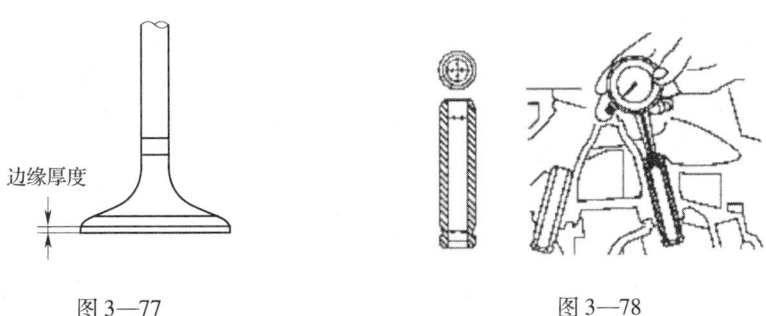

图 3—77　　　　　　　　　图 3—78

（2）用导管衬套内径测量值减去气门杆直径测量值获得导管衬套油膜间隙值。如果间隙大于最大值，则更换气门和导管衬套。

标准油膜间隙和最大油膜间隙值见表3—4和表3—5。

表3—4　　　　　　　　　　　　标准油膜间隙

项目	规定状态
进气	0.025～0.060 mm
排气	0.030～0.065 mm

表3—5　　　　　　　　　　　　最大油膜间隙

项目	规定状态
进气	0.080 mm
排气	0.085 mm

三、更换配气机构零部件

步骤1：更换进气门导管衬套。

（1）将汽缸盖加热到80～100°C。

（2）将汽缸盖放到木块上。

（3）使用专用工具SST和锤子敲出导管衬套（见图3—79）。

（4）用测径规测量汽缸盖的衬套孔径（见图3—80）。汽缸缸径为10.285～10.306 mm，选择新导管衬套（标准或加大尺寸0.05），见表3—6。如果汽缸盖衬套孔径大于10.306 mm，则将衬套孔径加工为10.335～10.356 mm，以安装加大尺寸0.05气门导管衬套。如果汽缸盖衬套孔径大于10.356 mm，则更换汽缸盖。

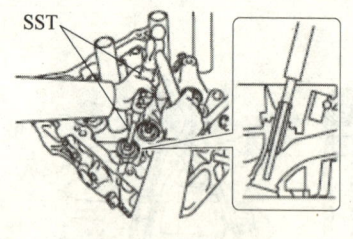

图3—79

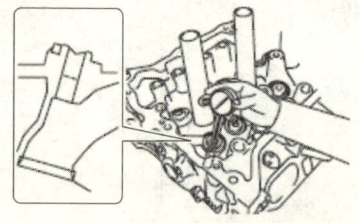

图3—80

（5）将汽缸盖加热到80～100°C。

（6）将汽缸盖放到木块上。

表3—6　　　　　　　　　　导管衬套孔径尺寸

衬套尺寸	衬套孔径
标准	10.285~10.306 mm
加大尺寸0.05	10.335~10.356 mm

（7）用专用工具SST和锤子敲入新气门导管衬套，使之达到规定的凸出部分高度（见图3—81）。凸出部分高度为9.9~10.3 mm。

（8）用5.5 mm锋利铰刀刮气门导管衬套，以使导管衬套与气门杆之间达到标准间隙（见图3—82）。标准油膜间隙为0.025~0.060 mm。

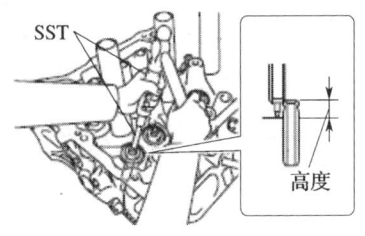
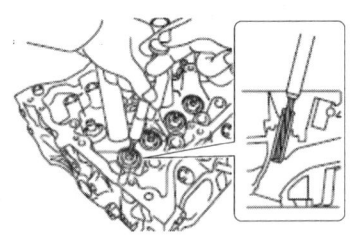

图3—81　　　　　　　　　　　　　　　图3—82

步骤2：更换排气门导管衬套。

（1）将汽缸盖加热到80~100℃。

（2）将汽缸盖放到木块上。

（3）使用专业工具SST和锤子敲出导管衬套（见图3—83）。

（4）用测径规测量汽缸盖的衬套孔径（见图3—84）。直径为10.285~10.306 mm。选择新导管衬套参照表3—6（标准或加大尺寸0.05）。如果汽缸盖衬套孔径大于10.306 mm，则将衬套孔径加工为10.335~10.356 mm，以安装加大尺寸0.05气门导管衬套。如果汽缸盖衬套孔径大于10.356 mm，则更换汽缸盖。

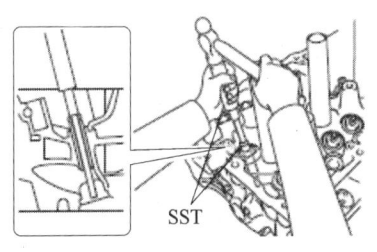
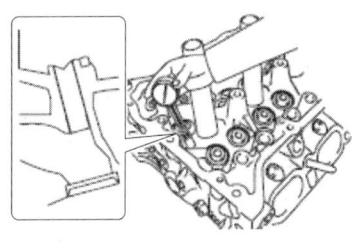

图3—83　　　　　　　　　　　　　　　图3—84

(5) 将汽缸盖加热到 80~100℃。

(6) 将汽缸盖放到木块上。

(7) 用专用工具 SST 和锤子敲入新气门导管衬套，使之达到规定的凸出部分高度。凸出部分高度为 11.15~11.55 mm。

(8) 用 5.5 mm 锋利铰刀刮气门导管衬套，以使导管衬套与气门杆之间达到标准间隙（见图 3—85）。标准油膜间隙为 0.030~0.065 mm。

步骤 3：更换环销。拆下环销，然后用塑料锤敲入新环销，使之达到规定的凸出高度。凸出部分高度为 6.5~7.5 mm（见图 3—86）。

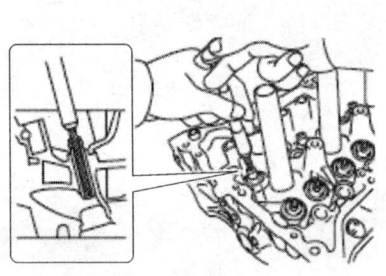

图 3—85

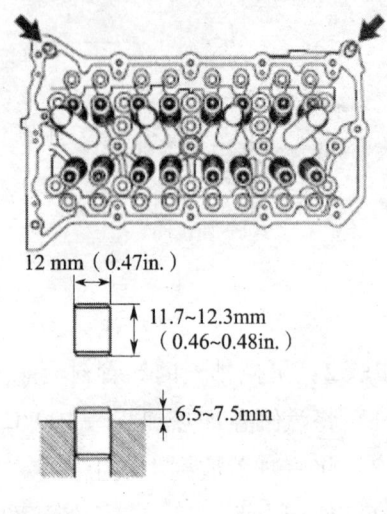

图 3—86

提示：

如果不更换环销，则无需将其拆下。

步骤 4：更换双头螺栓。

提示：

任一双头螺栓变形或螺纹受损，均应将其更换。

(1) 拆下双头螺栓。

(2) 用"TORX"梅花套筒 E8 安装双头螺栓（见图 3—87）。扭矩为 9.5 N·m。

四、维修气门座

提示：

- 检查气门落座位置的同时维修气门座。
- 使唇口远离异物。

进气侧：　　　　　　　　　　　　　　　排气侧：

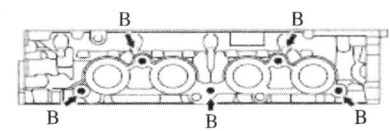

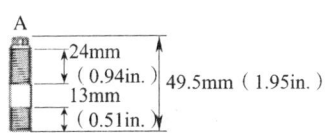

图3—87

步骤1：用45°铰刀修整气门座表面，使气门座宽度大于规定值。

步骤2：用30°和75°铰刀修整气门座，使气门可以接触到气门座的整个圆周。应在气门座的中心接触，且气门座宽度应保持在气门座整个圆周周围的规定范围内（见图3—88），气门座宽度规定值见表3—7。

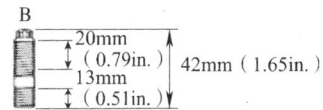

图3—88

表3—7　　　　　　　　　气门座宽度

项目	规定状态
进气侧	1.0～1.4 mm
排气侧	1.0～1.4 mm

步骤3：用研磨剂对气门和气门座进行手动研磨。

步骤4：检查气门落座位置。

五、安装配气机构零部件

步骤1：用10 mm直六角扳手安装3个新衬垫和3个2号直螺纹塞（见图3—89）。扭矩为44 N·m。

步骤2：安装气门弹簧座到汽缸盖上。

步骤3：安装气门杆油封。

（1）在新油封上涂抹一薄层发动机机油。

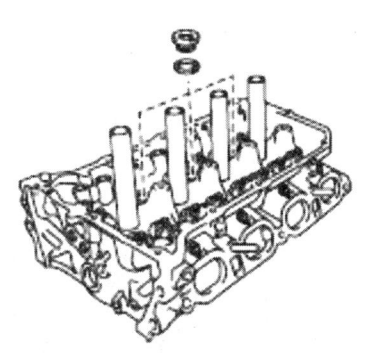

图3—89

提示：

● 安装进气门和排气门油封时应特别小心，切忌颠倒。如将进气门油封安装至排气侧或将排气门油封安装至进气侧，会导致以后的安装故障。

● 进气门油封为灰色，排气门油封为黑色（见图3—90）。

（2）如图3—91所示，用SST压入油封。

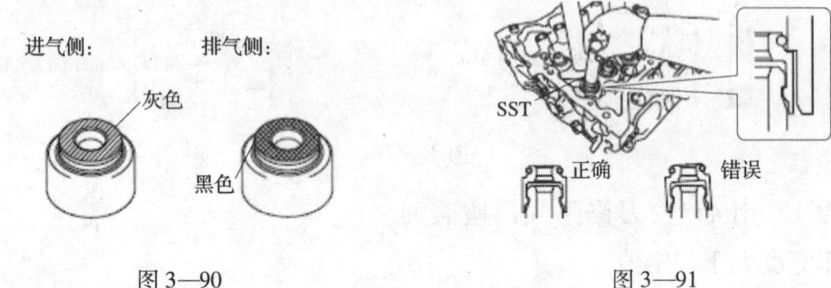

图3—90　　　　　　　　图3—91

提示：

若不用SST会造成油封损坏或安装不到位。

步骤4：安装进气门。

（1）如图3—92所示，在进气门顶部涂抹足量发动机机油。

（2）将气门、压缩弹簧和弹簧座圈安装到汽缸盖上。

提示：

将原来的零件按照原来的组合安装到原位。

（3）用专用工具SST和木块压缩弹簧并安装2个座圈锁片（见图3—93）。

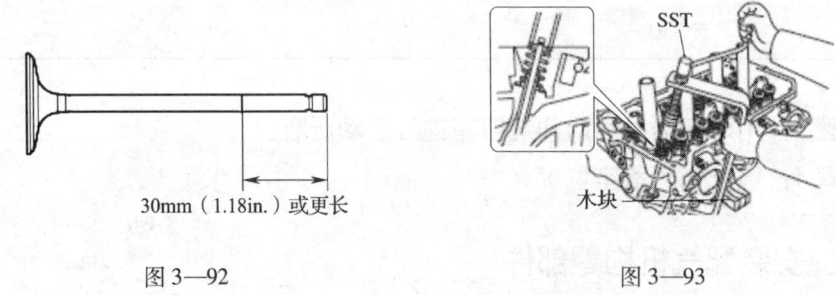

图3—92　　　　　　　　图3—93

（4）用塑料锤轻敲气门杆顶部以确保安装到位（见图3—94）。

提示：

不要损坏气门杆顶部和座圈。

步骤5：安装排气门。

（1）如图3—95所示，在排气门的顶部涂抹足量发动机机油。

（2）将气门、压缩弹簧和弹簧座圈安装到汽缸盖上。

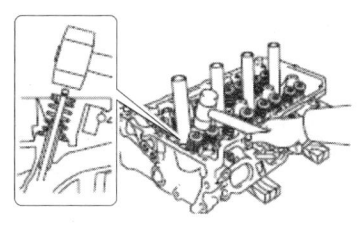 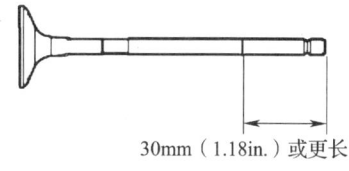

图 3—94　　　　　　　　　图 3—95

30mm（1.18in.）或更长

提示：

将原来的零件按照原来的组合安装到原位。

（3）用专用工具 SST 和木块压缩弹簧并安装 2 个座圈锁片（见图 3—96）。

（4）用塑料锤轻敲气门杆顶部以确保安装到位（见图 3—97）。

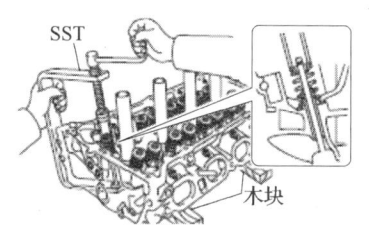 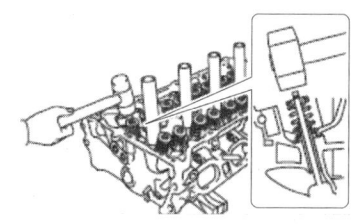

图 3—96　　　　　　　　　图 3—97

提示：

不要损坏气门杆顶部和座圈。

步骤 6：安装气门杆盖。在气门杆盖上涂抹一薄层发动机机油，将气门杆盖安装到汽缸盖上。

步骤 7：安装汽缸盖衬垫。将新衬垫放在汽缸体表面上，并使印有批次号的一面朝上（见图 3—98）。

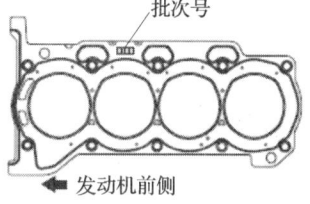

图 3—98

提示：

- 清除接触面的所有机油。
- 确保衬垫按正确的方向安装。

步骤 8：安装汽缸盖分总成。

（1）在螺栓的螺纹和与垫圈相接触的螺栓头下的部位涂抹一薄层发动机机油，将螺栓和垫圈安装至汽缸盖。

提示：

分两步紧固汽缸盖螺栓，不要将垫圈掉到汽缸盖里。

（2）按图 3—99 所示顺序，用 10 mm 的双六角扳手，分几步均匀地安装并紧固10个汽缸盖固定螺栓和平垫圈。扭矩为49 N·m。

（3）用油漆在汽缸盖螺栓前端作标记。

（4）如图3—100所示，将汽缸盖螺栓再次紧固90°，然后再紧固45°。

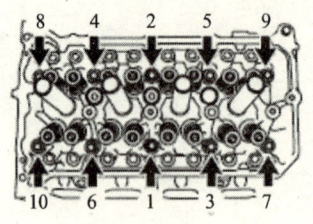

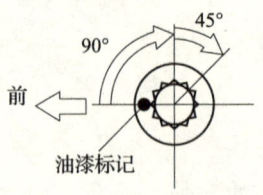

图3—99　　　　　　　图3—100

（5）检查并确认油漆标记现在与前端成135°角。

步骤9：安装气门间隙调节器总成。

提示：

- 使气门间隙调节器远离灰尘和异物。
- 仅使用干净的发动机机油。

（1）将气门间隙调节器放入装有发动机机油的容器中。

（2）将专用工具SST顶端插入气门间隙调节器的柱塞中，并用顶端挤压柱塞中的单向球。

（3）将专用工具SST和气门间隙调节器压在一起，上下移动柱塞5~6次（见图3—101）。

（4）检查柱塞的运动情况并放气。正常情况下，柱塞上下移动。

提示：

从高压室放气时，确保专用工具SST的端部已如图所示压住单向球。如果没有压住单向球，空气不会从高压室排出。

（5）放气后，拆下SST。然后，试着用手指迅速且用力地按压柱塞。正常情况下，柱塞很难移动。如果结果不符合规定，则更换气门间隙调节器。

（6）将气门间隙调节器安装回原处。

步骤10：安装1号气门摇臂分总成。在气门间隙调节器端部和气门杆盖端涂抹发动机机

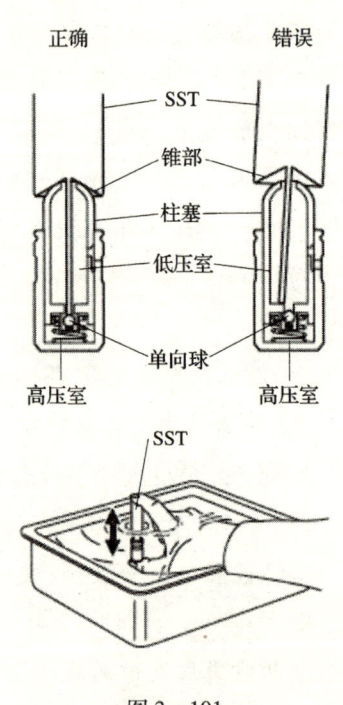

图3—101

油，确保将气门摇臂安装至如图3—102所示位置。

步骤11：安装进气凸轮轴轴承。清洁轴承的双表面，安装2个进气凸轮轴轴承，用游标卡尺测量轴承盖边缘和凸轮轴轴承边缘间的距离（见图3—103）。

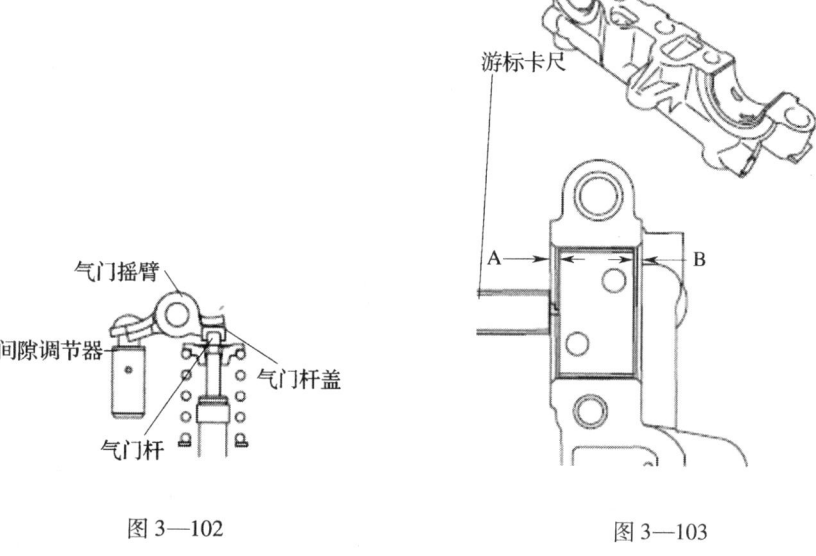

图3—102 图3—103

尺寸（A－B）：0.7 mm或更小。

提示：

通过测量尺寸A和B，将轴承固定至轴承盖中心。

步骤12：检查并确认滤清器的滤网上没有异物后安装机油控制阀滤清器（见图3—104）。

提示：

安装机油控制阀滤清器时，不要触碰滤网。

步骤13：安装排气凸轮轴轴承。清洁轴承的双表面，安装2个2号凸轮轴轴承，用游标卡尺测量轴承盖边缘和凸轮轴轴承边缘间的距离（见图3—105）。

尺寸（A）：1.05～1.75 mm。

提示：

通过测量尺寸A，将轴承固定至轴承盖中心。

步骤14：安装排气凸轮轴。

（1）清洁凸轮轴轴颈，在凸轮轴轴颈、凸轮轴壳和轴承盖上涂抹一薄层发动机机油。

（2）将排气凸轮轴安装到凸轮轴壳上（见图3—106）。

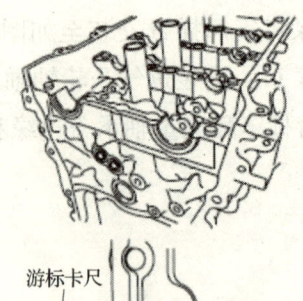

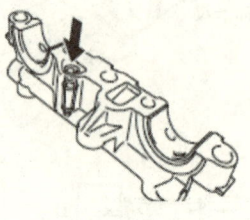 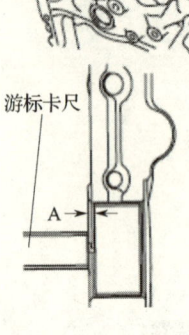

游标卡尺

图 3—104　　　　　　　　图 3—105

步骤 15：安装凸轮轴。

（1）清洁凸轮轴轴颈，在凸轮轴轴颈、凸轮轴壳和轴承盖上涂抹一薄层发动机机油。

（2）将凸轮轴安装到凸轮轴壳上（见图 3—107）。

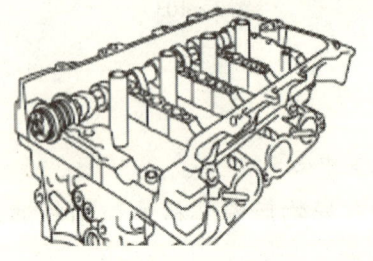 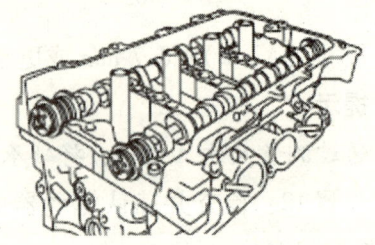

图 3—106　　　　　　　　图 3—107

步骤 16：安装凸轮轴轴承盖。

（1）在凸轮轴轴颈、凸轮轴壳和轴承盖上涂抹发动机机油。

（2）确认各凸轮轴轴承盖上的标记和号码，并将其置于正确的位置和方向，如图 3—108 所示。

提示：

确保凸轮轴的锁销如图所示安装。

（3）按如图 3—109 所示顺序，紧固 10 个螺栓。扭矩为 16 N·m。

步骤 17：安装凸轮轴壳分总成。

（1）确保将气门摇臂按图 3—110 所示安装。

（2）如图 3—111 所示，连续涂抹密封胶。密封胶使用丰田原厂黑密封胶、Three Bond 1207B 或同等产品，密封直径为 3.5～4.0 mm。

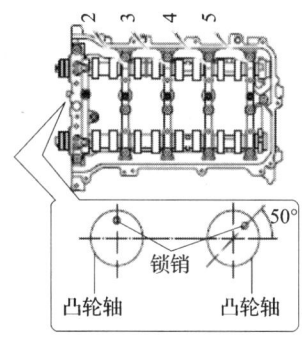

图3—108

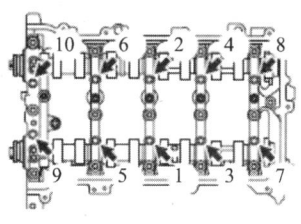

图3—109

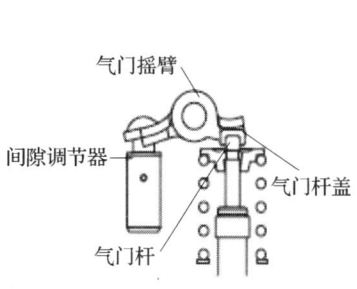

图3—110

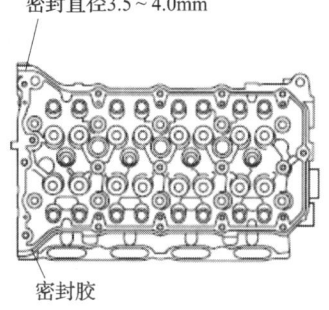

图3—111

提示：

- 清除接触面的所有机油。
- 在涂抹密封胶后3 min内安装凸轮轴壳分总成。
- 安装后至少2 h内不要起动发动机。

(3) 固定进气凸轮轴和排气凸轮轴。

(4) 安装凸轮轴壳，并按图3—112所示顺序紧固17个螺栓，扭矩为27 N·m。

提示：

- 安装凸轮轴壳后，确保凸轮凸角按如图所示安装。
- 如果在安装过程中任何螺栓松动，则拆下凸轮轴壳，清洁安装表面并重新涂抹密封胶。
- 如果在安装过程中因螺栓松动而拆下凸轮轴壳，则应确保先前涂抹的密封胶未进入任何机油通道。

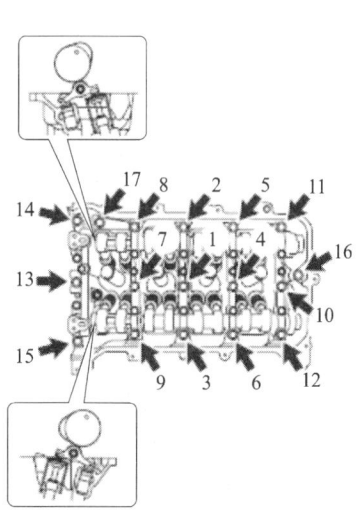

图3—112

- 安装凸轮轴壳后，拭去凸轮轴壳和汽缸盖之间渗出的密封胶。

步骤18：安装凸轮轴正时齿轮总成。

（1）检查并确认锁销已安装在凸轮轴上。

（2）如图3—113所示，使直销和键槽不对准，将凸轮轴正时齿轮和凸轮轴放置在一起。

提示：

不要用力推入凸轮轴正时齿轮总成，这样可能导致凸轮轴锁销端部损坏凸轮轴正时齿轮总成的安装表面。

（3）将凸轮轴正时齿轮轻轻推向凸轮轴的同时，按图3—114所示方向旋转凸轮轴正时齿轮。将齿轮销进一步推入键槽中。

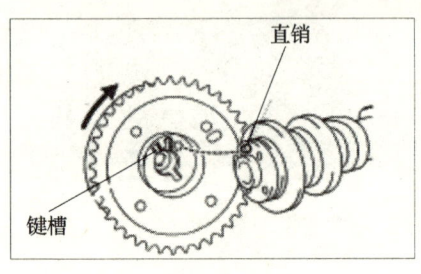

图3—113

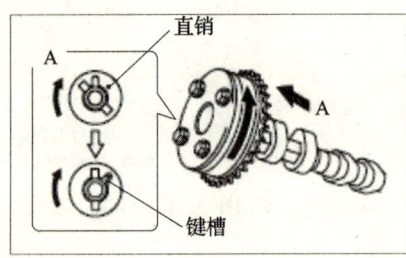

图3—114

提示：

不要使凸轮轴正时齿轮朝延迟方向（顺时针）转动。

（4）测量齿轮和凸轮轴间的间隙（见图3—115）。间隙应为0.1～0.4 mm。

（5）在凸轮轴正时齿轮固定就位时，紧固凸缘螺栓（见图3—116）。扭矩为54 N·m。

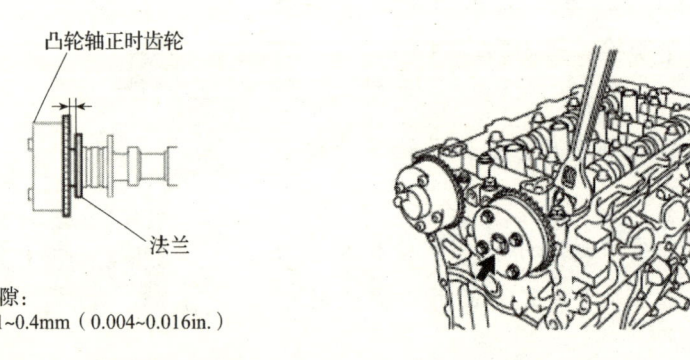

间隙：
0.1～0.4mm（0.004～0.016in.）

图3—115　　　　　　　图3—116

（6）检查并确认凸轮轴正时齿轮可以朝延迟方向（顺时针）转动，并锁止在最大延迟位置（见图3—117）。

步骤19：安装排气凸轮轴正时齿轮总成，检查并确认锁销已安装在凸轮轴上。

（1）对准键槽和直销，然后将排气凸轮轴正时齿轮和凸轮轴连接起来（见图3—118）。

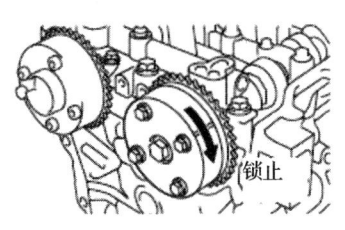
图3—117

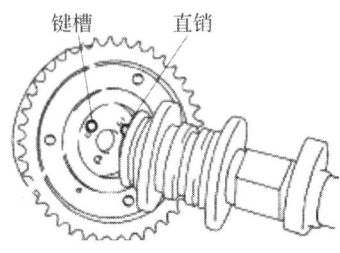
图3—118

（2）将齿轮轻轻地压在凸轮轴上，并转动齿轮。将齿轮销进一步推入键槽中。

提示：

一定不要使排气凸轮轴正时齿轮朝延迟方向（顺时针）转动。

（3）检查并确认齿轮凸缘和凸轮轴间没有间隙。

（4）排气凸轮轴正时齿轮固定住时，拧紧凸缘螺栓（见图3—119），扭矩为54 N·m。

（5）检查排气凸轮轴正时齿轮的锁止情况，确保排气凸轮轴正时齿轮已锁止。

步骤20：用塑料锤安装2个曲轴正时齿轮键（见图3—120）。

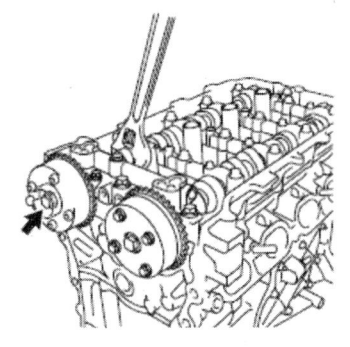
图3—119

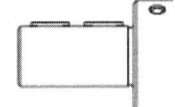
图3—120

提示：

敲进曲轴正时齿轮键，直至其与曲轴接触。

步骤21：安装1号曲轴位置信号盘，使"F"标记朝前（见图3—121）。

步骤22：安装2号链条分总成。

（1）如图3—122所示，设置曲轴键。

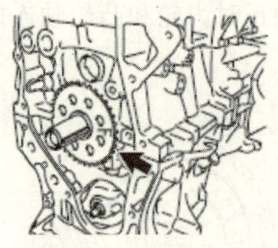
图3—121

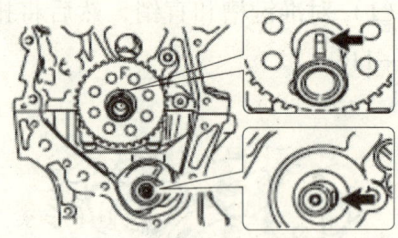
图3—122

（2）转动驱动轴以便切口朝向右水平位置。

（3）如图3—123所示，使黄色链条标记对准每个齿轮的正时标记。

（4）用齿轮上的链条将链轮安装到曲轴和机油泵轴上。

（5）用螺母暂时紧固机油泵主动链轮。

（6）将减振弹簧插入到调节孔，然后用螺栓安装链条张紧器盖板（见图3—124），扭矩为10 N·m。

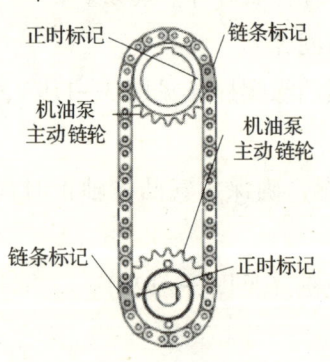
图3—123

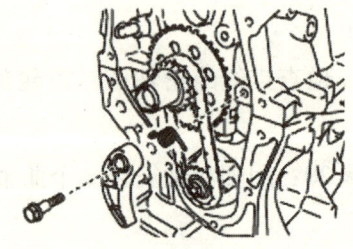
图3—124

（7）将机油泵主动链轮的调节孔对准机油泵凹槽（见图3—125）。

（8）将一个直径为4 mm的杆插入机油泵主动轴齿轮的调节孔以便将齿轮锁定就位，然后紧固螺母（见图3—126）。扭矩为28 N·m。

步骤23：安装曲轴正时链轮（见图3—127）。

步骤24：用2个螺栓安装1号链条振动阻尼器（见图3—128），扭矩为21 N·m。

步骤25：用2个螺栓安装2号链条振动阻尼器（见图3—129），扭矩为10 N·m。

步骤26：安装链条分总成。

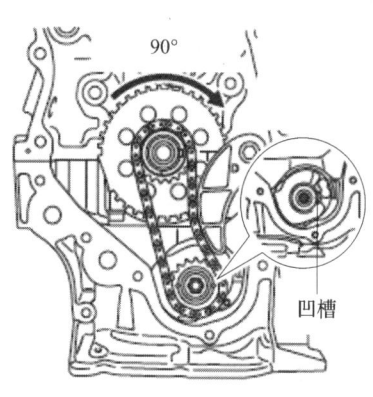
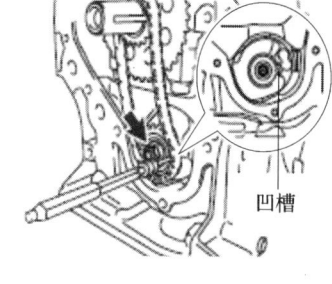

图 3—125　　　　　　　　图 3—126

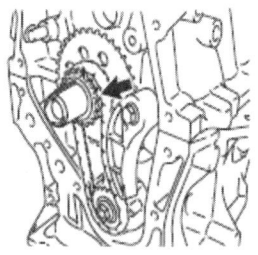
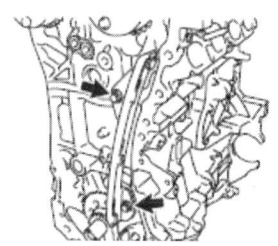

图 3—127　　　　　　　　图 3—128

（1）检查 1 号汽缸 TDC/压缩位置。

1）暂时紧固曲轴皮带轮螺栓。

2）逆时针转动曲轴，以使正时齿轮键位于顶部（见图 3—130）。

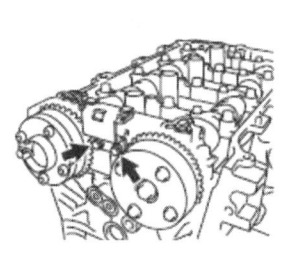
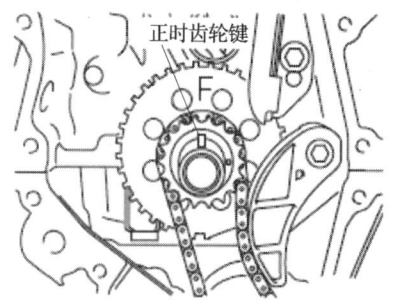

图 3—129　　　　　　　　图 3—130

3）拆下曲轴皮带轮螺栓。

4）检查每个凸轮轴正时齿轮上的正时标记（见图 3—131）。

（2）如图 3—132 所示，将标记板（橙色）和正时标记对准并安装链条。

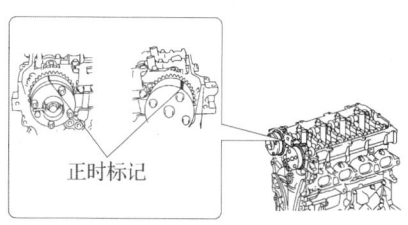

图 3—131

提示：
- 确保使标记板位于发动机前侧。
- 凸轮轴侧的标记板为橙色。
- 不要使链条缠绕在凸轮轴正时齿轮总成的链轮周围，只可将其放置在链轮上。
- 将链条穿过1号振动阻尼器。

（3）将链条放在曲轴上，但不要使其缠绕在曲轴周围（见图3—133）。

（4）用扳手固定住凸轮轴的六角头部分，并逆时针旋转凸轮轴正时齿轮总成，以使标记板（橙色）和正时标记对准（见图3—134）。

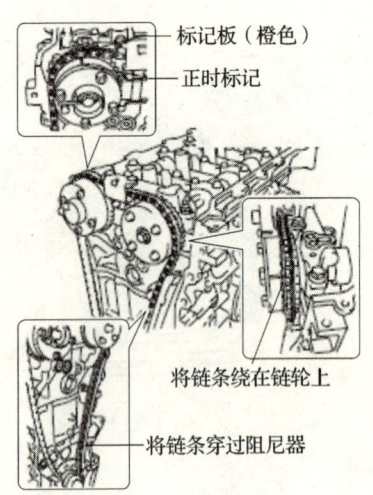

图3—132

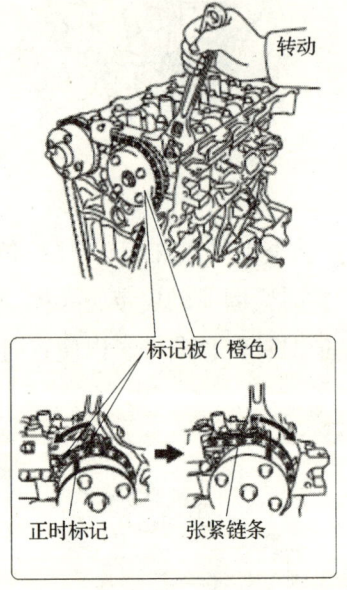

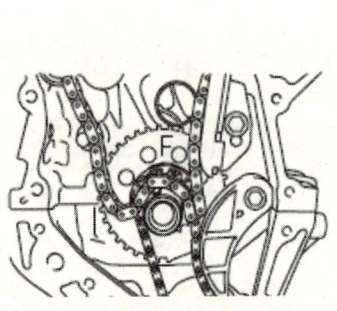

图3—133　　　　　　　　图3—134

提示：

确保使标记板位于发动机前侧。

（5）用扳手固定住凸轮轴的六角头部分，并顺时针旋转凸轮轴正时齿轮总成。

提示：

为了张紧链条，应缓慢地顺时针旋转凸轮轴正时齿轮总成，防止链条错位。

（6）将标记板（黄色）和正时标记对准，并将链条安装至曲轴正时齿轮（见图3—135）。

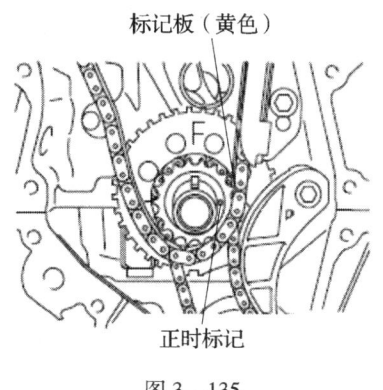

图3—135

提示：

曲轴侧的标记板为黄色。

（7）在TDC/压缩时，重新检查每个正时标记（见图3—136）。

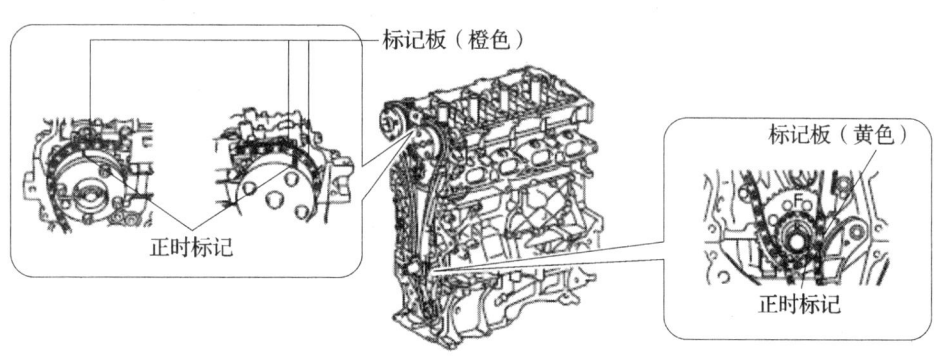

图3—136

步骤27：安装链条张紧器导板（见图3—137）。

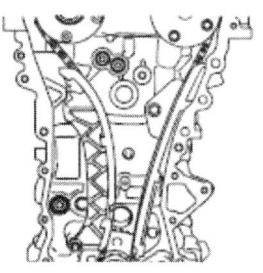

图3—137

任务拓展

配气机构常见故障诊断与排除

配气机构传动链长、零件多，旋转、往复运动频繁，运动规律特殊，润滑条件相对较差，工作中由于磨损使各配合副、摩擦副的间隙增大，都会影响到发动机的技术性能。配气机构常见的故障有气门脚响、气门漏气、凸轮轴响和液压挺柱异响等，见表3—8。

表3—8 配气机构常见故障诊断与排除

故障名称	故障现象	故障原因	诊断与排除
气门脚响	发动机发出清脆有节奏的"哒哒"响声，响声随转速而变化，与温度变化无关	该响声因气门间隙过大所致，在发动机任何转速下均能听到	响声在缸盖处比较明显，拆下气门室盖，发动机怠速运转，用厚薄规依次插入气门间隙处检查，如果插入一个气门后，响声减弱或消失，即为气门间隙过大而发响。排除方法为重新调整气门间隙
气门漏气	发生该故障时，发动机会出现起动困难、进气管回火、排气管放炮、冒烟、燃油消耗增加，以及出现异响等现象	气门与气门座工作面磨损、烧蚀，密封不良而漏气；气门与气门座工作面有积炭，气门关闭不严而漏气；气门与气门导管间隙过大，气门杆晃动，导致气门关闭不严而漏气；气门杆在气门导管内发涩或卡住，气门不能上下移动；气门弹簧失去弹性，或弹簧折断	在排除点火系、燃料系故障原因后，尚不能确定故障时，测量汽缸压力或测量进气歧管的真空度，可以比较准确地确定该故障。测量汽缸压力时，气门漏气的汽缸压力较其他汽缸偏低。排除方法为，拆卸冷缸盖，对气门组零件进行修理、修磨或更换损坏的气门等零件
凸轮轴响	发动机汽缸盖处出现有节奏而较钝的"嗒嗒"响声，一般无其他异常现象发动机中速时比较明显，高速时消失	凸轮轴及其轴承间配合松旷；凸轮轴弯曲变形；凸轮轴轴向间隙过大	应做单缸断火试验，声响依旧，拆检凸轮轴及其轴承，更换磨损的凸轮轴或轴承

续表

故障名称	故障现象	故障原因	诊断与排除
液压挺柱故障	发动机运转时，出现有节奏的"嗒嗒"声，怠速时明显，中速以上减弱或消失	发动机机油油面过高或过低，导致有气泡的机油进到液压挺柱中，形成弹性体而产生噪声；机油压力过低；机油泵、集滤器损坏或破裂，使空气吸到机油中去；液压挺柱失效；使用质量低劣的机油	拆卸油底壳，检查机油泵、集滤器，如有故障。应更换；调整机油液面或更换机油；拆检配气机构，更换液压挺柱或气门导管

任务四 曲柄连杆机构的检修

 **任务描述**

一台丰田卡罗拉轿车出现发动机噪声加大,发动机机体振动大的现象。据技师领班的初步判断是曲柄连杆机构中的曲轴轴承存在异响。请以小组为单位组成维修团队对车辆的故障检修。

 **任务分析**

学习目标:

1. 熟悉曲柄连杆机构的功用与组成。

2. 熟悉曲柄连杆机构各零部件的结构、装配关系。
3. 学会正确使用工具对机体组进行正确拆装。
4. 学会正确使用工具对活塞连杆组进行正确拆装。
5. 学会正确使用工具对曲轴飞轮组进行正确拆装。
6. 学会曲柄连杆机构见故障的检查与维修。

工作过程与学习活动：

1. 相关资讯（发动机曲柄连杆机构相关知识）
2. 任务准备（维修手册、学习材料、工具）
3. 任务实施（发动机曲柄连杆机构的检修）
4. 任务拓展（曲柄连杆机构常见故障诊断与排除）

相关资讯

发动机曲柄连杆机构相关知识

一、曲柄连杆机构的功用

曲柄连杆机构是发动机将热能转变为机械能的主要工作机构，其功用是把燃料燃烧产生的气体作用在活塞顶面上的压力转变为曲轴的转矩，向外输出动力。

二、曲柄连杆机构的组成

曲柄连杆机构由机体组、活塞连杆组和曲轴飞轮组等组成，如图4—1所示。

1. 机体组的构造

机体组是发动机的骨架，其内、外安装着发动机的所有主要零件和附件，承受各种载荷。发动机的机体组主要由汽缸体、汽缸盖、汽缸盖罩、汽缸垫、油底壳等部件组成，如图4—2所示。

（1）汽缸体。目前常用的水冷发动机，汽缸体和曲轴箱常制成一体，而且多缸发动机的各个汽缸也合铸成一个整体，称为汽缸体—曲轴箱，简称汽缸体，其结构如图4—3所示。汽缸体上半部有若干个为活塞在其中运动导向的圆柱形空腔，称为汽缸。下半部为支承曲轴的曲轴箱，其内腔为曲轴运动的空间。

1）汽缸的排列方式。

汽缸体内汽缸的排列有直列式、V形、对置式等形式。

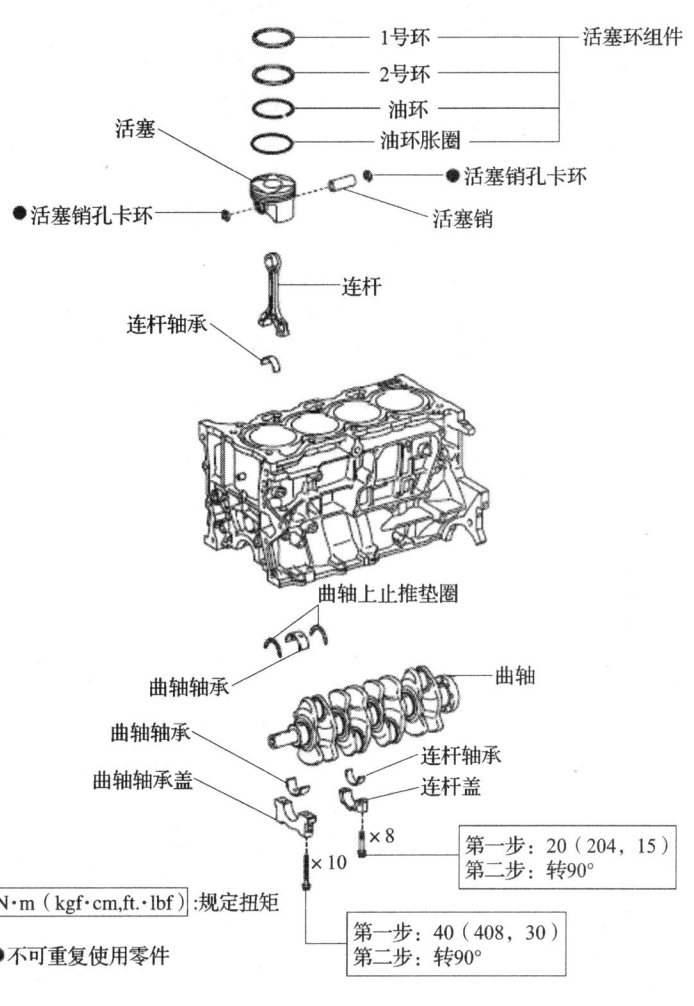

图 4—1 曲柄连杆机构

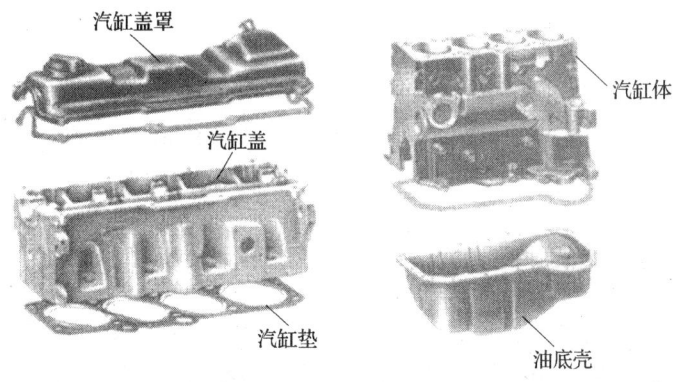

图 4—2 机体组构造

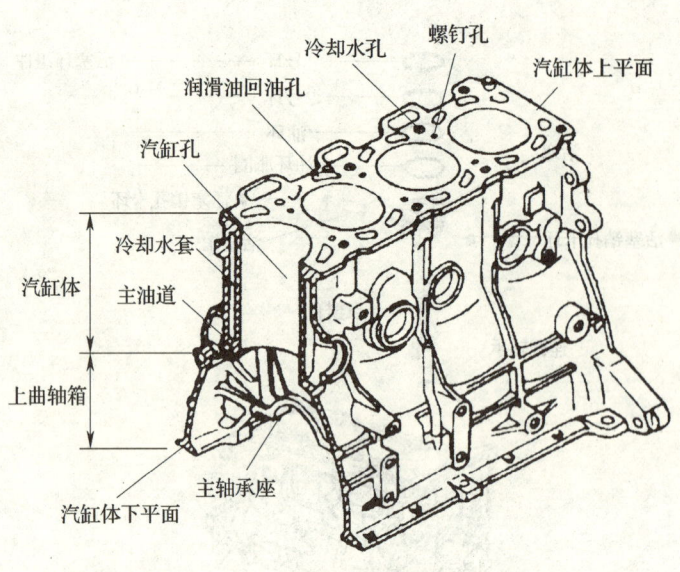

图4—3 汽缸体结构

①直列式。各汽缸排成一直列的称为直列式汽缸排列（见图4—4），其特点是机体的宽度小而高度和长度大，一般只用于六缸以下的发动机。通常把采用直列式汽缸排列的发动机称为直列式发动机。

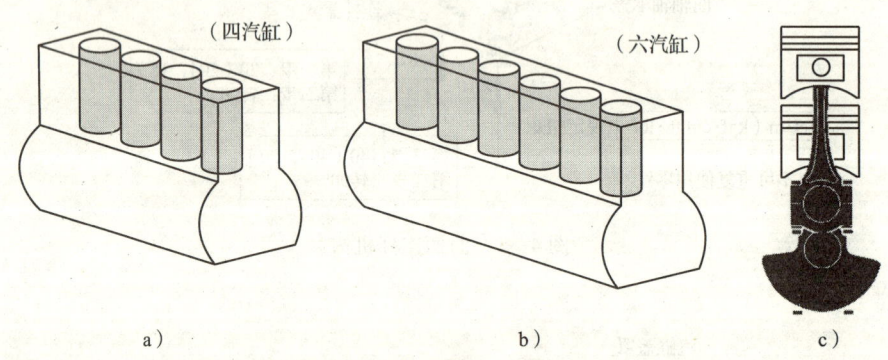

图4—4 直列式汽缸布置图

②V形。两列汽缸排成V形的称为V形汽缸排列。V形发动机汽缸体宽度大，而长度和高度小，形状比较复杂。但汽缸体的刚度大，质量和外形尺寸较小，多用于六缸以上大功率发动机，通常把采用V形汽缸排列的发动机称为V形发动机，V形的打开角度被称为V形汽缸夹角，如图4—5所示。

③水平对置式。两列汽缸水平相对排列的称为水平对置式汽缸排列，如图4—6所示。这种排列方式的优点是，重心低，平衡性较好。

2）汽缸体的冷却方式。汽缸体的冷却方式有水冷和风冷两种。

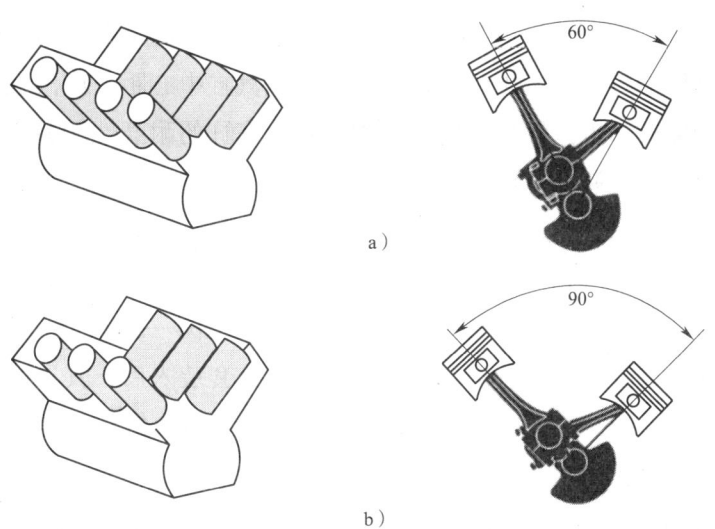

图4—5 V形汽缸布置
a) 六缸V形 b) 八缸V形

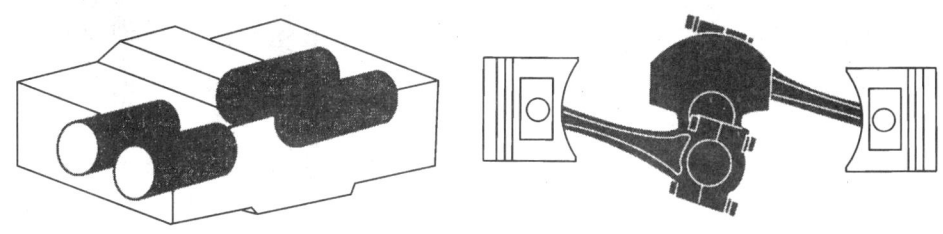

图4—6 水平对置式汽缸布置

水冷式汽缸体（见图4—7），利用水套中的冷却液流过高温零件的周围而带走多余的热量，这种汽缸体散热性能好，但结构复杂，加工困难。风冷式汽缸体一般将汽缸体与曲轴箱分开铸造，为增强散热效果，在汽缸体与汽缸盖的外表面铸有散热片（见图4—8）。这种汽缸体结构简单，但散热性能较差。

目前风冷式发动机使用较少，本书主要介绍的是水冷式发动机。

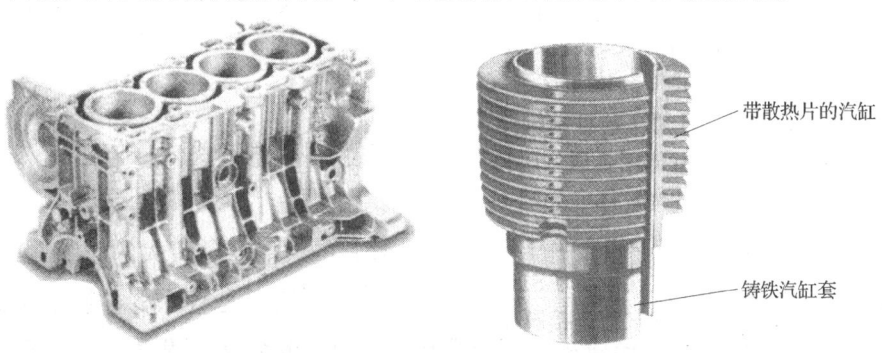

图4—7 水冷式汽缸体　　　　　　　　图4—8 风冷式汽缸体

3）汽缸套。有部分发动机采用合金铸铁无汽缸套式的汽缸体，即不镶嵌汽缸套，在汽缸体上直接加工出汽缸。这可以缩短汽缸中心距，使汽缸体的尺寸和质量减少，刚度大，工艺性好。但是，为了保证汽缸的耐磨性，整个汽缸体必须采用耐磨的合金铸铁制造，成本较高。

现代汽车多在汽缸体内镶入耐磨性较好的汽缸套，延长汽缸的使用寿命。

根据是否与冷却液相接触，汽缸套分为干式汽缸套和湿式汽缸套两种。

干式汽缸套的外表面不直接与冷却液接触，如图4—9所示。湿式汽缸套则与冷却液接触，如图4—10所示。大多数湿式汽缸套装入后，其顶面一般高出汽缸体 0.05~0.15 mm，这样在紧固汽缸盖螺栓时，可将汽缸垫压得更紧，以保证汽缸的密封性，防止漏水、漏气。

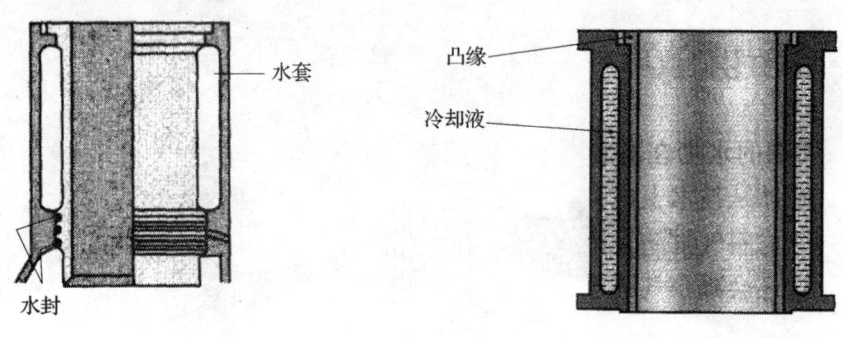

图4—9　湿式汽缸套　　　　图4—10　干式汽缸套

（2）汽缸盖（见图4—11）。汽缸盖用来封闭汽缸的上部，并与活塞顶部和汽缸壁共同构成燃烧室。汽缸盖内有与汽缸体相通的冷却水套、燃烧室、火花塞座孔（汽油机）或喷油器座孔（柴油机）、进排气道等。上置凸轮轴式发动机的汽缸盖上还有用以安装凸轮轴的轴承座。

汽缸盖是燃烧室的组成部分，燃烧室的形状对发动机的工作影响很大。汽油发动机的燃烧室是当活塞位于上止点时，由活塞顶部及汽缸盖上相应的凹部空间组成。汽油发动机常用燃烧室的形状如图4—12所示。

1）盆形燃烧室。由于其断面形状像澡盆，由此得名。盆形燃烧室上面有进气门、排气门，弯曲的进气歧管和排气管，容易产生进气涡流，但进气效率较低。

2）倾斜盆形燃烧室。此类燃烧室上部是倾斜的，能产生较大的压缩比。

3）楔形燃烧室。从前面看其形状为楔形。进排气门是直立的，燃烧室具有可以产生高压缩比、容易形成进气涡流等优点。其燃烧室表面积大，可以防止异常燃烧，但热损失大。

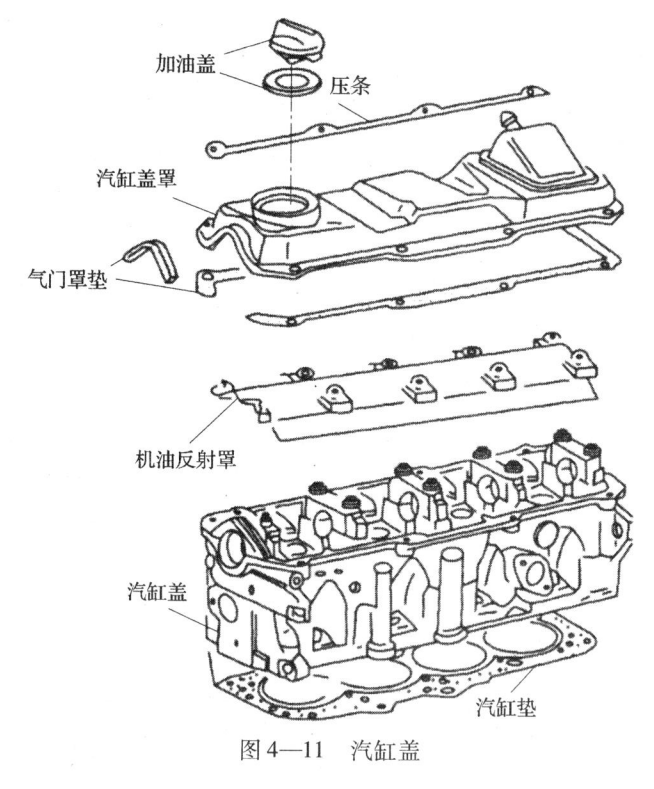

图 4—11 汽缸盖

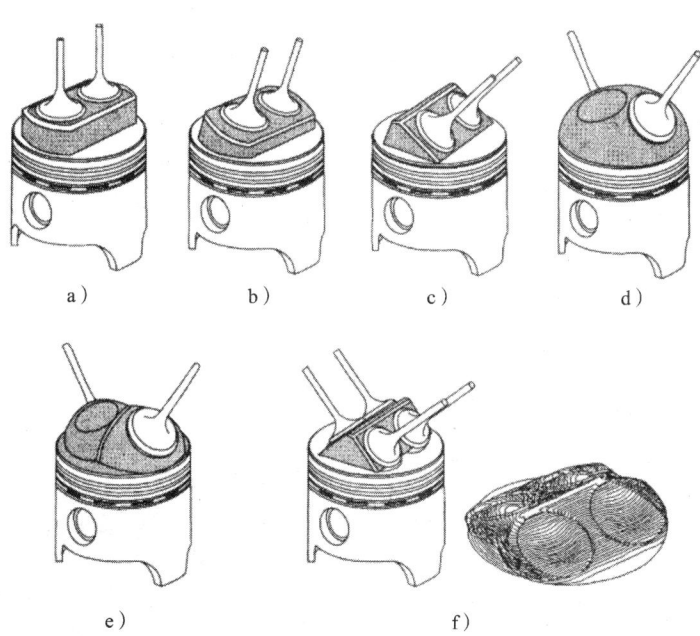

图 4—12 汽油机燃烧室结构
a) 盆形燃烧室　b) 倾斜盆形燃烧室　c) 楔形燃烧室　d) 半球形燃烧室
e) 多球形燃烧室　f) 屋脊形燃烧室

4）半球形燃烧室。在燃烧室容积相同的情况下，半球形燃烧室的表面积最小，因此具有良好的热效率。火花塞置于燃烧室最高点，能让火焰快速扩张并充满整个燃烧室，能防止爆震。

5）球形燃烧室。进、排气门大，易形成进气涡流，由两个半球组合而成。但由于表面积增大，热效率比半球形燃烧室差。

6）脊形燃烧室。其形状像三角房屋的屋顶一样。屋脊形燃烧室容积小、燃料经济性好、输出功率大，能产生强烈的进气涡流，是高压缩比、高性能的燃烧室。

（3）汽缸垫（见图4—13）。汽缸体与汽缸盖间装有汽缸垫，用来保证汽缸体与汽缸盖结合面间的密封，防止气体、冷却液和润滑油等的泄漏。汽缸垫有金属—石棉汽缸垫和纯金属等结构形式。

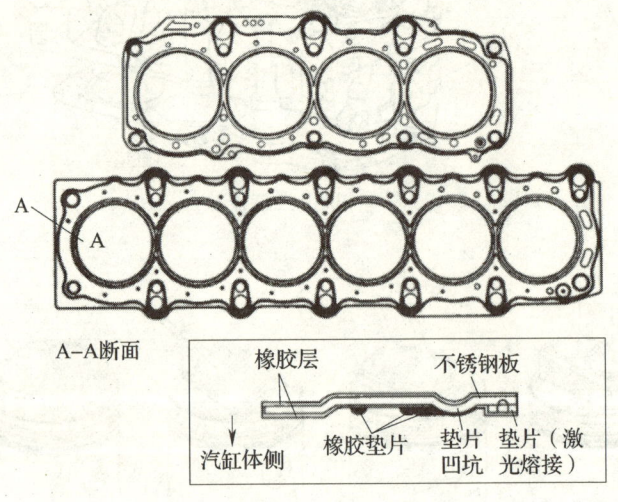

图4—13 汽缸垫结构

（4）汽缸盖罩。汽缸盖罩位于汽缸盖上部，起封闭及防尘作用。一般由薄钢板冲压或铝合金压铸而成，其上设有注油口。

（5）油底壳（见图4—14）。油底壳的功用是储存机油并封闭曲轴箱。一般为薄钢板冲压而成。在有的发动机上，为达到良好的散热效果，采用铝合金铸造的油底壳，在壳的底部还铸有散热片。为保证发动机纵向倾斜时机油泵仍能吸到机油，油底壳

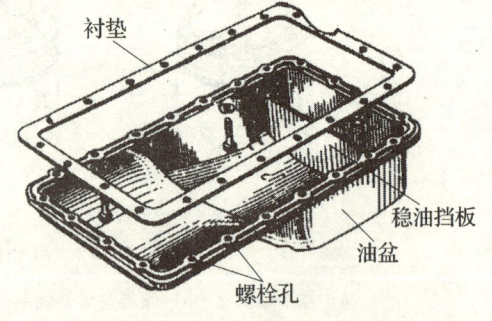

图4—14 油底壳的结构

中部或后部做得较深。有时在油底壳中还设有挡油板，以减轻油面波动。底部装有磁性的放油螺栓，以吸附润滑油中的铁屑，减少发动机的磨损，如图4—14所示。

2. 活塞连杆组的构造

活塞连杆组主要由活塞、活塞环、活塞销和连杆等部件组成，如图4—15所示。

（1）活塞。活塞的主要功用是承受汽缸中的燃烧压力，并将此力通过活塞销和连杆传给曲轴。此外，活塞还与汽缸盖、汽缸壁共同组成燃烧室。

活塞由活塞顶部、活塞头部和活塞裙部3部分组成，如图4—16所示。

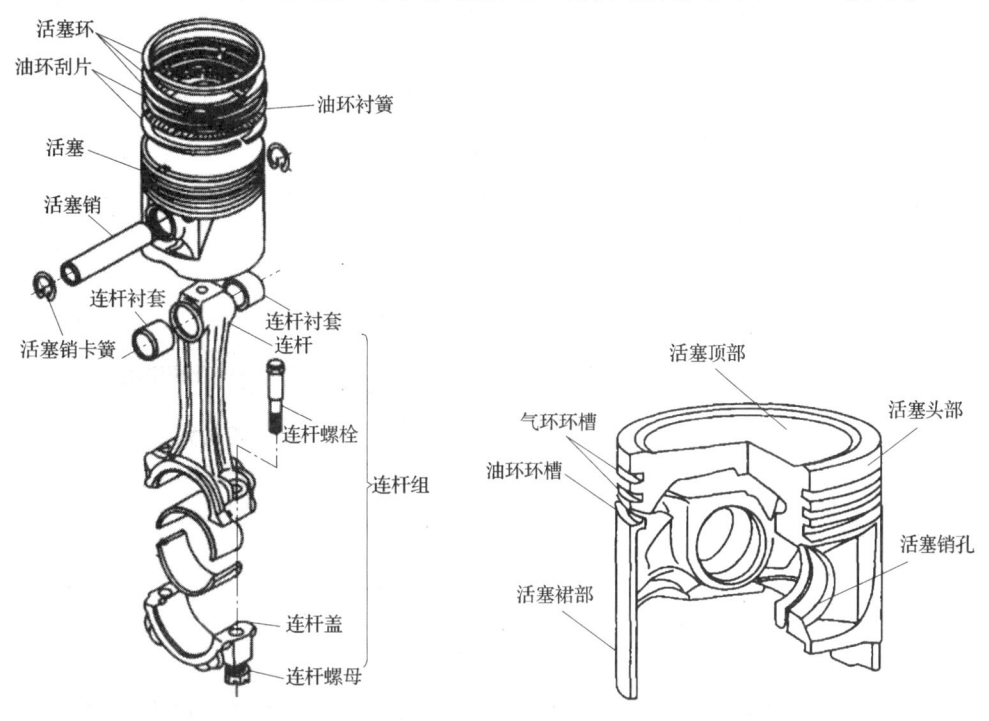

图4—15 活塞连杆组　　　　　图4—16 活塞的结构

活塞顶部承受气体压力，是燃烧室的组成部分，其形状与选用的燃烧室的形式有关。汽油机活塞顶有平顶、凹顶和凸顶等形式，如图4—17所示。

活塞头部是指活塞顶至最下面一道活塞环槽之间的部分，其作用是承受气体压力，防止漏气，将热量通过活塞环传给汽缸壁。活塞头部切有若干环槽，用以安装活塞环。上面的2～3道槽用来安装气环，下面的一道用来安装油环。油环槽的底部钻有若干小孔，以使油环从汽缸壁上刮下的多余润滑油经此流回油底壳。

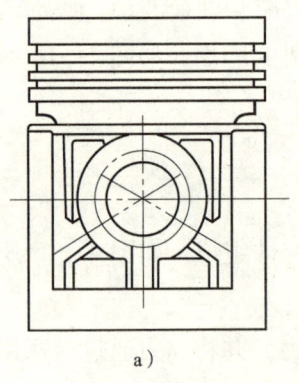 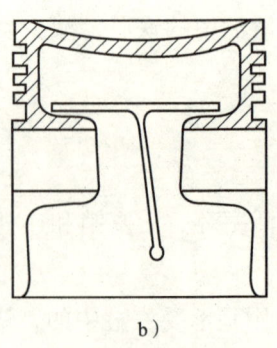 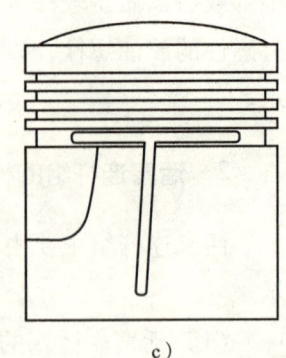

图4—17 活塞顶的形状
a) 平顶 b) 凹顶 c) 凸顶

活塞环槽以下的所有部分称为活塞裙部,其作用是引导活塞在汽缸中做往复运动,并承受侧压力。考虑轻量化和防止热膨胀,有些活塞裙部开了细长的一字形、T形或U形槽。热膨胀的时候这些槽会变窄。

(2) 活塞环。活塞环包括气环和油环两种,油环又分为普通油环和组合油环,如图4—18所示。

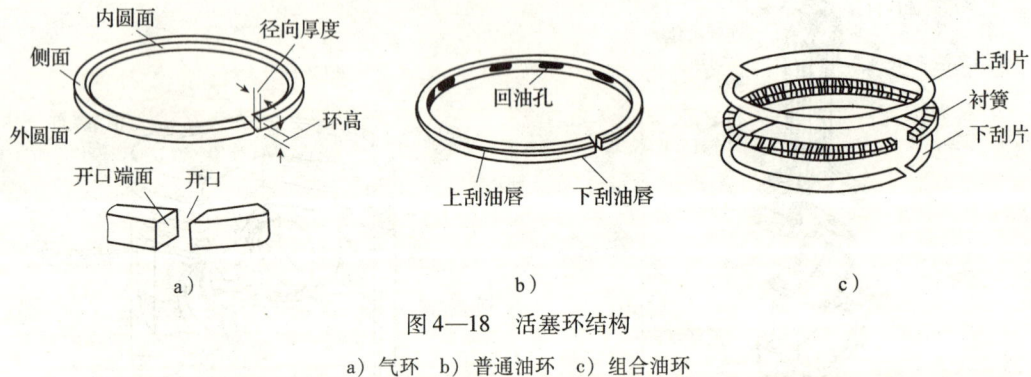

图4—18 活塞环结构
a) 气环 b) 普通油环 c) 组合油环

气环又称压缩环,其作用是保证活塞与汽缸壁间的密封,防止汽缸中的高温、高压燃气大量漏入曲轴箱,同时它还将活塞头的热量传导给汽缸壁。一般每个活塞装有2~3个气环。

油环起布油和刮油的作用,下行时刮除汽缸壁上多余的机油,上行时在汽缸壁上铺涂一层均匀的油膜。这样既可以防止机油窜入汽缸燃烧掉,又可以减少活塞、活塞环与汽缸壁的摩擦阻力,此外,油环还能起到封气的辅助作用。通常每个活塞装有1个油环。

(3) 活塞销。活塞销的功用是连接活塞和连杆小头,将活塞所承受的气体压力传给连杆。常用活塞销有三种形状,如图4—19所示。

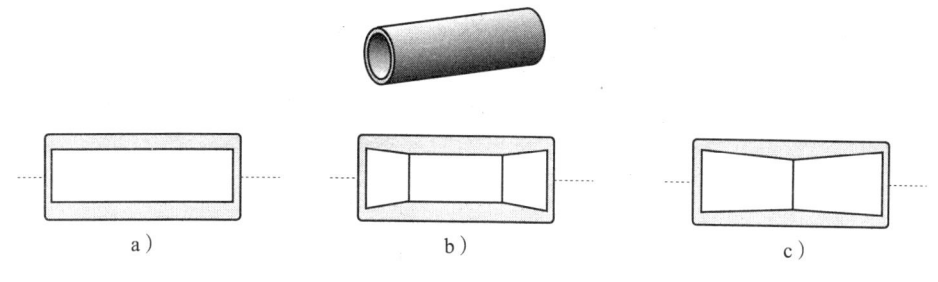

图 4—19 活塞销结构

a）圆柱形　b）两段截椎与一段圆柱组合形　c）两段截椎形

活塞销与活塞销座孔和连杆小头衬套孔的连接配合方式有全浮式和半浮式两种，如图 4—20 所示。

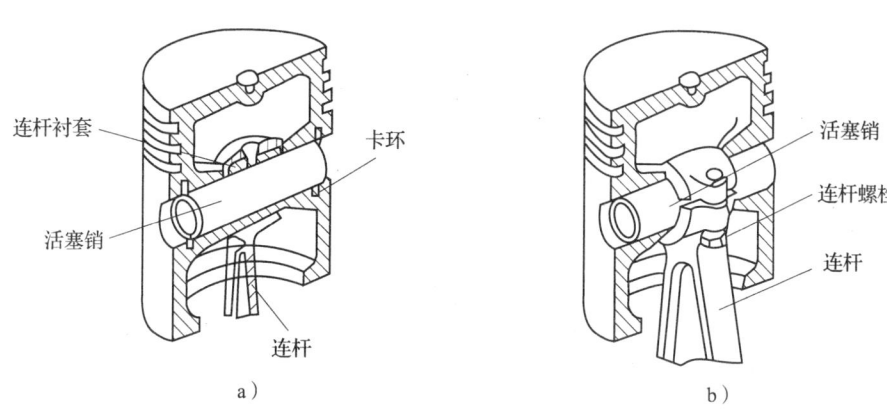

图 4—20 活塞销的连接方式

a）全浮式　b）半浮式

全浮式活塞销能在连杆小头衬套孔和活塞销座孔内作自由转动，可以保证活塞销沿圆周磨损均匀，因此应用较普遍。为防止活塞销轴向窜动而损坏汽缸壁，在活塞销座两端装有弹性卡环来限位。

半浮式活塞销是用螺栓将活塞销夹紧在连杆小头孔内，这时活塞销只在活塞销孔内转动，在连杆小头孔内不转动，因而连杆小头孔内不装衬套，活塞销座孔内也不装挡圈。

（4）连杆。连杆的功用是连接活塞和曲轴，将活塞承受的力传给曲轴，推动曲轴转动，将活塞的往复运动转变为曲轴的旋转运动。

连杆的结构由连杆小头、杆身和连杆大头三部分组成，如图 4—21 所示。连杆小头用来安装活塞销以连接活塞，在全浮式连接的连杆小头孔内压有减磨的青铜衬套或铁基粉末冶金衬套。工作时，活塞销和衬套之间有相对转动，为了保证其间润滑，在连杆小头和衬套上钻有集油孔或铣出集油槽，用于收集发动机运转时被溅上来的机油，以便润滑。有的发动机连杆小头采用压力润滑，在连杆杆身内钻有纵向的压力油道。

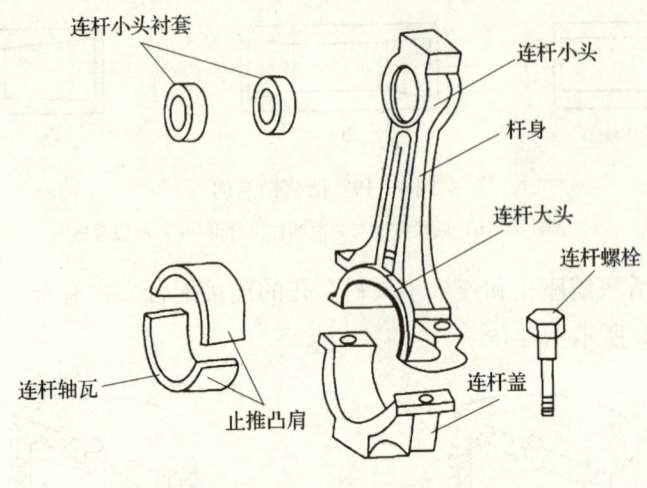

图 4—21 连杆的结构

连杆大头与曲轴的连杆轴颈相连，为便于安装，连杆大头一般做成剖分式的，被分开的部分称为连杆盖，用特制的连杆螺栓紧固在连杆大头上。连杆大头孔中装有两个半圆的薄壁连杆轴瓦，以减少摩擦，延长使用寿命。

3. 曲轴飞轮组的构造

曲轴飞轮组主要由曲轴、曲轴扭转减振器、飞轮等部件组成，如图 4—22 所示。

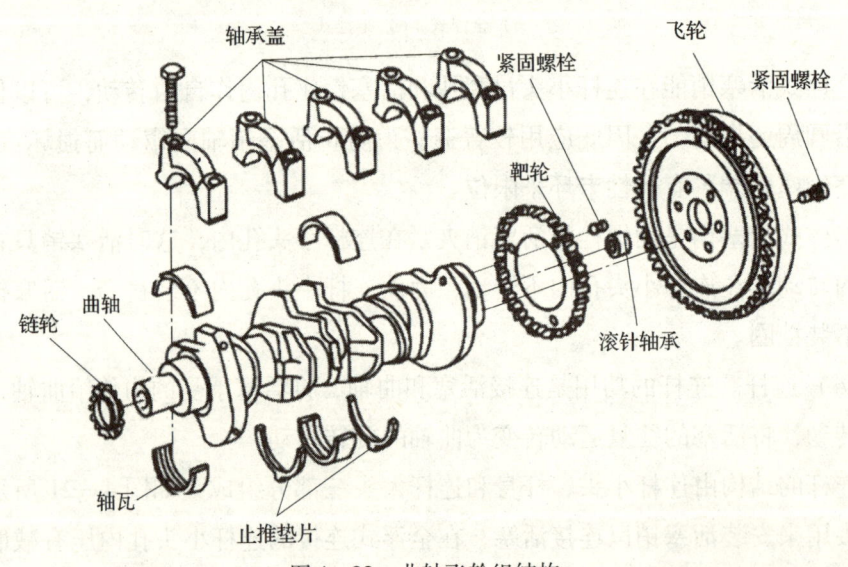

图 4—22 曲轴飞轮组结构

(1) 曲轴。曲轴的主要功用是将活塞连杆组传来的气体压力转变为转矩，然后通过飞轮输出。另外还用来驱动发动机的配气机构以及其他辅助装置（如发电机、风扇、水泵、转向油泵等）。

曲轴一般由主轴颈、连杆轴颈、曲柄、平衡块、前端轴和后端突缘等组成。一个连杆轴颈和它两端的曲柄及相邻两个主轴颈构成一个曲拐。曲拐的数目取决于发动机的汽缸数目及其排列方式，直列发动机的曲拐数等于汽缸数，而 V 形和对置式发动机的曲拐数为汽缸数的一半。

曲轴前端第一道主轴颈之前的部分，装有驱动其他装置的机件（正时齿轮、V 形带轮）及其起动爪、止推垫片及扭转减振器等。曲轴后端最后一道主轴颈之后的部分，在其后端为安装飞轮的突缘盘。

轴的形状及各曲拐的相对位置取决于汽缸数、汽缸排列形式和发动机的工作顺序。在选择各缸的工作顺序时，应使各缸的做功间隔力求均衡，即发动机每完成一个工作循环，各缸都应点火做功一次。对于汽缸数为 i 的四冲程发动机，其点火间隔角为 $720°/i$，连续做功的两缸相距尽可能远些，以减轻主轴承负荷和避免进气行程中发生抢气现象；V 形发动机左右两列应交替点火。

四冲程直列四缸发动机的点火间隔角为 $720°/4 = 180°$。四个曲拐在同一个平面内，如图 4—23 所示。发动机的工作顺序为 1 - 3 - 4 - 2 或 1 - 2 - 4 - 3。

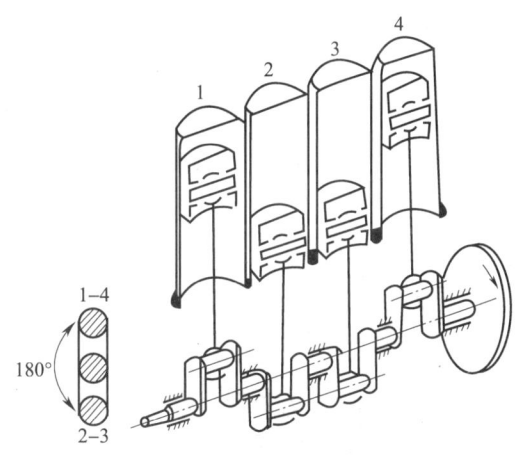

图 4—23　直列四缸发动机的曲拐布置

四冲程直列六缸发动机的点火间隔角为 $720°/6 = 120°$。六个曲拐互成 120°，如图 4—24 所示。发动机的工作顺序多为 1 - 5 - 3 - 6 - 2 - 4。

四冲程 V 形八缸发动机的点火间隔角为 $720°/8 = 90°$。八个曲拐互成 90°，如图 4—25 所示。发动机的工作顺序为 1 - 8 - 4 - 3 - 6 - 5 - 7 - 2。

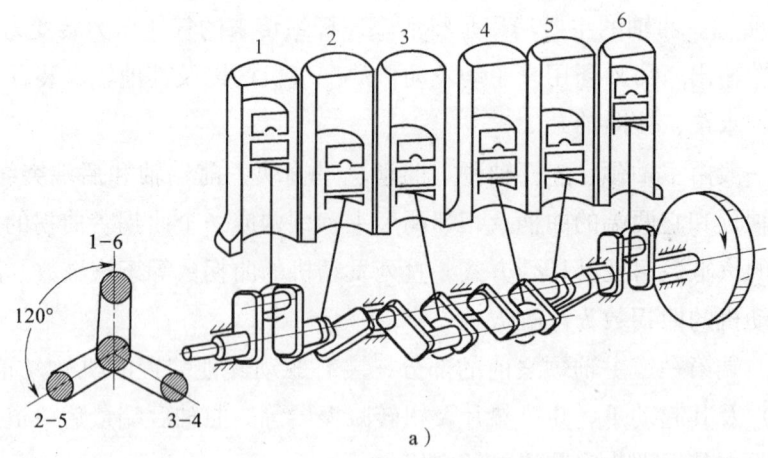

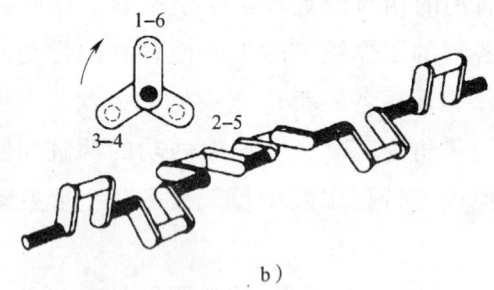

图4—24 直列六缸发动机的曲拐布置

（2）扭转减振器。在曲轴的前端加装扭转减振器，主要作用是吸收曲轴扭转振动的能量，削减扭转振动，避免发生共振。其结构如图4—26所示。

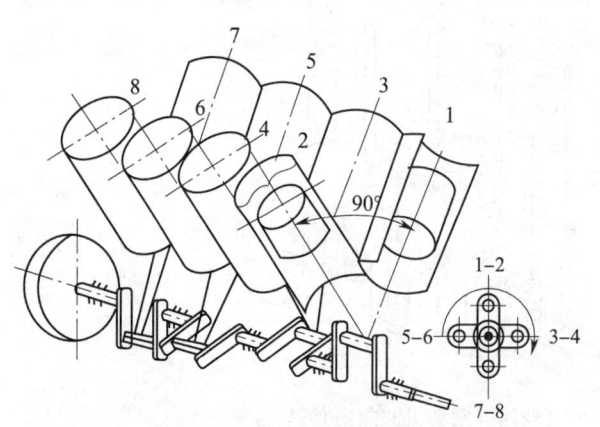

图4—25 V形八缸发动机的曲拐布置

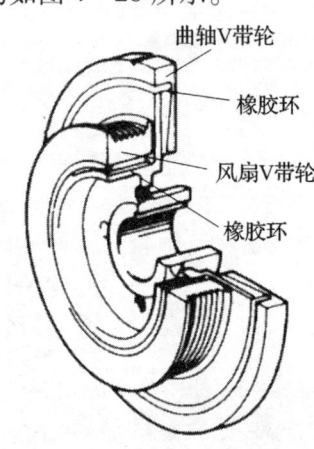

图4—26 扭转减振器

（3）飞轮。飞轮是一个转动惯量很大的圆盘，其主要功用是储存做功冲程的一部分能量，以克服各辅助冲程的阻力，保证曲轴均匀旋转，使发动机具有克服短时超载的能力。此外，飞轮也常作为汽车传动系中摩擦离合器的主动盘。

发动机飞轮的构造如图 4—27 所示。飞轮的外缘上镶有齿圈，起动时起动机上的齿轮与之啮合，供发动机起动。

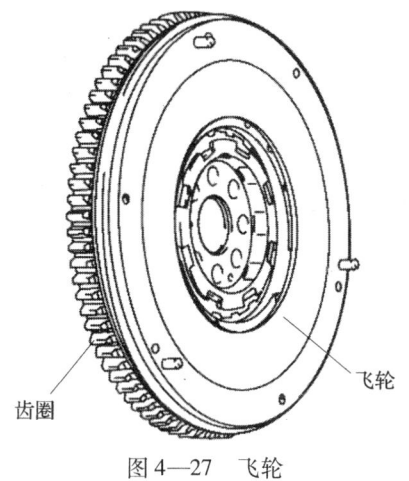

图 4—27 飞轮

任务准备

1. **资料准备**

准备卡罗拉发动机的《维修手册》《汽车发动机构造与维修》学材（工作页）。

2. **工具准备**

准备 52 件套套筒扳手、连杆盖螺栓拆装专业套筒、丰田原厂密封胶或同等产品；将发动机安装在发动机检修台架上。

任务实施

一、分解曲柄连杆机构

步骤 1：拆卸 1 号通风箱。

（1）拆下 6 个螺栓和 2 个螺母（见图 4—28）。

（2）如图 4—29 所示，用旋具撬动 1 号通风箱和汽缸体之间的部位，拆下 1 号通风箱。

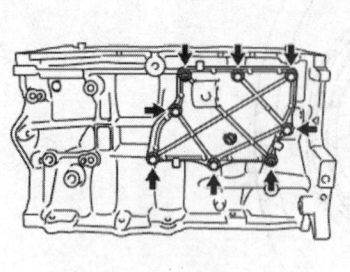
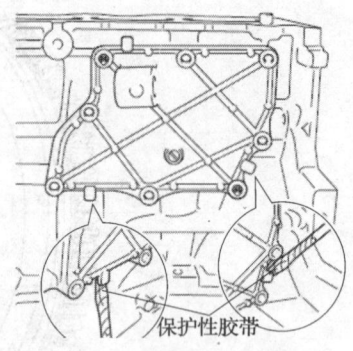

图 4—28　　　　　　　　　　图 4—29

提示：
- 不要损坏汽缸体和 1 号通风箱的接触面。
- 使用旋具之前，应在旋具头部缠上胶带。

步骤 2：拆卸带连杆的活塞分总成。

（1）用铰刀去除汽缸顶部的所有积碳，如图 4—30 所示。

（2）检查并确认连杆和连杆盖上的装配标记相互对准，以确保正确的重新装配（见图 4—31）。

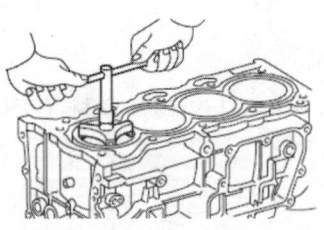
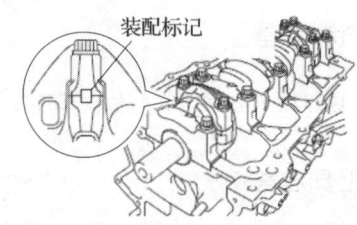

图 4—30　　　　　　　　　　图 4—31

（3）用连杆盖螺栓拆装专业套筒 SST 均匀松开 2 个螺栓（见图 4—32）。

（4）用 2 个已拆下的连杆盖螺栓，通过左右摇动连杆盖拆下连杆盖和下轴承，如图 4—33 所示。

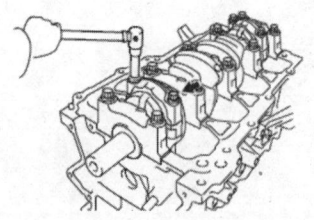
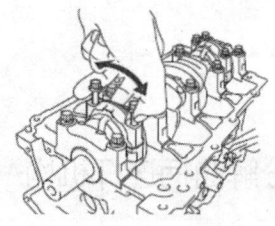

图 4—32　　　　　　　　　　图 4—33

提示:

保持下轴承插入连杆盖。

(5) 从汽缸体的顶部推出活塞、连杆总成和上轴承。

提示:

- 使轴承、连杆和连杆盖连在一起。
- 按正确的顺序摆放活塞和连杆总成。

步骤3:拆卸连杆轴承。

提示:

按正确的顺序摆放拆下的零件。

步骤4:拆卸活塞环组件。

(1) 用活塞环扩张器拆下2个压缩环(见图4—34)。

(2) 用手拆下油环刮片和油环胀圈。

提示:

按正确的顺序摆放拆下的零件。

步骤5:拆卸活塞。

(1) 使用旋具撬出2个卡环(见图4—35)。

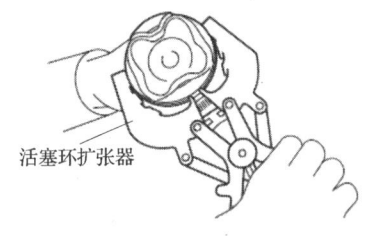

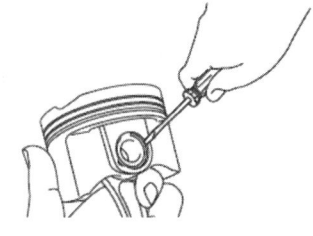

图4—34

图4—35

(2) 逐渐加热各活塞到80~90℃(见图4—36)。

(3) 用塑料锤和铜棒,轻轻敲出活塞销并拆下连杆(见图4—37)。

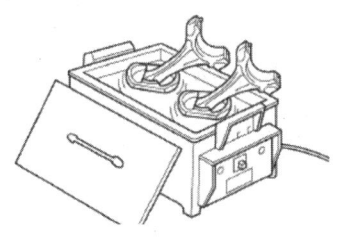

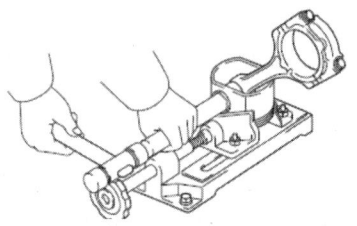

图4—36

图4—37

提示:

- 活塞和活塞销是一组配套件。
- 按正确的顺序摆放活塞、活塞销、活塞环、连杆和轴承。

步骤6：拆卸曲轴。

(1) 按图4—38所示顺序，均匀地拧松并拆下10个主轴承盖螺栓。

(2) 用2个已拆下的主轴承盖螺栓拆下5个主轴承盖和5个下轴承（见图4—39）。

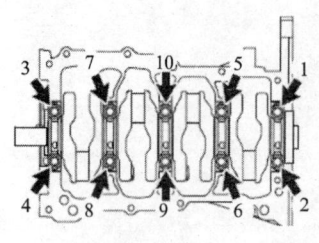
图4—38

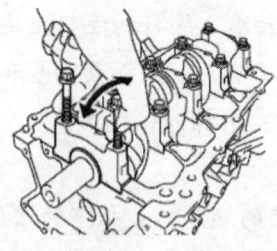
图4—39

提示：

● 依次将螺栓插入轴承盖。如图所示，轻轻地向上拉并向汽缸体的前、后侧施加力，将轴承盖拉出。切记不要损坏轴承盖和汽缸体的接触面。

● 将下轴承和主轴承盖作为一个组件保存。

● 按正确的顺序摆放主轴承盖。

(3) 提出曲轴。

步骤7：从汽缸体上拆卸曲轴上止推垫圈（见图4—40）。

步骤8：拆卸曲轴轴承。

(1) 从汽缸体上拆下5个主轴承（见图4—41）。

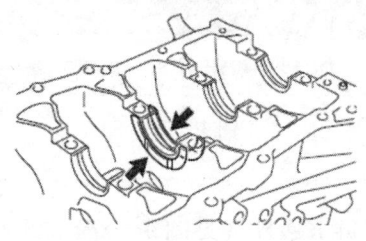
图4—40

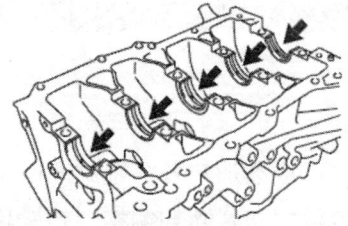
图4—41

(2) 从5个主轴承盖上拆下5个下主轴承（见图4—42）。

提示：

按正确的顺序摆放轴承。

步骤9：用5 mm六角套筒扳手拆卸螺栓和1号机油喷嘴分总成（见图4—43）。

步骤10：清洁汽缸体。

提示：

如果在高温下清洗汽缸，汽缸套会伸出汽缸体。故应在温度为45 ℃或以下时清洗汽缸。

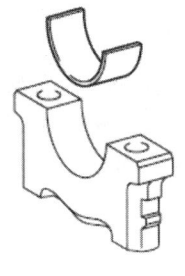

图 4—42

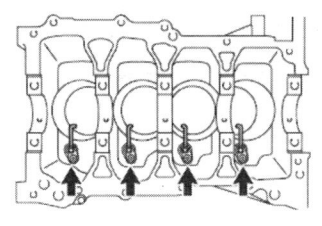

图 4—43

二、检查曲柄连杆机构零部件

步骤1：检查连杆轴向间隙。

（1）如图 4—44 所示安装连杆盖。

提示：

连杆盖螺栓的紧固分2步完成。

（2）在来回移动连杆的同时，用百分表测量轴向间隙（见图 4—45）。

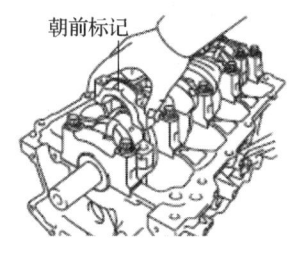

图 4—44

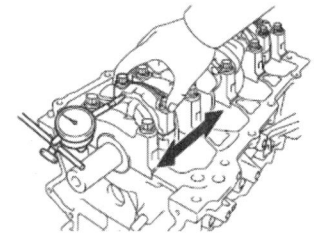

图 4—45

标准轴向间隙：0.160～0.342 mm。

最大轴向间隙：0.342 mm。

如果轴向间隙大于最大值，则必要时更换连杆总成。

如有必要，则更换曲轴。

步骤2：检查连杆油膜间隙。

（1）清洁曲柄销和轴承。

（2）检查曲柄销和轴承是否有点蚀和划痕。

（3）将塑料间隙规摆放在曲柄销上（见图 4—46）。

（4）检查并确认连杆盖上的朝前标记朝前（见图 4—47）。

（5）安装连杆盖（见图 4—48）。

提示：

不要转动曲轴。

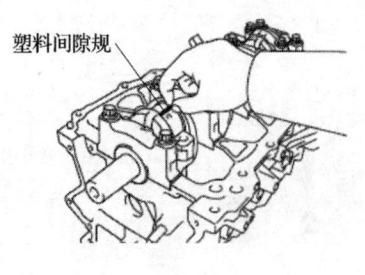
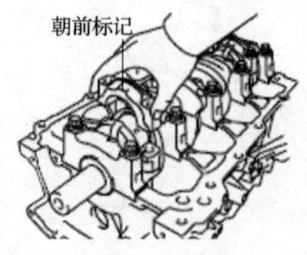

图 4—46　　　　　　　　　图 4—47

（6）拆下 2 个螺栓和连杆盖。用 SST 均匀松开 2 个螺栓，再用 2 个已拆下的连杆盖螺栓，通过左右摇动连杆盖拆下连杆盖和下轴承。

提示：

保持下轴承插入连杆盖。

（7）测量塑料间隙规最宽处（见图 4—49）。

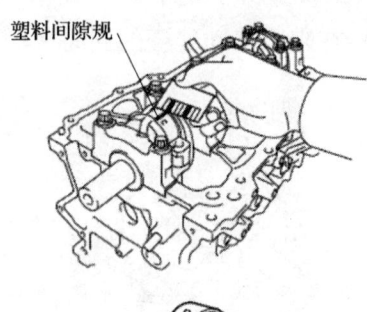

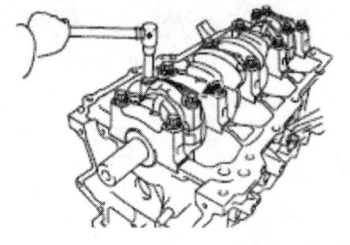
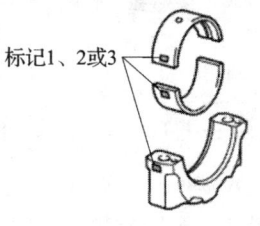

图 4—48　　　　　　　　　图 4—49

标准油膜间隙：0.030 ~ 0.062 mm。

最大油膜间隙：0.07 mm。

如果油膜间隙大于最大值，则更换连杆轴承。如有必要，检查曲轴。

提示：

测量后完全拆下塑料间隙规。

如果更换轴承，则新轴承的编号应与各连杆盖的号一致。通过各轴承表面的 1、2 或 3 指示其标准厚度。

标准连杆大头孔径见表 4—1。

表 4—1 标准连杆大头孔径

标记	规定状态
标记 1	47.000~47.008 mm
标记 2	47.009~47.016 mm
标记 3	47.017~47.024 mm

标准连杆轴承厚度见表 4—2。

表 4—2 标准连杆轴承厚度

标记	规定状态
标记 1	1.489~1.493 mm
标记 2	1.494~1.497 mm
标记 3	1.498~1.501 mm

标准曲柄销直径见表 4—3。

表 4—3 标准曲柄销直径

标记	规定状态
标记 1、2、3	43.992~44.000 mm

步骤 3：检查汽缸体的翘曲度。如图 4—50 所示，用精密直尺和测隙规，测量与汽缸盖衬垫接触的表面的翘曲度。

最大翘曲度：0.05 mm。

如果翘曲度大于最大值，则更换汽缸体。

步骤 4：检查汽缸缸径。如图 4—51 所示，用量缸表在位置 A 和 B 处测量止推方向与轴向的汽缸缸径。如果 4 个位置的平均缸径值大于最大值，则更换汽缸体。

标准直径：80.500~80.513 mm。

最大直径：80.633 mm。

步骤 5：检查活塞。

(1) 如图 4—52 所示，用衬垫刮刀去除活塞顶部的积碳。

(2) 如图 4—53 所示，用环槽清洁工具或折断的活塞环清洁活塞环槽。

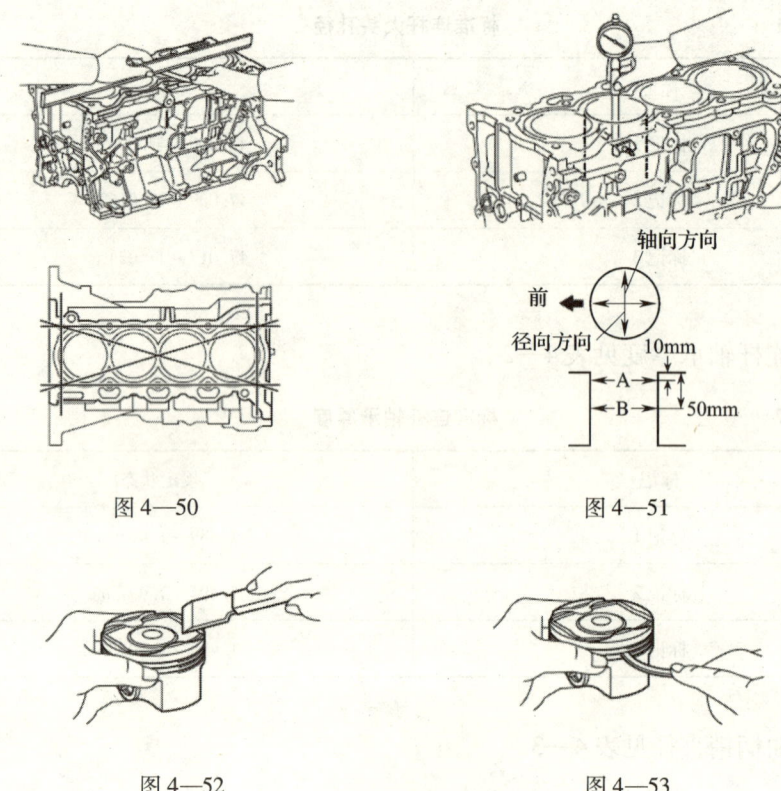

图 4—50　　　　　　　　　　图 4—51

图 4—52　　　　　　　　　　图 4—53

(3) 如图 4—54 所示，用刷子和溶剂彻底清洁活塞。

提示：

不要使用钢丝刷。

(4) 如图 4—55 所示，在距活塞顶部 12.6 mm 处，用螺旋测微器测量与活塞销孔成直角的活塞直径。如果直径不符合规定，则更换活塞。

　　　　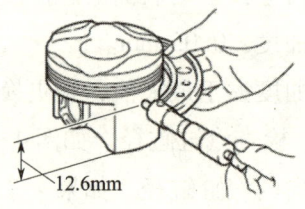

图 4—54　　　　　　　　　　图 4—55

标准活塞直径：80.461～80.471 mm。

步骤 6：检查活塞油膜间隙。用汽缸缸径测量值减去活塞直径测量值得出活塞油膜间隙。如果油膜间隙大于最大值，则更换所有活塞。如有必要，更换汽缸体。

标准油膜间隙：0.029~0.052 mm。

最大油膜间隙：0.09 mm

步骤 7：检查环槽间隙。如图 4—56 所示，使用测隙规测量新活塞环和环槽壁间的间隙。如果环槽间隙不符合规定，则更换活塞。

标准环槽间隙见表 4—4。

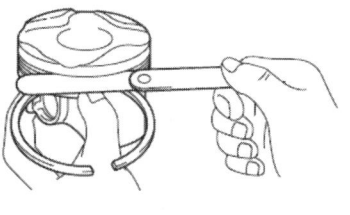

图 4—56

表 4—4　　　　　　　　　　　标准环槽间隙

项目	规定状态
1 号环	0.02~0.07 mm
2 号环	0.02~0.06 mm
油环	0.02~0.065 mm

步骤 8：检查活塞环端隙。

（1）用活塞从汽缸体的顶部将活塞环推至活塞环底部，使其行程超过 50 mm（见图 4—57）。

（2）如图 4—58 所示，用测隙规测量端隙。如果端隙大于最大值，则更换活塞环。换上新的活塞环后，如果端隙仍大于最大值，则更换汽缸体。

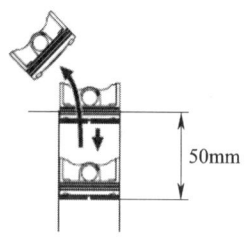

图 4—57

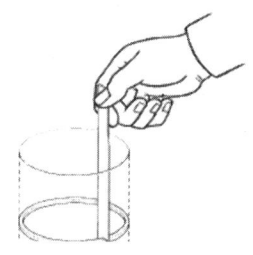

图 4—58

标准端隙见表 4—5。

表 4—5　　　　　　　　　　　标准端隙

项目	规定状态
1 号环	0.2~0.3 mm
2 号环	0.3~0.5 mm
油环	0.1~0.4 mm

最大端隙见表4—6。

表4—6 最大端隙

项目	规定状态
1号环	0.5 mm
2号环	0.7 mm
油环	0.7 mm

步骤9：检查活塞销油膜间隙。

（1）如图4—59所示，用测径规分三段测量活塞销孔径。如果活塞销孔径不符合规定，则更换活塞。

标准活塞销孔径见表4—7。

表4—7 标准活塞销孔径

项目	规定状态
A	20.006 ~ 20.009 mm
B	20.010 ~ 20.012 mm
C	20.013 ~ 20.015 mm

（2）如图4—60所示，用螺旋测微器测量活塞销直径。如果直径不符合规定，则更换活塞销。

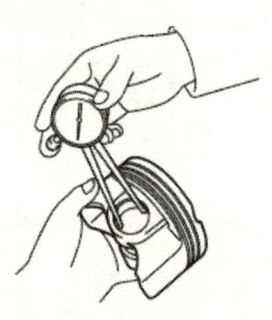

图4—59　　　　　　图4—60

标准活塞销直径见表4—8。

表4—8 标准活塞销直径

项目	规定状态
A	20.004 ~ 20.007 mm
B	20.008 ~ 20.010 mm
C	20.011 ~ 20.013 mm

(3) 如图4—61所示，用测径规测量连杆小头孔径。如果孔径不符合规定，则更换连杆。

标准连杆小头孔径见表4—9。

(4) 用活塞销孔径测量值减去活塞销直径测量值得出油膜间隙。如果油膜间隙大于最大值，则更换连杆。如有必要，则成套更换活塞和活塞销。

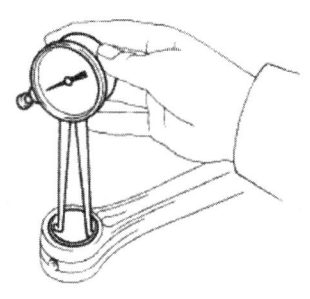

图4—61

表4—9　　　　　　　　　　标准连杆小头孔径

项目	规定状态
A	20.012～20.015 mm
B	20.016～20.018 mm
C	20.019～20.021 mm

标准油膜间隙：(-0.001)～0.005 mm。

最大油膜间隙：0.010 mm。

(5) 用连杆小头孔径测量值减去活塞销直径测量值得出油膜间隙。如果油膜间隙大于最大值，则更换连杆。如有必要，则成套更换连杆和活塞销。

标准油膜间隙：0.005～0.011 mm。

最大油膜间隙：0.014 mm。

步骤10：检查连杆螺栓。如图4—62所示，用游标卡尺测量螺栓受力部分的直径。如果直径小于最小值，则更换连杆螺栓。

标准直径：6.6～6.7 mm。

最小直径：6.4 mm。

步骤11：检查连杆分总成。如图4—63所示，用连杆校准器和测隙规检查连杆弯曲度。

(1) 最大偏差：0.05 mm/100 mm。如果偏差大于最大值，则更换连杆。

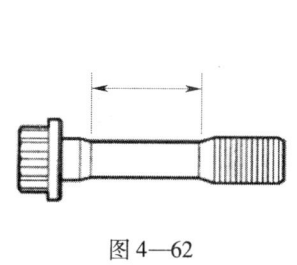

图4—62

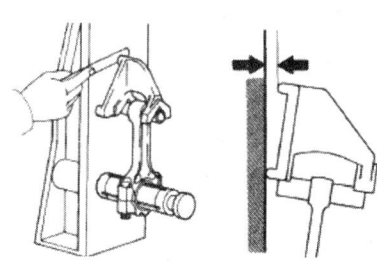

图4—63

（2）如图 4—64 所示，检查扭曲度。

最大扭曲度：0.15 mm/100 mm。

如果扭曲度大于最大值，则更换连杆。

步骤 12：检查曲轴。

（1）如图 4—65 所示，用百分表和 V 形块测量径向跳动值。如果锥度和变形程度大于最大值，则更换曲轴。

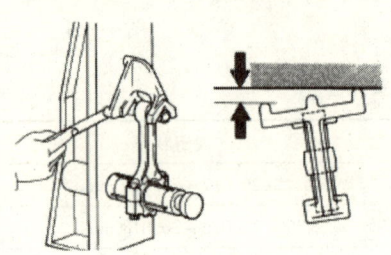
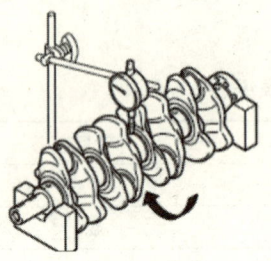

图 4—64　　　　　　　图 4—65

最大径向跳动值：0.03 mm。

（2）用螺旋测微器测量各主轴颈的直径。如果直径不符合规定，则检查曲轴油膜间隙。

标准直径：47.988~48.000 mm。

（3）如图 4—66 所示，检查各主轴颈的锥度和变形程度。如果锥度和变形程度大于最大值，则更换曲轴。

最大锥度和变形程度：0.004 mm。

标准直径（参考）见表 4—10。

（4）用螺旋测微器测量各曲柄销的直径。如果直径不符合规定，则检查连杆油膜间隙。

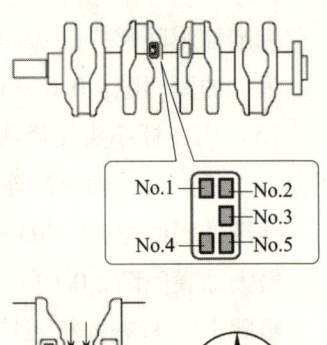
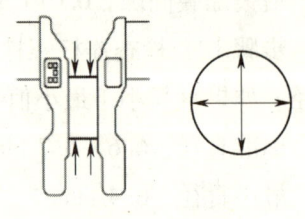

图 4—66

表 4—10　　　　　　标准直径（参考）

标记	规定状态
0	47.999~48.000 mm
1	47.997~47.998 mm
2	47.995~47.996 mm
3	47.993~47.994 mm
4	47.991~47.992 mm
5	47.988~47.990 mm

标准直径：43.992~44.000 mm。

（5）如图4—67所示，检查各曲柄销的锥度和变形程度。如果锥度和变形程度大于最大值，则更换曲轴。

最大锥度和变形程度：0.004 mm。

步骤13：检查曲轴轴向间隙。

（1）安装主轴承盖。

1）在上轴承上涂抹发动机机油，并将曲轴安装到汽缸体上。

2）在下轴承上涂抹发动机机油。

3）如图4—68所示，检查数字标记，并将轴承盖安装到汽缸体上。

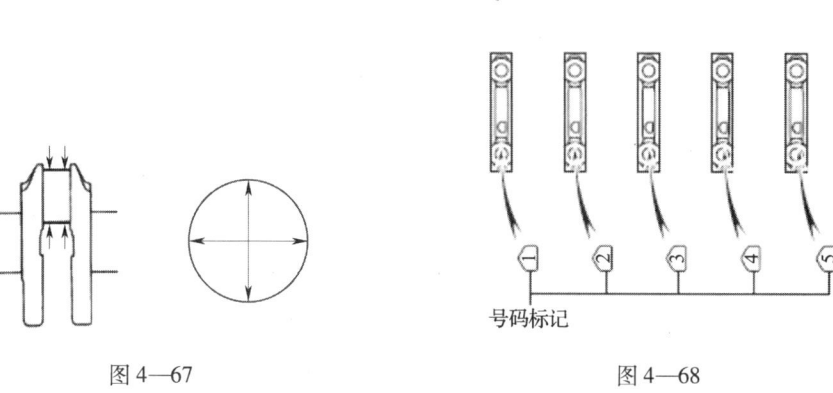

图4—67　　　　　　　　　图4—68

4）在轴承盖螺栓的螺纹上和轴承盖螺栓下涂抹一薄层发动机机油。

5）如图4—69所示，暂时安装10个主轴承盖螺栓。

6）标记2个内轴承盖螺栓并以此为导向，用手插入主轴承盖，直到主轴承盖和汽缸体间的间隙小于5 mm（见图4—70）。

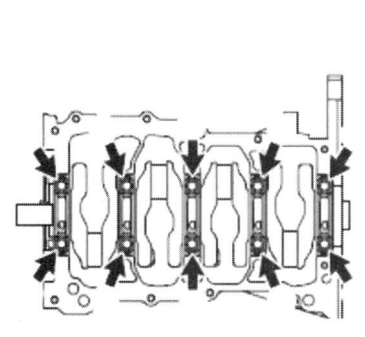 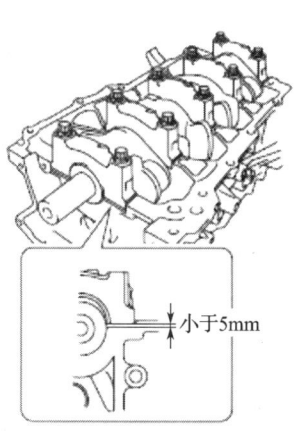

图4—69　　　　　　　　　图4—70

7）如图 4—71 所示，用塑料锤轻轻敲击轴承盖以确保正确安装。

8）安装曲轴轴承盖螺栓。

提示：

主轴承盖螺栓的紧固分两步完成。

9）按如图 4—72 所示顺序，安装并均匀紧固 10 个主轴承盖螺栓。

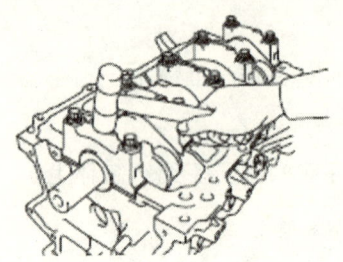 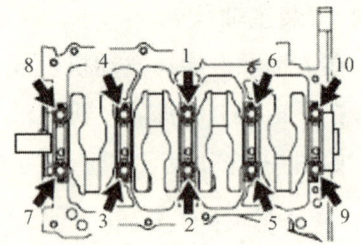

图 4—71　　　　　　　　　图 4—72

扭矩：40 N·m。

10）用油漆在轴承盖螺栓前端作标记，按图 4—72 所示数字顺序，将轴承盖螺栓再紧固 90°。

11）检查并确认油漆标记现在与前端成 90°角（见图 4—73）。

12）检查并确认曲轴转动顺畅。

（2）用旋具来回撬动曲轴的同时，用百分表测量轴向间隙（见图 4—74）。如果轴向间隙大于最大值，则成套更换止推垫圈。

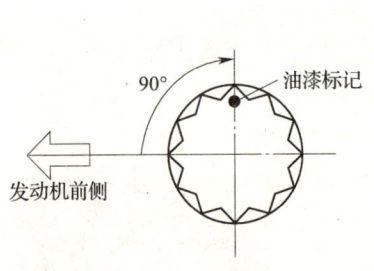 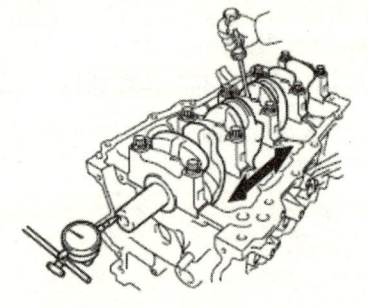

图 4—73　　　　　　　　　图 4—74

标准轴向间隙：0.04～0.14 mm。

最大轴向间隙：0.18 mm。

提示：

止推垫圈厚度为 2.43～2.48 mm。

步骤 14：检查曲轴油膜间隙。

（1）检查曲轴轴颈和轴承是否有点蚀和划痕。

(2) 安装曲轴轴承。

1) 安装上轴承（除3号轴颈外）。将带机油槽的上轴承安装到汽缸体上，用刻度尺测量汽缸体边缘和上轴承边缘间的距离（见图4—75）。

尺寸（A）：0.5~1.0 mm。

2) 安装上轴承（3号轴颈）。将带机油槽的上轴承安装到汽缸体上，用游标卡尺测量汽缸体边缘和上轴承边缘间的距离（见图4—76）。

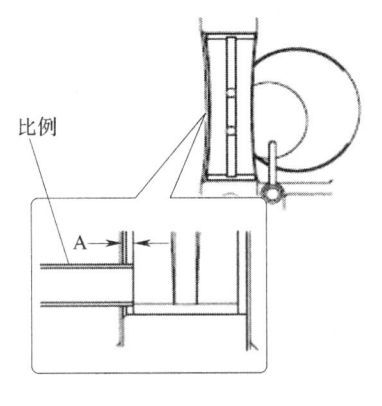

图4—75

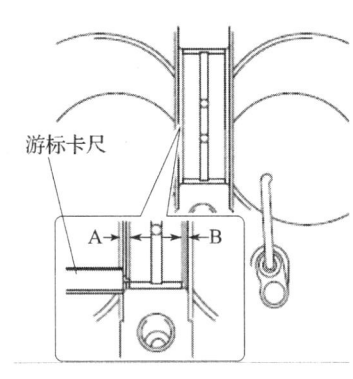

图4—76

尺寸（A－B）：0.7 mm 或更小。

3) 安装下轴承。将下轴承安装到轴承盖上，用游标卡尺测量轴承盖边缘和下轴承边缘间的距离（见图4—77）。

尺寸（A－B）：0.7 mm 或更小。

提示：

不要在轴承和接触表面上涂抹发动机机油。

(3) 将曲轴放到汽缸体上。

(4) 如图4—78所示，将塑料间隙规摆放在各轴颈上。

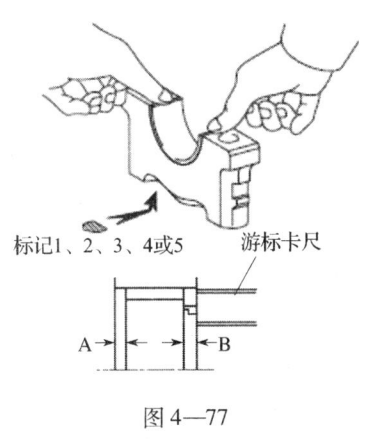

图4—77

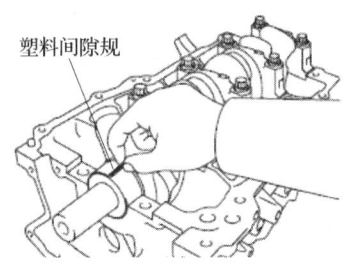

图4—78

(5) 检查朝前标记和数字,并将轴承盖安装到汽缸体上。

提示:

各主轴承盖上都标有一个数字以指明安装位置。

(6) 安装主轴承盖。

提示:

不要转动曲轴。

(7) 拆下主轴承盖。

1) 按图4—79所示顺序,均匀地拧松并拆下10个主轴承盖螺栓。

2) 用2个已拆下的主轴承盖螺栓拆下5个主轴承盖和5个下轴承。

提示:

- 依次将螺栓插入轴承盖。如图4—80所示,轻轻地向上拉并向汽缸体的前、后侧施加力,将轴承盖拉出。小心不要损坏轴承盖和汽缸体的接触面。

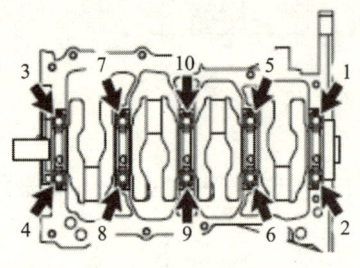 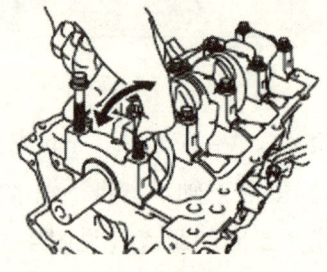

图4—79　　　　　　　　　　图4—80

- 将下轴承和主轴承盖作为一个组件保存。
- 按正确的顺序摆放主轴承盖。

(8) 测量塑料间隙规最宽处,如图4—81所示。如果油膜间隙大于最大值,则更换曲轴轴承。如有必要,则更换曲轴。

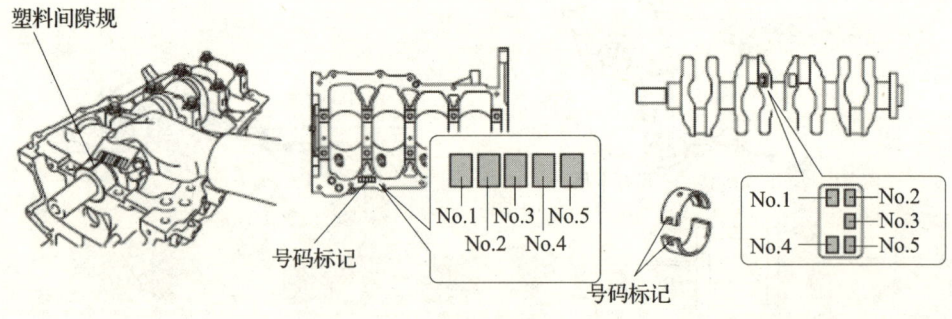

图4—81

标准油膜间隙：0.016~0.039 mm。

最大油膜间隙：0.050 mm。

提示：

- 测量后完全拆下塑料间隙规。
- 如果更换轴承，则选择同号的新轴承。如果轴承号无法确定，则将汽缸体和曲轴上压印的号码相加，以计算正确的轴承号。然后根据表4—1，用计算的号码选择新轴承。有四种尺寸的标准轴承，分别标有"1""2""3"和"4"。例如，汽缸体"3"+曲轴"5"=总数8（使用3号轴承）。

表4—11 汽缸体和曲轴上压印号码之和与轴承尺寸的对应关系

汽缸体+曲轴	0~2	3~5	6~8	9~11
将使用的轴承	"1"	"2"	"3"	"4"

标准汽缸体轴颈孔径见表4—12。

表4—12 标准汽缸体轴颈孔径

标记	规定状态
0	52.000~52.003 mm
1	52.003~52.005 mm
2	52.005~52.007 mm
3	52.007~52.010 mm
4	52.010~52.012 mm
5	52.012~52.014 mm
6	52.014~52.016 mm

标准曲轴轴颈直径见表4—13。

表4—13 标准曲轴轴颈直径

标记	规定状态
0	47.999~48.000 mm
1	47.997~47.998 mm
2	47.995~47.996 mm
3	47.993~47.994 mm
4	47.991~47.992 mm
5	47.988~47.990 mm

标准轴承中心壁厚见表4—14。

表4—14　　　　　　　　　标准轴承中心壁厚

标记	规定状态
1	1.994～1.997 mm
2	1.998～2.000 mm
3	2.001～2.003 mm
4	2.004～2.006 mm

步骤15：检查汽缸盖固定螺栓。

（1）如图4—82所示，用游标卡尺测量螺栓受力部分的直径。如果螺栓长度大于最大值，则更换螺栓。

标准螺栓长度：84.3～85.7 mm。

最大螺栓长度：86.7 mm。

（2）如图4—82所示，用游标卡尺在测量点测量细长螺纹的最小直径。如果直径小于最小值，则更换螺栓。

标准外径：9.77～9.96 mm。

最小外径：9.1 mm。

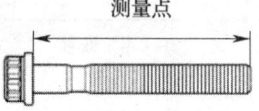

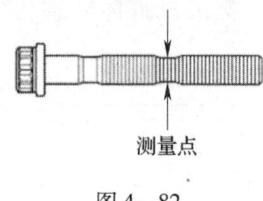

图4—82

提示：

用直尺，目视检查曲轴轴承盖螺栓螺杆的较细部位。

步骤16：检查1号机油喷嘴分总成是否损坏或阻塞。如果出现损坏或阻塞，则更换机油喷嘴。

三、更换曲柄连杆结构部分零件

步骤1：更换环销。拆下环销，然后使用塑料锤，敲入新环销，如图4—83所示。

标准凸出高度：7.5～8.5 mm。

提示：

如果不更换环销，则无需将其拆下。

步骤2：更换双头螺栓。拆下双头螺栓，如图4—84所示，用"TORX"梅花套筒E6安装新双头螺栓。

扭矩：5.0 N·m。

上侧：

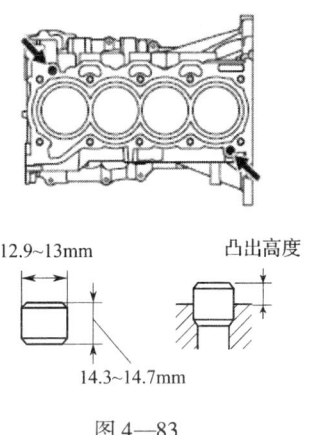

左侧：

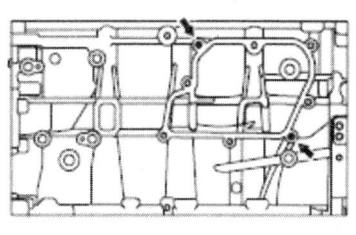

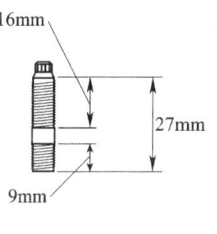

图 4—83　　　　　　　　　图 4—84

提示：

如果任一双头螺栓变形或螺纹受损，则将其更换。

步骤3：更换直销。拆下直销，使用塑料锤，敲入新直销，如图4—85所示。直销标准凸出高度见表4—15。

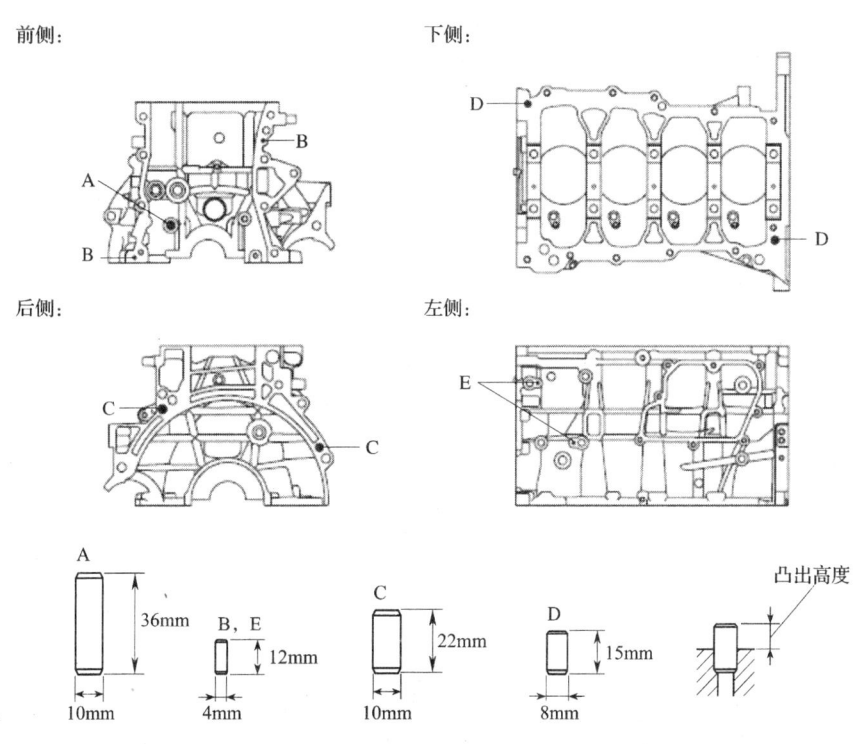

图 4—85

提示：

如果不更换直销，则无需将其拆下。

表 4—15　　　　　　　　直销标准凸出高度

项目	凸出高度
销 A	18.5~19.5 mm
销 B	5.0~7.0 mm
销 C	11~13 mm
销 D	5.0~7.0 mm
销 E	5.0~6.0 mm

四、重新装配曲柄连杆机构

步骤1：安装1号机油喷嘴分总成。如图4—86所示，用5 mm六角套筒扳手和螺栓安装机油喷嘴。

扭矩：10 N·m。

步骤2：安装活塞。

（1）如图4—87所示，用旋具将新卡环安装到活塞销孔的一端。

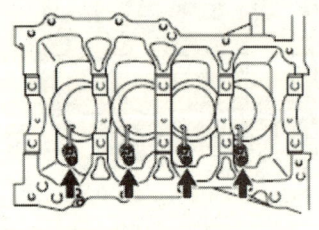
图 4—86

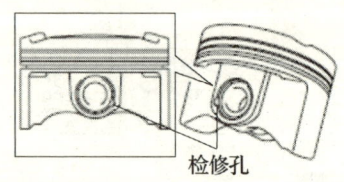
图 4—87

提示：

确保卡环的端隙与活塞上的活塞销孔切口部位错开。

（2）逐渐加热活塞到80~90℃。

（3）如图4—88所示，对准活塞和连杆上的朝前标记，并用拇指推入活塞。

提示：

活塞和活塞销是一组配套件。

（4）使用旋具在活塞销孔的另一端安装一个新卡环。

提示：

确保卡环的端隙与活塞上的活塞销孔切口部位错开。

（5）如图4—89所示，在活塞销上来回移动活塞，检查活塞和活塞销间的安装情况。

步骤3：安装活塞环组件。

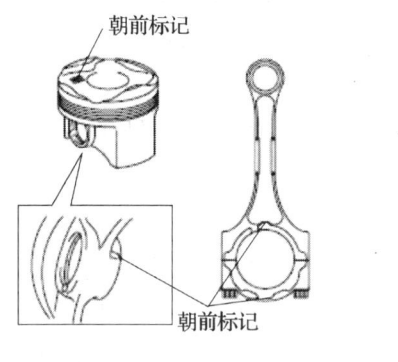

图4—88

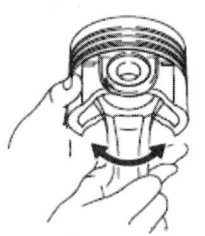

图4—89

（1）如图4—90所示，用手安装油环胀圈和油环刮片。

提示：

- 安装胀圈和油环，使其环端处于相反的两侧。
- 将胀圈牢固安装至油环的内槽。

（2）用活塞环扩张器安装2个压缩环，使油漆标记处于图4—91所示位置。

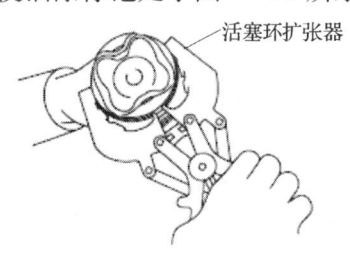

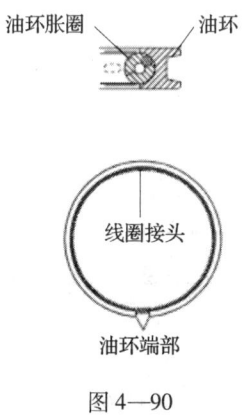

图4—90

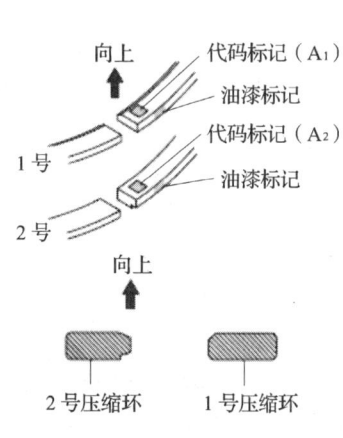

图4—91

提示：
- 安装1号压缩环，使代码标记（A_1）朝上。
- 安装2号压缩环，使代码标记（A_2）朝上。
- 油漆标记仅在新活塞环上检查到。重新使用活塞环时，检查各活塞环外形，以将其安装至正确位置。

（3）放置活塞环以使活塞环端处于图4—92所示位置。

步骤4：安装曲轴轴承。

1）安装上轴承（除3号轴颈外）。将带机油槽的上轴承安装到汽缸体上。如图4—93所示，用刻度尺测量汽缸体边缘和上轴承边缘间的距离。

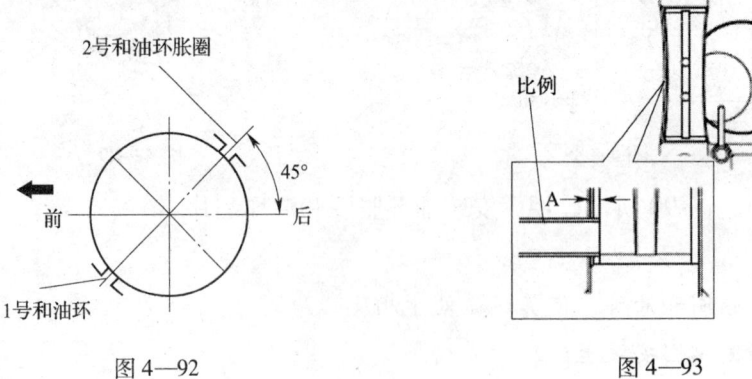

图4—92　　　　　　　图4—93

尺寸（A）：0.5~1.0 mm。

提示：

不要在轴承和接触表面上涂抹发动机机油。

（2）安装上轴承（3号轴颈）。如图4—94所示，将带机油槽的上轴承安装到汽缸体上。然后如图4—95所示，用游标卡尺测量汽缸体边缘和上轴承边缘间的距离。

尺寸（A-B）：0.7 mm或更小。

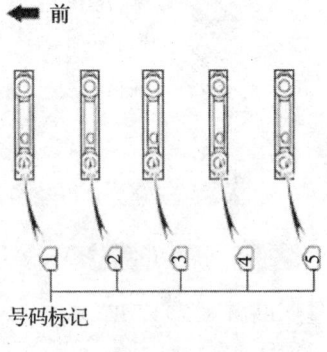

图4—94

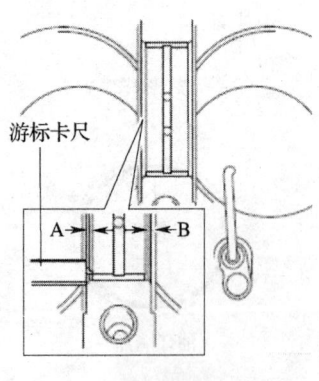

图4—95

提示：

不要在轴承和接触表面上涂抹发动机机油。

（3）安装下轴承。将下轴承安装到轴承盖上。如图4—96所示，用游标卡尺测量轴承盖边缘和下轴承边缘间的距离。

尺寸（A－B）：0.7 mm 或更小。

提示：

不要在轴承和接触表面上涂抹发动机机油。

步骤5：安装曲轴上止推垫圈。

（1）如图4—97所示，使机油槽向外，将2个止推垫圈安装到汽缸体的3号轴颈下方。

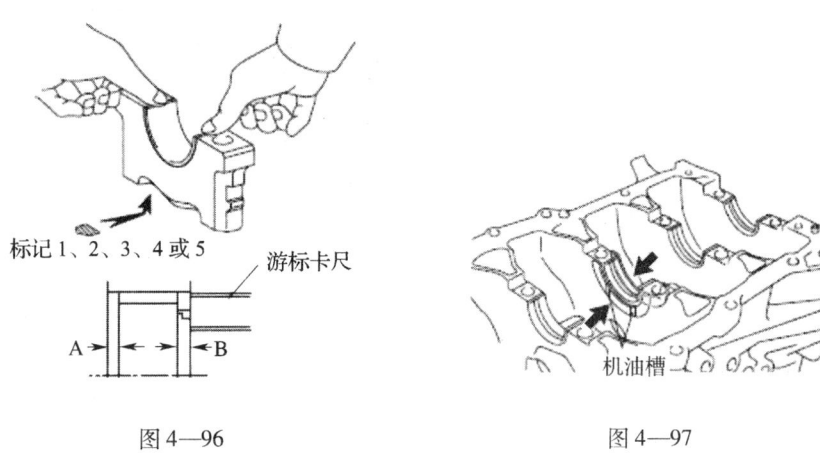

图4—96　　　　　　　图4—97

（2）在曲轴止推垫圈上涂抹发动机机油。

步骤6：安装曲轴。

（1）在上轴承上涂抹发动机机油，并将曲轴安装到汽缸体上。

（2）在下轴承上涂抹发动机机油。

（3）检查数字标记，并将轴承盖安装到汽缸体上。

（4）在轴承盖螺栓的螺纹上和轴承盖螺栓下涂抹一薄层发动机机油。

（5）如图4—98所示，暂时安装10个主轴承盖螺栓。

（6）如图4—99所示，标记2个内轴承盖螺栓并以此为导向，用手插入主轴承盖，直到主轴承盖和汽缸体间的间隙小于5 mm。

（7）如图4—100所示，用塑料锤轻轻敲击轴承盖以确保正确安装。

（8）安装曲轴轴承盖螺栓。

提示：

主轴承盖螺栓的紧固分两步完成。

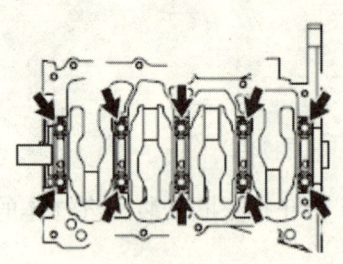
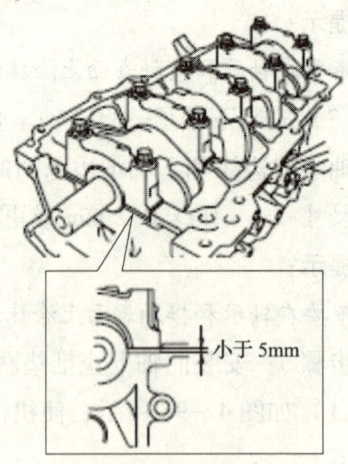

图4—98　　　　　　　　　　　图4—99

（9）首先按图4—101所示顺序，安装并均匀紧固10个主轴承盖螺栓。然后用油漆在轴承盖螺栓前端做标记。按图4—101所示数字顺序，将轴承盖螺栓再紧固90°。扭矩为40 N·m。

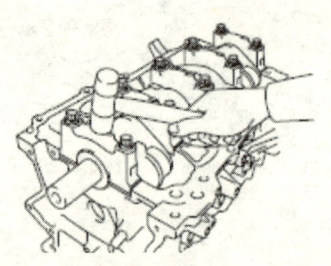
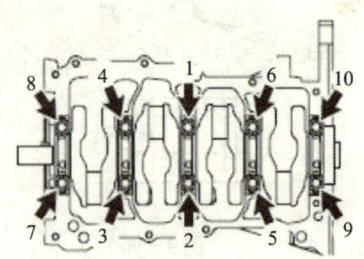

图4—100　　　　　　　　　　　图4—101

（10）如图4—102所示，检查并确认油漆标记现在与前端成90°角，并确认曲轴转动顺畅。

（11）检查曲轴轴向间隙。如图4—103所示，用旋具来回撬动曲轴的同时，用百分表测量轴向间隙。如果轴向间隙大于最大值，则成套更换止推垫圈。

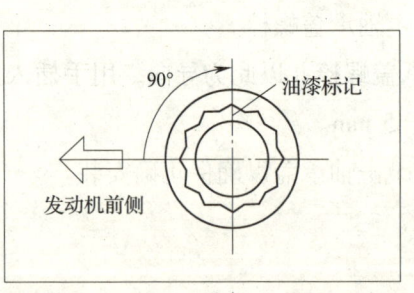
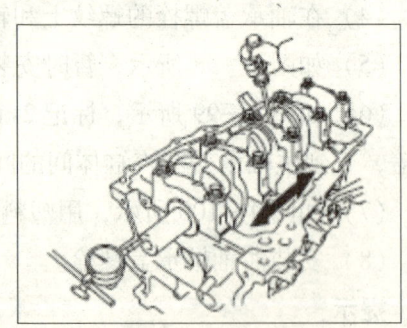

图4—102　　　　　　　　　　　图4—103

标准轴向间隙：0.04~0.14 mm。

最大轴向间隙：0.18 mm。

提示：

止推垫圈厚度在 2.43~2.48 mm 之间。

步骤 7：安装连杆轴承。

（1）将连杆轴承安装到连杆和轴承盖上。

（2）如图 4—104 所示，用游标卡尺测量连杆边缘和轴承盖边缘与连杆轴承边缘间的距离。

尺寸（A－B）：0.7 mm 或更小。

提示：

不要在轴承和接触表面上涂抹发动机机油。

步骤 8：安装带连杆的活塞分总成。

（1）在汽缸壁、活塞、连杆轴承表面上涂抹发动机机油。

（2）放置活塞环以使活塞环端处于图 4—105 所示位置。

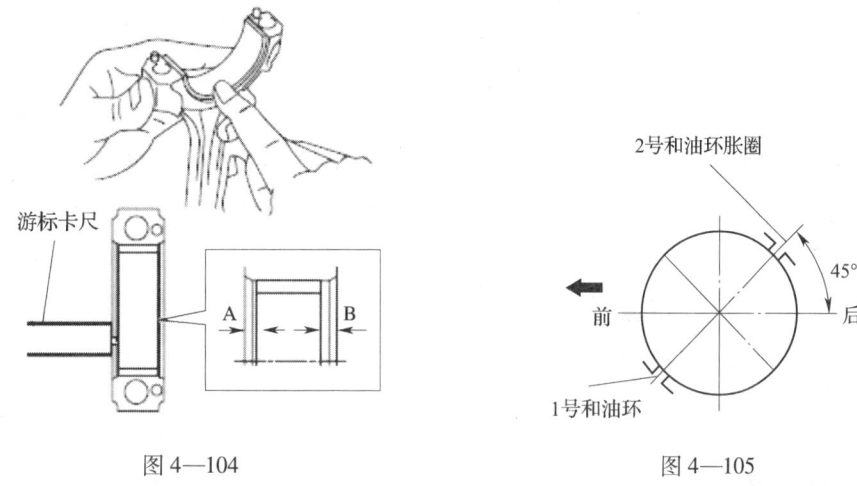

图 4—104　　　　　　　图 4—105

提示：

各活塞环端必须错开。

（3）如图 4—106 所示，使活塞朝前标记朝前，用活塞环压缩器将相应号的活塞和连杆总成压入汽缸内。

提示：

● 将连杆插入活塞时，不要使其接触机油喷嘴。

● 使连杆盖与连杆的号相匹配。

（4）如图 4—107 所示，检查并确认连杆盖的凸起部分朝向正确的方向。

（5）在连杆盖螺栓的螺纹上和螺栓头下部涂抹一薄层发动机机油。

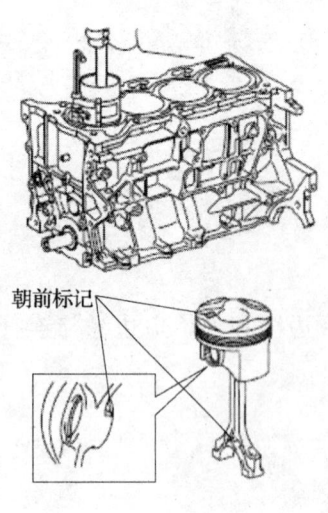
图 4—106

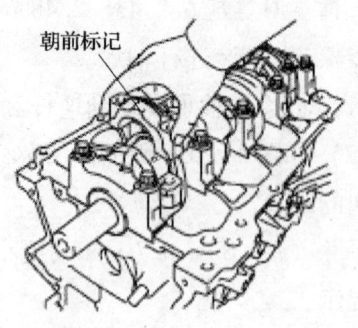
图 4—107

(6) 安装连杆盖螺栓。

提示：

连杆盖螺栓的紧固分两步完成。

(7) 如图 4—108 所示，用专用工具 SST，安装并分几次交替拧紧连杆盖螺栓。

扭矩：20 N·m。

(8) 用油漆在连杆盖螺栓前端作标记，如图 4—109 所示，将连杆盖螺栓再紧固 90°。

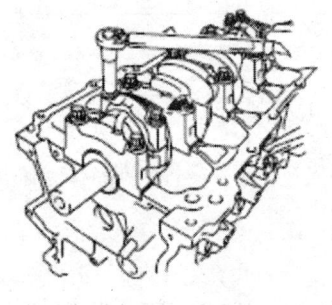
图 4—108

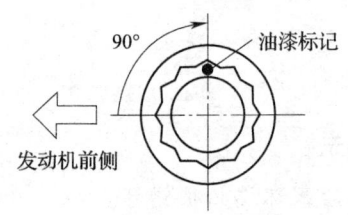
图 4—109

(9) 检查并确认曲轴转动顺畅。

(10) 检查连杆轴向间隙。如图 4—110 所示，来回移动连杆的同时，用百分表测量轴向间隙。如果轴向间隙大于最大值，则必要时更换连杆总成。如有必要，更换曲轴。

标准轴向间隙：0.160～0.342 mm。

最大轴向间隙：0.342 mm。

步骤9：安装1号通风箱。

（1）如图4—111所示，连续涂抹密封胶。

密封直径：2.0 mm。

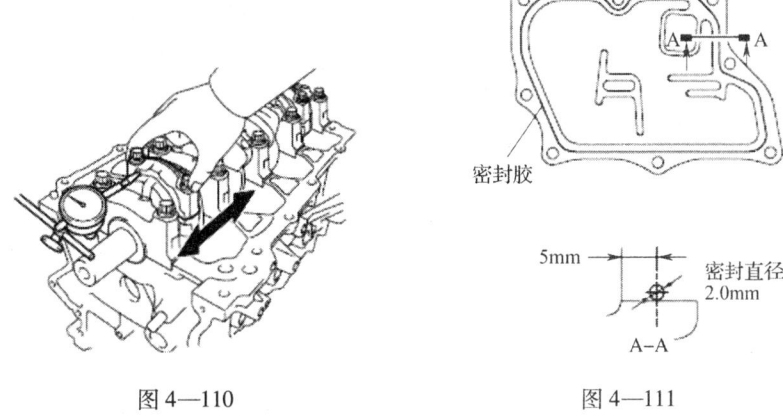

图4—110　　　　　　图4—111

提示：
- 清除接触面的所有机油。
- 涂抹密封胶后3 min内安装1号通风箱，15 min内紧固螺栓和螺母。
- 安装后至少2 h内不要起动发动机。

（2）如图4—112所示，用6个螺栓和2个螺母安装1号通风箱。

扭矩：10 N·m。

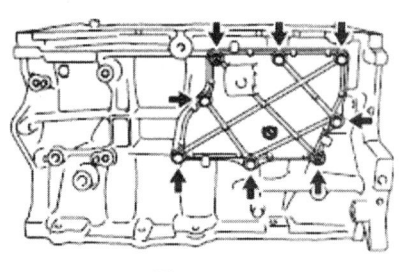

图4—112

 **任务拓展**

曲柄连杆机构常见故障诊断与排除

曲柄连杆机构的故障多是机械类故障，此类故障以出现异响为主。曲柄连杆机构的异响，往往反映着不同性质和不同程度的故障。异响的判断是一项技术性较强的工作。为能准确、迅速地判断异响故障，可根据异响的产生部位、声响特征、出现时机、变化规律，以及尾气排放的烟色、烟量等情况，并借助诊断仪具，找出产生故障的原因，予以排除。曲柄连杆机构常见故障诊断与排除见表4—16。

表4—16　　　　　　　曲柄连杆机构常见故障诊断与排除

故障名称	故障现象	故障原因	诊断与排除
曲轴主轴承响	发动机转速突然变化时，发出低沉连续"镗镗"的金属敲击声，严重时发动机机体发生振动；响声随发动机转速提高而增大，随负荷的增大而增大，产生响声的部位在汽缸的下部；单缸"断火"时，响声无明显变化，相邻两缸"断火"时，响声会明显减弱；观察机油压力表，机油压力明显降低	轴承与轴颈磨损而导致配合间隙过大；主轴承盖螺栓松动；主轴承与座孔配合松动；轴承润滑不良，使轴瓦合金层烧蚀脱落	在汽缸体下部用听诊仪听诊或在机油加油口处听诊，并反复改变发动机转速，突然加速或减速时，如有明显的沉重响声，则是主轴承响；发动机在正常工作温度下，当转速由低速加速到中速，出现有节奏而沉重的响声，发动机温度越高响声越明显；单缸"断火"时，响声无变化，而相邻两缸"断火"时，响声会明显减弱；若主轴承盖螺栓松动，可按规定的拧紧力矩拧紧；若主轴承磨损致使与轴颈的配合间隙过大或主轴承表面合金层烧蚀脱落，可更换同一修理尺寸的主轴承；当主轴颈磨损时，应修磨主轴颈并配以相应修理级别的主轴承
连杆轴承响	在突然加速时，有明显连续"铛铛"敲击声；响声在怠速时较小，中速时较为明显，发动机温度升高后，响声无变化；单缸"断火"后，响声明显减弱或消失	连杆轴承盖螺栓松动；连杆轴承与轴颈磨损过甚，致使径向间隙过大；轴承润滑不良，造成轴承合金层烧毁、脱落；连杆轴承与座孔配合松动	在机油加油口处听诊，发动机由低速加速时，发出明显连续的敲击声当发动机温度升高时，其响声增大，单缸"断火"时响声减弱或消失，复火时响声恢复，这是如连杆轴承间隙过大或轴承合金层脱落所致；观察机油压力是否过低；如连杆轴承盖螺栓松动，按规定的拧紧力矩拧紧；如果连杆轴承磨损而使得与轴颈的配合间隙过大或连杆轴承表面合金层烧蚀、脱落，可更换同一修理尺寸的连杆轴承；当连杆轴颈磨损或圆度误差过大时，应修磨连杆轴颈并配以相应修理级别的连杆轴承

续表

故障名称	故障现象	故障原因	诊断与排除
活塞敲缸响	发动机急速时，在汽缸的上部发出清晰的"嗒嗒嗒"敲击声；冷车时响声明显，热车时响声减弱或消失；该缸"断火"后，响声减弱或消失	活塞与汽缸壁的间隙过大，活塞在汽缸内摆动，导致撞击汽缸壁而发出响声；活塞销与连杆衬套装配过紧；活塞顶碰到汽缸衬垫；连杆变形	用听诊仪在汽缸体上部听诊，声响明显，响声在冷车时明显，热车时减弱或消失，该缸"断火"后，响声减弱或消失，为进一步证明某缸敲缸，可向怀疑发响的汽缸内注入少量机油，使机油附于汽缸壁和活塞之间，再起动发动机察听，若敲击声减轻或消失，但运转短时间后又出现，则判断是该缸活塞敲缸响，这是由活塞与汽缸壁间隙过大所致；如果是连杆变形或连杆衬套与活塞销配装过紧而产生的响声，应重新校正连杆或修刮连杆衬套；当活塞与汽缸壁的配合间隙过大时，若因活塞磨损过大而产生异响，可更换同一修理级别的新活塞；若因汽缸磨损过大，则应镗磨汽缸并配以相应修理级别的活塞
活塞销响	急速和中速时响声比较明显、清脆，为有节奏的"嗒、嗒"声；发动机转速变化时，响声的周期也随着变化；该缸"断火"后，响声减弱或消失；恢复该缸工作时的瞬间，会出现明显的响声或连续两个响声	活塞销与连杆小头衬套配合松旷；活塞销与活塞销座孔配合松旷	当发动机转速变化时，将听诊仪触及汽缸体上部，可听出清脆连续的响声，该缸"断火"后，响声减弱或消失，在复火瞬间，响声会敏感地突然恢复并出现双响，若活塞销与连杆小端衬套配合间隙过大，应更换新的活塞销和连杆衬套后重新铰削；若活塞销与活塞销座孔配合松旷，应更换新的活塞销和活塞

任务五　润滑系的检修

任务描述

一台丰田卡罗拉轿车仪表机油压力警告灯不断闪亮。据技师领班的初步判断是润滑系油压过低的故障。请以小组为单位组成维修团队对车辆的故障检修。

任务分析

学习目标：

1. 熟悉润滑系的功用与组成。

2. 能正确说出发动机润滑系的润滑方式和润滑油路。
3. 能够对润滑系各零件进行正确的检修。
4. 学会正确使用工具对润滑系进行正确拆装。
5. 学会润滑系维护作业。

工作过程与学习活动：

1. 相关资讯（发动机润滑系相关知识）
2. 任务准备（维修手册、学材、工具）
3. 任务实施（发动机润滑系的检修）
4. 任务拓展（润滑系常见故障诊断与排除）

相关资讯

发动机的润滑系相关知识

一、润滑系的功用

润滑系的功用是向做相对运动的零件表面输送定量的清洁润滑油，以实现液体摩擦，减小摩擦阻力，减轻机件的磨损，并对零件表面进行清洗和冷却，提高发动机的可靠性和耐久性。润滑系的基本功用有以下七大方面：

润滑作用：润滑运动零件表面，减小摩擦阻力和磨损，减小发动机的功率消耗。

清洗作用：润滑油在润滑系内不断循环，清洗摩擦表面，带走磨屑和其他异物。

冷却作用：润滑油在润滑系内循环可带走摩擦产生的热量，起冷却作用。

密封作用：在运动零件之间形成油膜，提高它们的密封性，有利于防止漏气或漏油。

防锈蚀作用：在零件表面形成油膜，对零件表面起保护作用，防止腐蚀生锈。

液压作用：润滑油还可用作液压油，如液压挺柱，起液压作用。

减震缓冲作用：在运动零件表面形成油膜，吸收冲击并减小振动，起减震缓冲作用。

二、润滑剂

汽车发动机润滑系所用的润滑剂有润滑油（机油）和润滑脂（黄油）两种。本书所介绍的主要是机油。

三、润滑系主要部件

发动机润滑系由机油泵、机油集滤器、机油滤清器、机油散热器等部件组成，如图5—1所示。

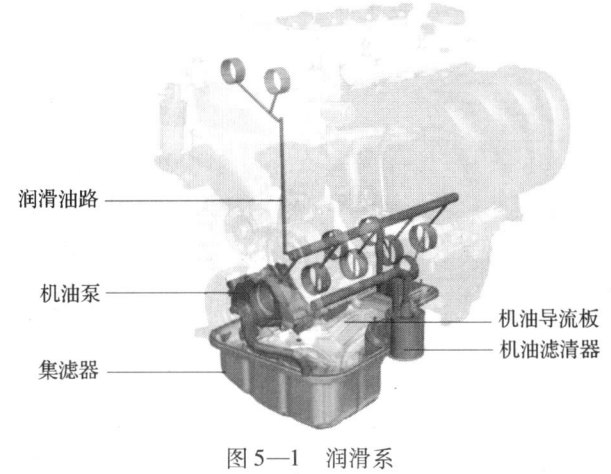

图5—1 润滑系

1. 机油泵

机油泵一般安装在汽缸体的下部，由发动机曲轴直接驱动，将机油输送到发动机各运动部件接触面。常见的机油泵有三种结构形式。

（1）转子式机油泵。如图5—2所示，内转子为主动转子，内、外转子之间有一定的偏心距。内转子的凸齿比外转子的凹齿少1个，使得两转子之间存在转速差，旋转时两转子之间的工作腔容积不断变化，容积大吸油，容积渐渐变小压油。转子式机油泵供油压力高，噪声比较小。卡罗拉轿车发动机采用的是转子式机油泵。

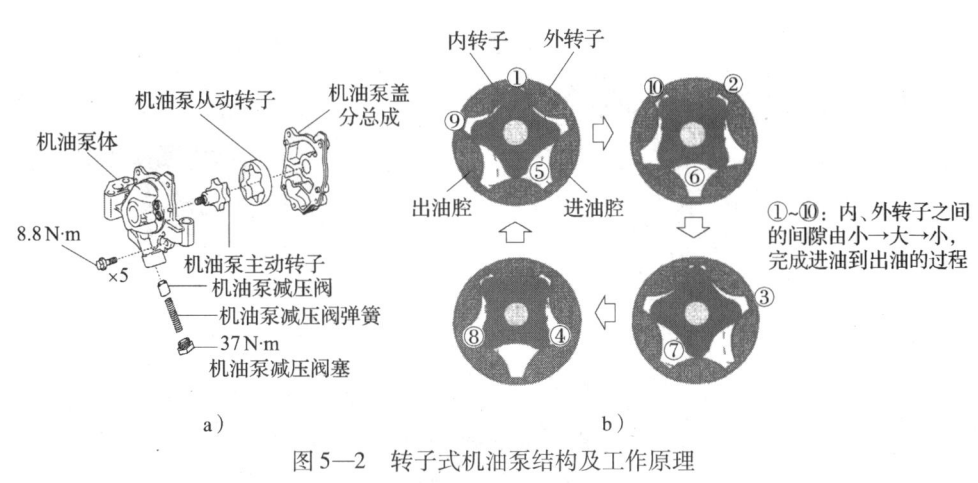

图5—2 转子式机油泵结构及工作原理
a）结构图　b）工作原理图

（2）外啮合齿轮式机油泵。如图5—3所示，两个互相啮合的齿轮高速旋转，在进油口处，由于两个轮齿逐渐脱离啮合而使进油腔容积增大，腔内产生一定的真空，机油经进油口被吸入进油腔，随后被轮齿带到出油腔。轮齿逐渐进入啮合而使出油腔的容积减小，使机油压力升高，机油经出油口被压入发动机内的润滑油道中。外啮合齿轮式机油泵由于驱动阻力最小，因此工作效率也较高。

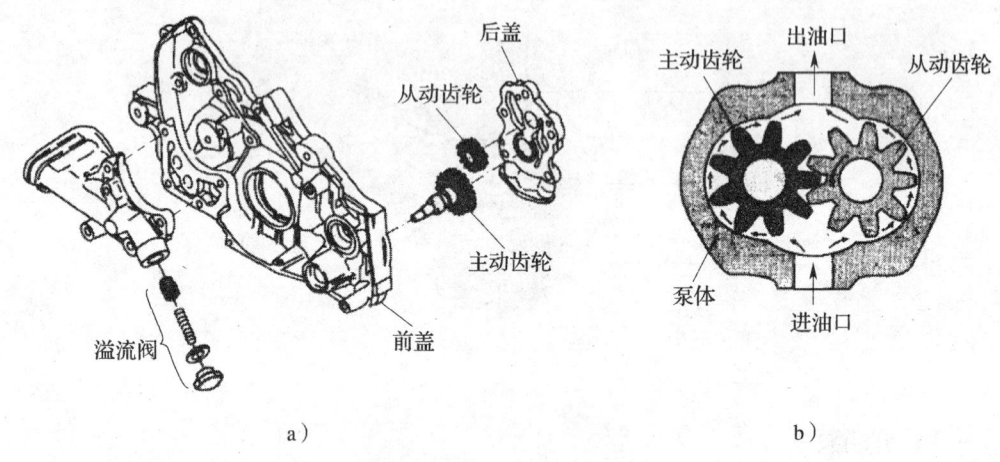

图5—3　外啮合齿轮式机油泵结构及工作原理
a）结构图　b）工件原理图

（3）内啮合齿轮式机油泵。如图5—4所示，内齿轮套在曲轴前端，为主动齿轮，机油通过月牙形隔板左、右的间隙进行输送。由于这种机油泵内、外齿轮之间有多余空间，因此工作效率较低。

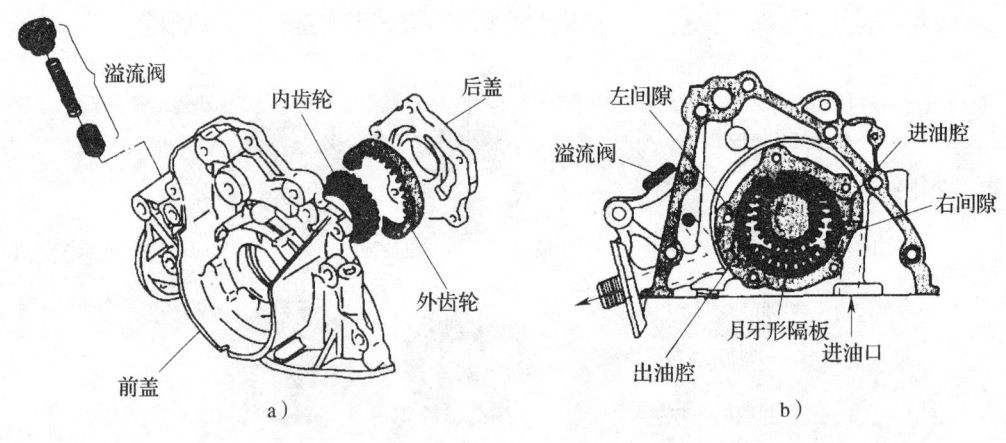

图5—4　内啮合齿轮式机油泵结构及工作原理
a）结构图　b）工件原理图

2. 机油集滤器

机油集滤器装在机油泵之前的吸油口端，多采用滤网式，防止粒度大的杂质进入机油泵。汽车发动机使用的集滤器有浮式集滤器和固定式集滤器两种。

（1）浮式集滤器。如图5—5所示，浮式集滤器工作时漂浮于机油油面上，以保证机油泵总是吸入最上层较清洁的机油，但油面上的泡沫易被吸入，会造成机油压力降低，润滑可靠性差。

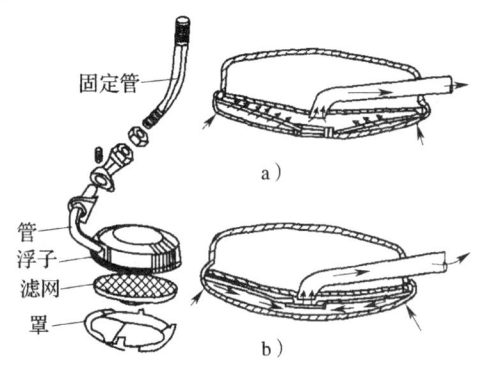

图5—5 浮式集滤器结构
a）润滑油经过滤网 b）润滑油不经过滤网

当机油泵工作时，机油从罩的边缘被吸入，经过滤网滤除较大的杂质后进入机油泵。如果滤网堵塞，滤网上部产生真空，从而克服滤网弹性将滤网吸起，滤网中心处的环口离开罩，润滑油便不经过滤网而从环口直接被吸入机油泵，保证润滑不致中断。

（2）固定式集滤器。如图5—6所示，固定式集滤器装在油面下面，吸入的机油清洁度比浮式集滤器稍差，但可防泡沫吸入，润滑可靠，结构简单。

3. 机油滤清器

机油滤清器主要滤除机油中的金属粉末、机油氧化物和燃烧物。为了防止滤清器堵塞失效，必须定期进行更换，一般在更换机油的同时更换机油滤清器。

如图5—7所示，当滤清器没有及时更换或因其他原因造成滤芯堵塞时，油压升高使旁通阀开启，机油将不通过滤芯直接进入汽缸体油道。

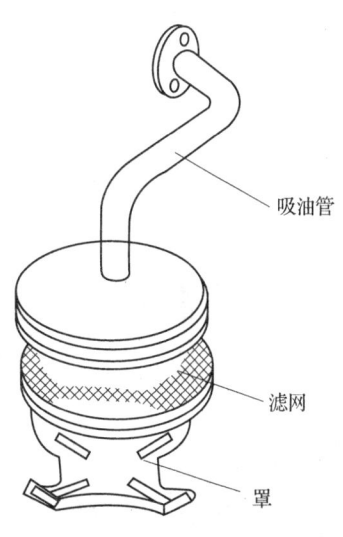

图5—6 固定式集滤器结构

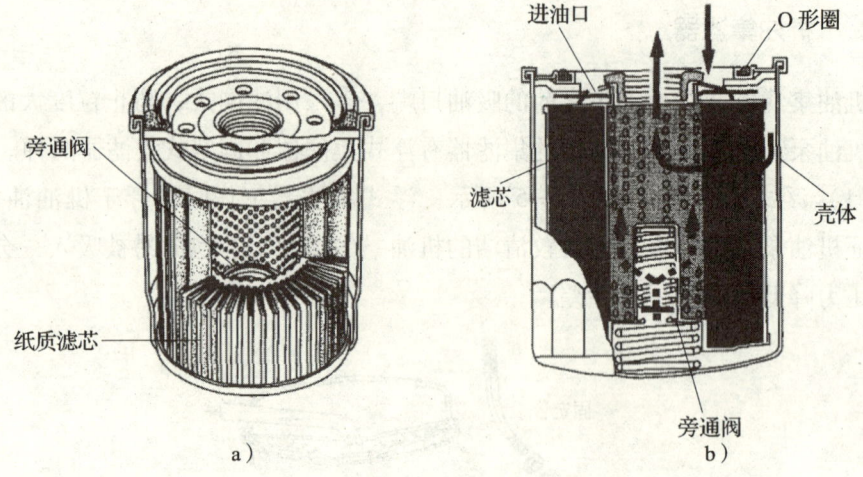

图 5—7 机油滤清器结构及工作原理

a）结构图　b）工作原理图

4. 机油散热器

在高性能大功率的强化发动机上，由于热负荷大，必须装设机油散热器，以对润滑油进行强制冷却。机油散热器布置在润滑油路中，有风冷式和水冷式两种形式。

（1）水冷式机油散热器。水冷式机油散热器也被称为机油冷却器，如图 5—8 所示装在发动机冷却液回路中，当机油温度较高时，靠冷却液降温；而起动暖车期间油温较低时，则从冷却液吸热迅速提高机油温度。

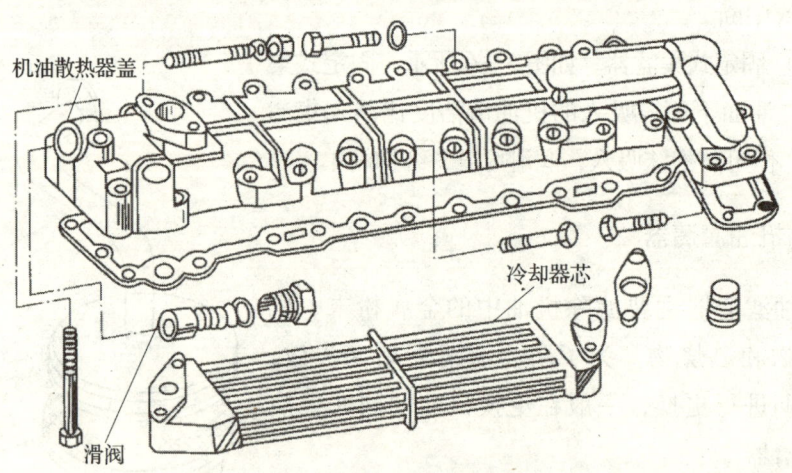

图 5—8　水冷式机油散热器结构

（2）风冷式机油散热器。风冷式机油散热器一般安装在发动机冷却系统散热器前面，如图 5—9 所示，利用冷却风扇的风力使机油冷却。

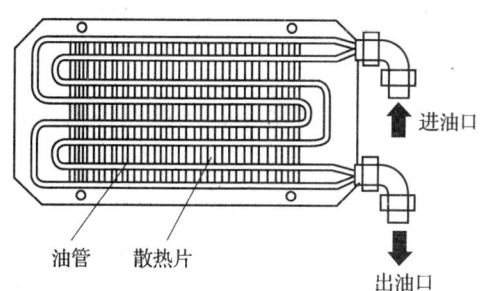

图 5—9 风冷式机油散热器结构

5. 机油尺

油底壳内保持一定量的机油,这是润滑系正常工作的前提,因此要经常检查机油的液面高度。如图 5—10 所示,机油的液面通过观察拔出的机油尺来检查。

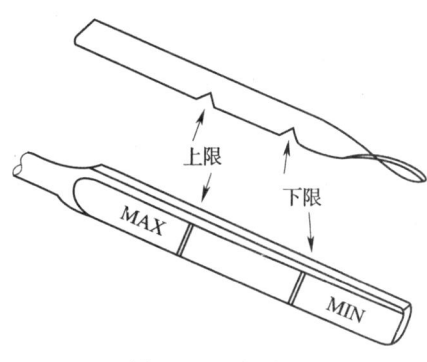

图 5—10 机油尺

将汽车停放在平坦的地面上,起动发动机预热 3~5min（水温达到 60℃）,停止发动机运转 2~3min 后拔出机油尺,如果机油处于上限（MAX 或 F 标记）、下限（MIN 或 L 标记）之间,说明机油量在合适范围,如过多要放去部分机油,过少则要添加。

四、润滑系的润滑方式

由于发动机各运动零件的工作条件不同,对润滑强度的要求也就不同,因而要相应地采取不同的润滑方式。

1. 压力润滑

利用机油泵的压力将润滑油输送到各摩擦表面进行强制性润滑,要求机油流动从油底壳到凸轮轴轴颈。

2. 飞溅润滑

利用曲轴的旋转将油从轴承两侧甩出,飞溅到各摩擦表面进行润滑,如到凸轮轴、汽缸壁、活塞外表面。

五、机油的分类

机油的分类,国际上广泛采用 SAE(美国工程师学会)黏度分类法和 API(美国石油学会)使用性能分类法。

1. SAE 黏度分类法

SAE 按照不同的黏度等级,将机油分为冬季用机油和非冬季用机油两类。冬季用机油有 6 种牌号,即 SAEOW、SAE5W、SAE10W、SAE15W、SAE20W 和 SAE25W;非冬季用机油有 4 种牌号,即 SAE20、SAE30、SAE40 和 SAE50。

如果使用单级机油,需要根据季节和气温的变化经常更换机油。目前普遍使用多级机油。

机油选择一般如图 5—11 所示。

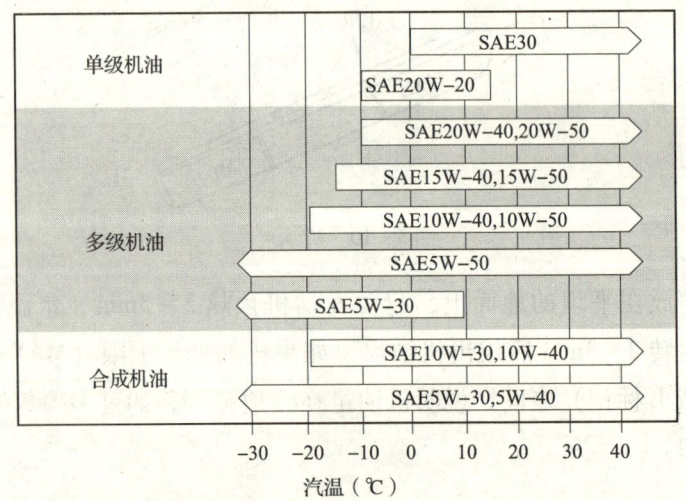

· 号数越大,机油的黏度越高,适用于较高的气温。
· 合成机油可以减小发动机运动部件的摩擦,因此能够节省燃油。

图 5—11 机油的选择

2. API 使用性能分类法

API 根据机油的性能及其适合使用的场合,将机油分为 S 系列和 C 系列两类。级号越靠后,使用性能越好。

S 系列为汽油机油,目前有 SA、SB、SC、SD、SE、SF、SG、SH、SJ 和 SL 共 10 个级别。汽车一般使用 SE 或更高的级别。

C 系列为柴油机油,目前有 CA、CB、CD、CD-Ⅱ、CE、CF-4、CF、CF-Ⅱ 和 CG-4 共 10 个级别。

机油更换应遵循汽车制造厂的维修手册进行。

六、润滑系的工作过程

润滑系油路:油底壳→集滤器→机油泵→机油滤清器→主油道→曲轴主轴承→向上油道→凸轮轴轴承,如图 5—12 所示。

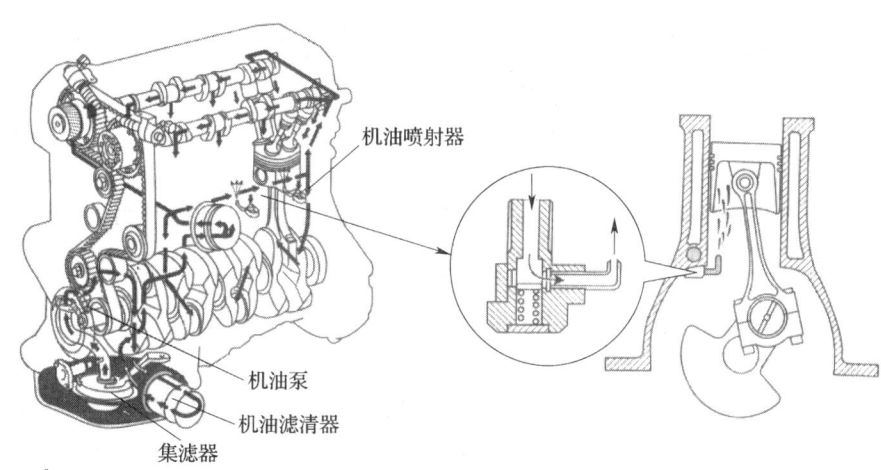

图 5—12 润滑系油路

润滑系工作过程为:发动机工作时,机油通过油底壳经过集滤器,经过机油泵,经过机油滤清器,经过主油道,经过曲轴主轴承(喷油嘴将机油喷射到活塞和汽缸壁上),经过向上油道,经过凸轮轴轴承,最后流回油底壳。

任务准备

1. 资料准备

准备卡罗拉发动机的《维修手册》《汽车发动机构造与维修》学材(工作页)。

2. 工具准备

准备52件套套筒扳手、机油压力表、机油滤清器专用拆卸工具和油底壳拆卸专用工具；将发动机安装在发动机检修台架上。

任务实施

一、检查发动机机油的油位、质量、油压

步骤1：检查发动机机油油位。

(1) 使发动机暖机，然后停机并等待5 min。

(2) 检查并确认发动机机油油位在油位计的低油位和满油位标记之间。如果机油油位过低，检查是否漏油并加注机油至标尺满油位标记处。

提示：

加注不要超过满油位标记。

步骤2：检查发动机机油质量。检查机油是否变质、变色或变稀，以及油中是否混水。如机油质量明显不佳，则更换机油。

步骤3：检查机油压力。

(1) 断开机油压力开关连接器。

(2) 如图5—13所示，用24 mm长套筒扳手，拆下机油压力开关。

(3) 如图5—14所示，安装机油压力表。

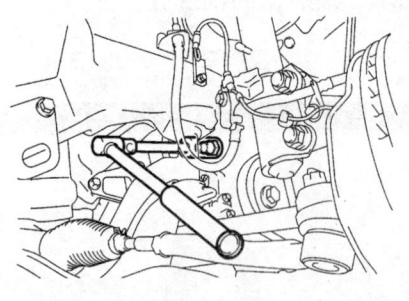

图5—13

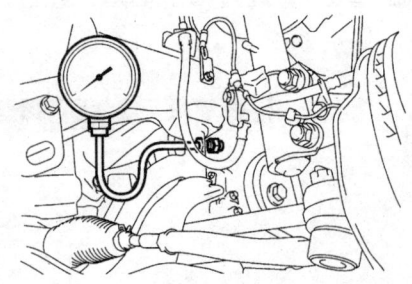

图5—14

(4) 使发动机暖机。

(5) 检查机油压力。如果油压不符合规定，检查机油泵机油压力。急速时机

油压力 25 kPa 或更高，发动机转速为 3 000 rpm 时，机油压力 150~550 kPa。

（6）在机油压力开关的 2 或 3 个螺纹上涂抹黏合剂。

（7）用 24 mm 长套筒扳手，安装机油压力开关。

扭矩：15 N·m。

提示：

安装后至少 1 h 内不要起动发动机。

（8）连接机油压力开关连接器。

（9）检查发动机机油是否泄漏。

二、更换机油和机油滤清器

提示：

● 过长时间并反复地接触发动机机油，会造成皮肤失去表层天然油脂，皮肤变得干燥、容易过敏并易生皮炎。此外，用过的机油内含有潜在的危害性污染物，可能会导致皮肤癌。

● 更换发动机机油时，为了减少皮肤与用过的发动机机油接触所带来的危害，必须遵循相关注意事项。应佩戴防护服和手套。用肥皂和水彻底清洗皮肤，或使用免水型洗手剂清除所用的发动机机油。切勿使用汽油、稀释剂或溶剂。

● 必须在指定的报废点报废处理用过的机油和机油滤清器，以保护环境。

步骤 1：排空发动机机油。

（1）拆下机油加注口盖，如图 5—15 所示。

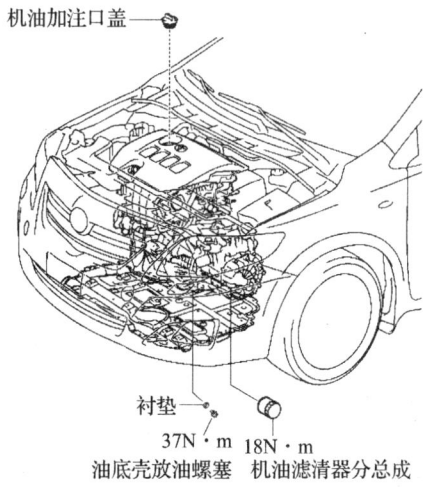

图 5—15

（2）拆下放油螺塞，并将机油排放到一个容器中。

（3）清洗放油螺塞，用新衬垫加以安装。

扭矩：37 N·m。

步骤2：用专用工具SST拆下机油滤清器分总成。

步骤3：安装机油滤清器分总成。

（1）检查并清洗机油滤清器的安装面。

（2）在新机油滤清器的衬垫上涂抹一层干净的发动机机油。

（3）将机油滤清器轻轻地旋到位并拧紧，直到衬垫开始接触机油滤清器底座。

（4）用专用工具SST紧固机油滤清器。如果没有足够的空间，用SST紧固机油滤清器，扭矩为18 N·m；如果没有足够的空间使用SST，用手将机油滤清器紧固3/4圈。

步骤4：添加发动机机油。

添加新的发动机机油并安装机油加注口盖。发动机机油黏度和机油注入量见表5—1和表5—2。

表5—1　　　　　　　　　发动机机油黏度

机油等级	机油黏度（SAE）
• API SL 级节能量	• 5~20 W
• API SM 级节能量	• 5~30 W
• ILSAC 多级发动机机油	• 10~30 W
• API SL 级	• 15~40 W
• API SM 级	• 20~50 W

表5—2　　　　　　　　　机油注入量

机油滤清器更换时放空后的重新加注量	不更换机油滤清器时放空后的重新加注量	净注入量
4.2 L	3.9 L	4.7 L

步骤5：检查机油是否泄漏。

三、拆卸检查油压力开关

步骤1：拆卸右前轮。

步骤2：断开机油压力开关连接器，如图5—16所示，用24 mm长套筒扳手，拆下机油压力开关。

步骤3：检查发动机机油压力开关总成。

（1）断开机油压力开关连接器。

(2) 起动发动机。

(3) 如图5—17所示，根据表5—3中的值测量电阻。

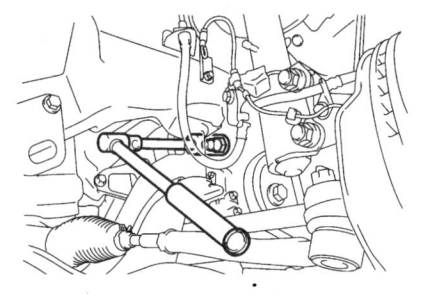
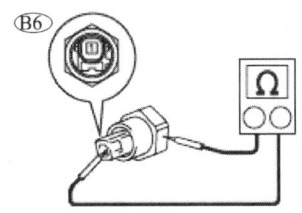

图5—16　　　　　　　　　　图5—17

如果结果不符合规定，则更换机油压力开关总成。

表5—3　　　　　　　　标准电阻值

检测仪连接	条件	规定状态
B6－1－开关壳体	急速运转时	10 kΩ 或更大
B6－1－开关壳体	发动机停止	小于1 Ω

(4) 重新连接机油压力开关连接器。

步骤4：安装发动机机油压力开关总成。

(1) 在机油压力开关的2或3个螺纹上涂抹黏合剂。

(2) 用24 mm长套筒扳手，安装机油压力开关。

扭矩：15 N·m。

提示：

安装后至少1 h内不要起动发动机。

(3) 连接机油压力开关连接器。

步骤5：检查机油是否泄漏。

步骤6：安装右前轮。

扭矩：103 N·m。

四、拆卸检查机油泵

步骤1：拆卸链条张紧器导板。

步骤2：拆卸1号链条振动阻尼器。

步骤3：拆卸链条分总成。

步骤4：拆卸2号链条振动阻尼器。

步骤5：拆卸曲轴正时链轮。

步骤6：拆卸2号链条分总成。

步骤7：拆卸1号曲轴位置信号盘。

步骤8：拆卸2号油底壳分总成。

（1）如图5—18所示，拆下10个螺栓和2个螺母。

（2）如图5—19所示，将SST的刃片插入曲轴箱和油底壳之间。切开密封胶并拆下油底壳。

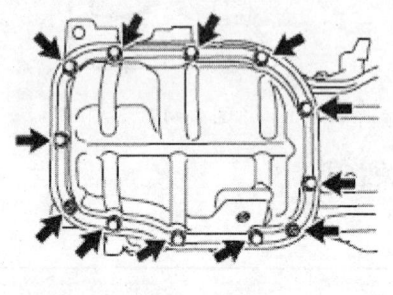
图5—18

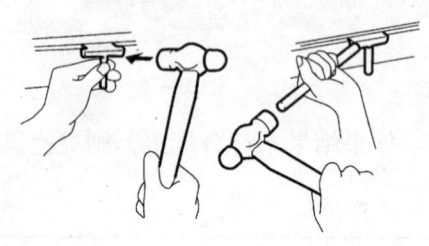
图5—19

提示：

不要损坏曲轴箱、链条盖和油底壳的接触面。

步骤9：如图5—20所示，拆下3个螺栓并拆卸机油泵总成。

步骤10：拆卸机油泵减压阀（见图5—21）。

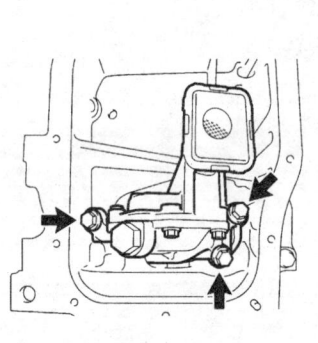
图5—20

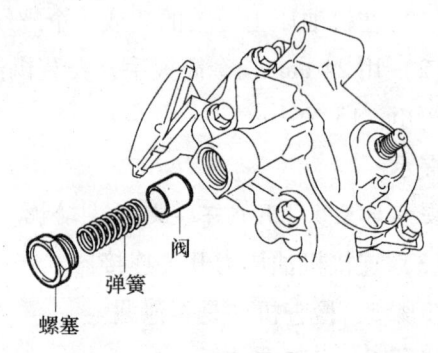
图5—21

（1）用27 mm套筒扳手拆下螺塞。

（2）拆下阀弹簧和减压阀。

步骤11：拆卸机油泵盖分总成。

（1）如图5—22所示，拆下5个螺栓和机油泵盖。

（2）从机油泵上拆下机油泵主动转子和从动转子。

步骤12：检查机油泵减压阀。如图5—23所示，在机油泵减压阀上涂抹一层发动机机油，检查并确认该阀能依靠自身重量顺畅地滑入阀孔中。如果情况不是这样，则更换机油泵。

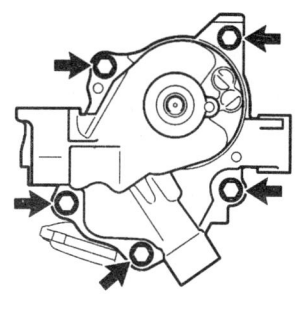

图 5—22

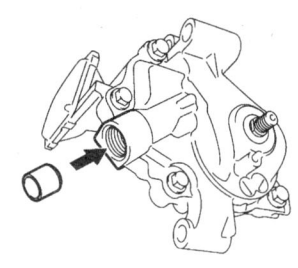

图 5—23

步骤 13：检查机油泵转子。

（1）如图 5—23 所示，用测隙规测量主动转子和从动转子的顶部间隙。如果顶部间隙大于最大值，则更换机油泵。

标准顶部间隙：0.08～0.16 mm。

最大顶部间隙：0.35 mm。

（2）如图 5—25 所示，用测隙规和精密直尺，测量 2 个转子和精密直尺间的间隙。如果间隙大于最大值，则更换机油泵。

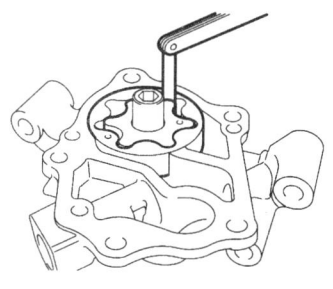

图 5—24

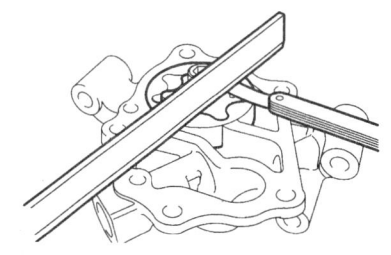

图 5—25

标准侧隙：0.03～0.08 mm。

最大侧隙：0.16 mm。

（3）如图 5—26 所示，用测隙规测量从动转子和机油泵体间的间隙。如果泵体间隙大于最大值，则更换机油泵。

标准泵体间隙：0.12～0.19 mm。

最大泵体间隙：0.325 mm。

步骤 14：安装机油泵盖分总成。

（1）如图 5—27 所示，用发动机机油涂抹机油泵主动转子和从动转子，并将其标记朝向机油泵盖侧放入机油泵。

（2）如图 5—28 所示，用 5 个螺栓安装机油泵盖。

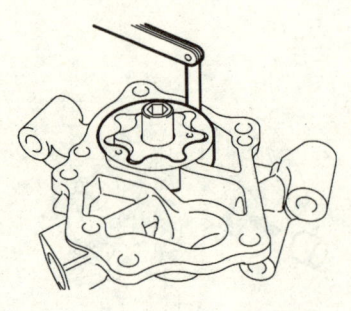 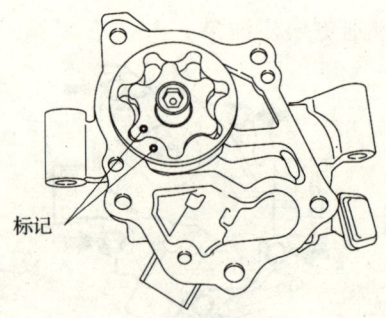

图 5—26　　　　　　　　图 5—27

扭矩：8.8 N·m。

步骤 15：如图 5—29 所示，安装机油泵减压阀。

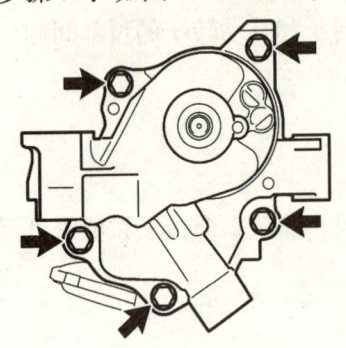 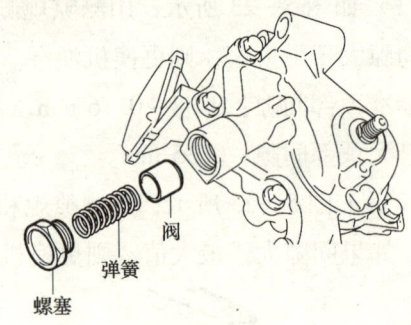

图 5—28　　　　　　　　图 5—29

（1）在减压阀上涂抹发动机机油。

（2）将减压阀和弹簧插入机油泵体孔中。

（3）用 27 mm 套筒扳手安装螺塞。

扭矩：49 N·m。

步骤 16：如图 5—30 所示，用 3 个螺栓安装机油泵总成。

扭矩：21 N·m。

步骤 17：安装 2 号油底壳分总成。

（1）清除所有旧的填料，切记不要将油滴在汽缸体和油底壳的接触面上。

（2）如图 5—31 所示，涂抹一条连续的密封胶（直径 4.0 mm）。

提示：

- 清除接触面的所有机油。
- 涂抹密封胶后 3 min 内安装油底壳。
- 安装油底壳后至少 2 h 内不要起动发动机。

（3）如图 5—32 所示，用 10 个螺栓和 2 个螺母安装 2 号油底壳。

扭矩：10 N·m。

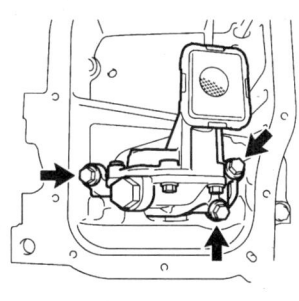

图 5—30

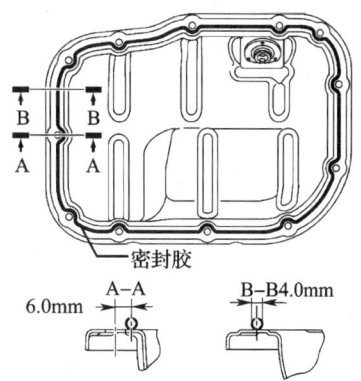

图 5—31

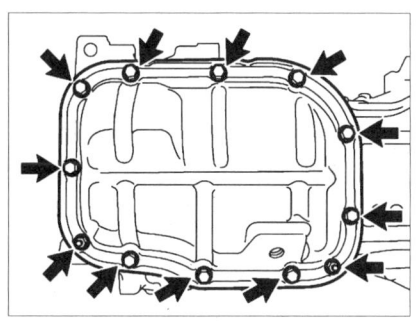

图 5—32

任务拓展

润滑系常见故障诊断与排除

润滑系常见故障诊断与排除见表 5—4。

表 5—4　　　　　　　　　　润滑系常见故障诊断与排除

故障名称	故障现象	故障原因	诊断与排除
机油压力过低	发动机起动后，机油压力表读数迅速下降至零左右；发动机在正常温度和转速下，机油压力表读数始终低于规定值	机油油量不足；机油黏度太低；减压阀弹簧过软或调整不当；机油滤清器旁通阀弹簧过软；机油泵齿轮等磨损，使供油压力过低；机油滤清器堵塞；曲轴主轴承、连杆轴承或	观察机油压力表或报警指示灯，发现机油压力过低或为零时拔出机油尺，检查油底壳内机油量及机油品质，若油量不足，应及时添加；若机油中含水或燃油，应通过拆检，查出渗漏部位；若机油黏度过低，应更换合适牌号的机油；若机油量充足，再检查机

续表

故障名称	故障现象	故障原因	诊断与排除
机油压力过低		凸轮轴轴承间隙过大；机油压力表或传感器失效；润滑系内、外管路或管接头泄漏	油压力传感器的导线是否松脱，若连接良好，在发动机运转时，拧松机油压力传感器或主油道螺塞；若机油从连接螺纹孔处喷出有力，则为机油压力表或其传感器、连接线路故障；若机油喷出无力，则应立即熄火，检查集滤器、机油泵、限压阀、粗滤器滤芯是否堵塞且旁通阀无法打开，各进出油管、油道及油堵是否漏油；若以上检查均正常，则应检查曲轴轴承、连杆轴承或凸轮轴轴承的间隙是否过大，间隙增大会直接影响机油压力
机油压力过高	发动机在正常温度和转速下，机油压力表读数高于规定值；发动机在运转中，机油压力表读数突然增高；机油压力表读数低，但高压机油冲裂机油压力传感器或机油滤清器盖等	机油黏度过大；限压阀调整不当或失效；汽缸体的油道堵塞；机油滤清器滤芯堵塞且旁通阀开启困难；机油压力表或其传感器工作不良；曲轴主轴承、连杆轴承或凸轮轴轴承的间隙过小（大修后发动机）	发现机油压力过高，应熄火排除故障，否则容易冲裂机油滤清器盖或机油传感器；查机油黏度是否过大，限压阀是调整不当（弹簧是否过硬）；对于新装发动机，应检查主轴承、连杆轴承或凸轮轴轴承是否间隙过小；压力突然增高，而未见其他异常现象，应检查机油压力传感器及导线是否有搭铁故障，检查机油压力表、传感器是否完好
消耗过多	机油消耗量逐渐增多（机油消耗率超过 $0.1 \sim 0.5$ L/100 km）；排气管冒蓝烟	活塞与缸壁间隙过大；扭曲活塞环方向装反；活塞环抱死，或其开口转到一起；活塞环磨损较大，或其弹力不足；活塞环端隙、边隙或背隙过大；气门杆油封损坏（尤其是进气门杆油封）；进气门导管磨损过甚；润滑系各零部件的外渗漏	首先检查外部是否有漏油，应特别注意曲轴前端和后端、凸轮轴后端油堵是否漏油；若发动机汽缸盖罩、气门室盖、油底壳衬垫和发动机前、后油封等多处有机油渗漏，应检查曲轴箱通风装置，清理曲轴箱管道，尤其是通风流量控制阀处的积炭和结胶，若通风受阻，就会引起曲轴箱内压力升高，出现机油渗漏现象；若排气管明显冒蓝烟，则为烧机油造成，当发动机大负荷、高速运转时，排气管大量冒蓝烟，同时机油加注口（设在下

续表

故障名称	故障现象	故障原因	诊断与排除
消耗过多			曲轴箱上）也向外冒蓝烟，则为活塞、活塞环与汽缸壁磨损过甚，活塞环的端隙、边隙或背隙过大，多个活塞环端隙口转到一起，扭曲环装反等，使机油窜入燃烧室；若发动机大负荷运转，排气管冒蓝烟，但机油加注口无烟，则为气门杆油封损坏，气门导管磨损过甚（尤其是进气门），使机油被吸入燃烧室；对于采用气压制动的汽车，若从储气筒的放污螺塞处放出较多的机油，则为空气压缩机的活塞、活塞环与汽缸壁磨损过甚

任务六　冷却系的检修

任务描述

一台丰田卡罗拉轿车仪表温度警告灯不断闪亮。据技师领班的初步判断是冷却系水温过高的故障。请以小组为单位组成维修团队对车辆的故障进行故障检修。

任务分析

学习目标：

1. 熟悉冷却系的功用与组成。
2. 能正确说出发动机冷却系水路的大小循环。

3. 学会正确使用工具对冷却系进行正确拆装。
4. 能够对润滑系各零件进行正确的检修。

工作过程与学习活动：

1. 相关资讯（发动机冷却系相关知识）
2. 任务准备（维修手册、学习材料、工具）
3. 任务实施（发动机冷却系的检修）
4. 任务拓展（水冷却系常见故障的诊断与排除）

相关资讯

发动机冷却系相关知识

一、冷却系的功用

冷却系的功用是将发动机中受热零件吸收的部分热量及时散发出去，使工作中的发动机得到适度的冷却，从而保持在最适宜的温度范围内工作。另外，冷却系统还为暖风系统提供热源。

冷却系按照冷却介质不同可以分为水冷却系和风冷却系。水冷却系以水作为冷却介质，风冷却系以风作为冷却介质。目前现代汽车多采用封闭式强制循环水冷却系，即用水泵强制地使冷却液在冷却系中进行循环流动，使发动机中高温零件的热量先传给冷却液，然后散发到外界空气中。

二、冷却系的组成

水冷却系由水泵、散热器、膨胀水箱、节温器、冷却风扇等部件组成，如图 6—1 所示。

1. 水泵

水泵的功用是对冷却液加压，强制冷却液在冷却系统中循环流动。水泵一般安装在机体外，与风扇同轴驱动，也有装在机体内（内藏式）单独驱动的。

现代汽车发动机通常采用离心式水泵，离心式水泵具有结构简单、尺寸小、排水量大、维修方便等优点。当水泵由于故障而停止工作时，也不妨碍冷却液在冷却系内的自然循环。离心式水泵主要由壳体、叶轮、泵盖板、水泵轴、支承轴承、水封等组成，如图 6—2 所示。

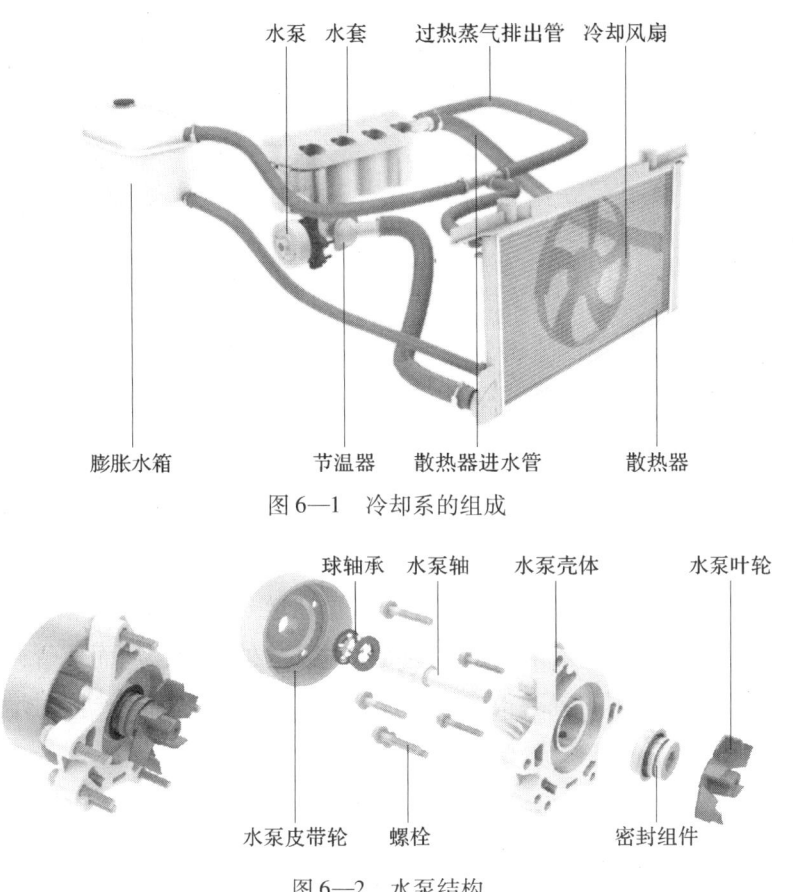

图 6—1 冷却系的组成

图 6—2 水泵结构

离心式水泵的工作原理是：当水泵工作时叶轮旋转，水泵中的水被叶轮带动一起旋转，在离心力作用下向叶轮边缘甩出，经与叶轮成切线方向的出水管压送到发动机的水套内。与此同时，叶轮中心处造成一定的负压而将水从进水管吸入，如此连续地作用，使冷却液在水路中不断地循环。

2．散热器

散热器的功用是增大散热面积，使水套中出来的热水得到迅速冷却，以保持发动机的正常水温。散热器的主要组成部件有上储水室、下储水室、散热器芯（包括冷却管和散热带）和散热器盖等，如图 6—3 所示。

（1）上储水室和下储水室。上储水室顶部有加水口，平时用散热器盖盖住，并装有进水软管，与发动机的出水管相连。下储水室有出水管，用软管与水泵进水口相连。一般在下储水室中还装有放水阀。由发动机出水管流出的温度较高的热水进入上储水室，经散热器冷却管散热冷却后流入下储水室，由散热器出水管流出后被吸入水泵。

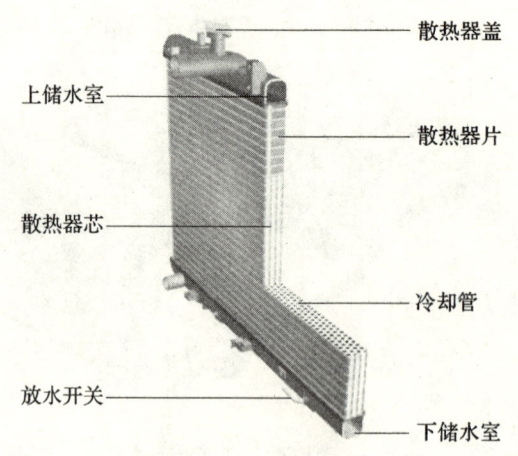

图6—3 散热器结构

（2）散热器芯。散热器芯的结构形式很多，常用的有管片式和管带式，如图6—4所示。散热器芯由许多扁圆形的冷却管和散热片组成。冷却管焊接在上、下储水室之间，作为冷却液的通道。空气吹过管的外表面，从而使管内流动的水得到冷却。冷却管周围布置了很多散热片，用来增加散热面积，同时增加整个散热器的刚度和强度。

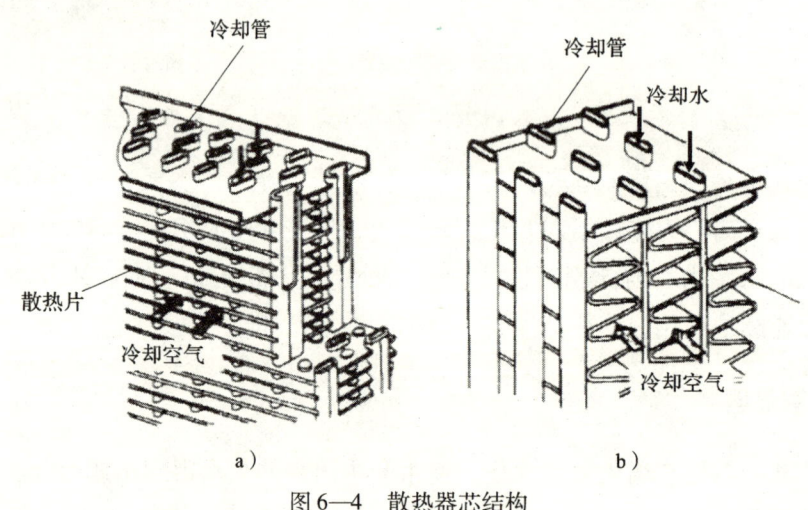

图6—4 散热器芯结构
a）管片式 b）管带式

（3）散热器盖。现代汽车发动机多采用封闭式水冷却系，这种冷却系的散热器盖上装有一个空气阀和一个蒸汽阀，如图6—5所示，对冷却系有密封加压作用。发动机处于正常热态时，阀门关闭，可将冷却系与大气隔开，防止水蒸汽逸出，使系统内压力稍高于大气压力，从而提高冷却液的沸点，保证发动机能够在较长时间及较高负荷下工作。如图6—6所示，当散热器中压力升高到一定压力

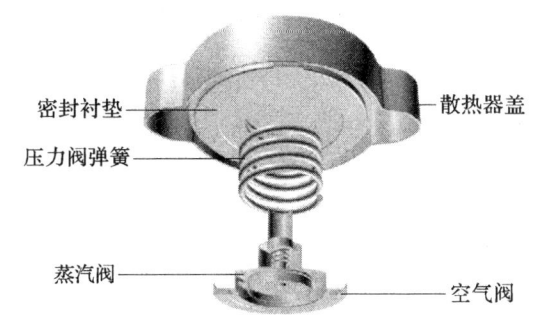

图 6—5 散热器盖

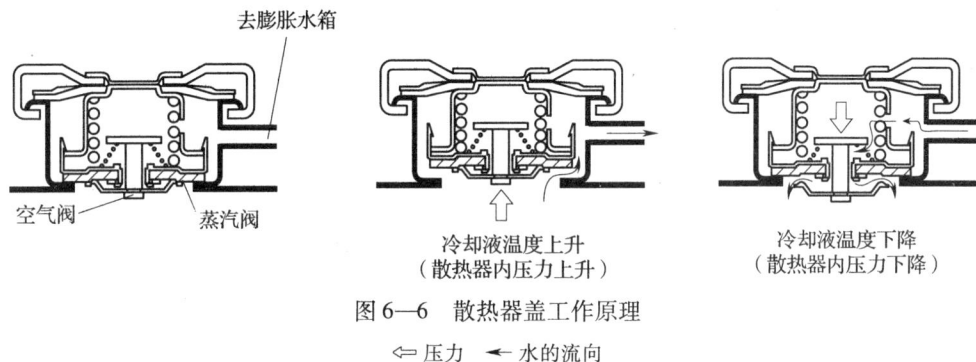

图 6—6 散热器盖工作原理
⇦ 压力 ← 水的流向

时，蒸汽阀便开启，使水蒸气从通气孔排出，以防热膨胀压坏散热器芯管；当水温降低，冷却系中蒸汽凝结为水，散热器内形成一定真空时，空气阀开启，空气从通气孔进入冷却系，避免压力差将散热器芯管压瘪。

3. 膨胀水箱

加注防锈、防冻液的汽车发动机常采用膨胀水箱。如图 6—7 所示，发动机工作使冷却液温度升高并膨胀，使散热器内压力上升。当压力达到规定值以上时，一部分冷却液流回膨胀水箱以保持散热器内压力。停车时，冷却液温度降低，散热器内压力下降，膨胀水箱内的冷却液受大气压的作用流回散热器。

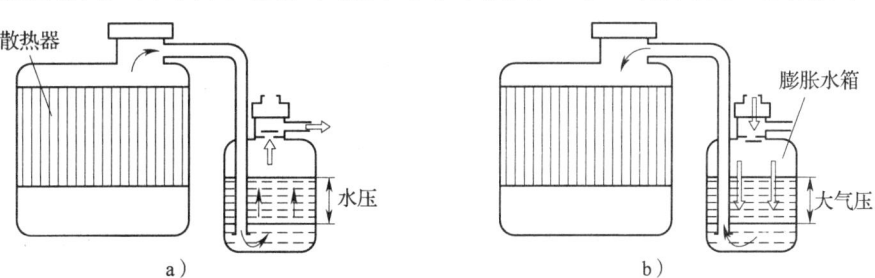

图 6—7 膨胀水箱原理
a）散热器内压力上升 b）散热器内压力下降
← 水的流向 ⇦ 空气

如图6—8所示，膨胀水箱多用半透明材料（如塑料）制成，透过箱体可直接观察到冷却液的液面高度，无需打开散热器盖，冷却液的液面高度应在MAX与MIN之间。

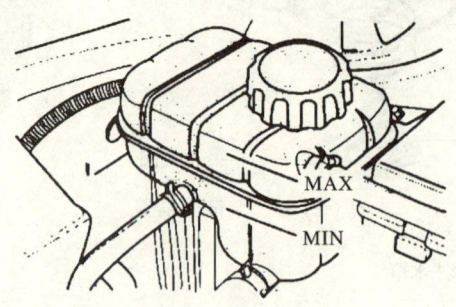

图6—8　膨胀水箱结构

4. 节温器

节温器安装在冷却水循环的通路中（一般安装在汽缸盖的出水口）。其功用是，根据发动机负荷的大小和水温的高低自动改变水的循环流动路线，以达到调节冷却系冷却强度的目的。

目前，汽车发动机广泛采用蜡式节温器。节温器推杆的一端固定于支架的中心处，另一端插入胶管的中心孔中。胶管与节温器外壳之间形成的腔体内装有精制石蜡，如图6—9a所示。

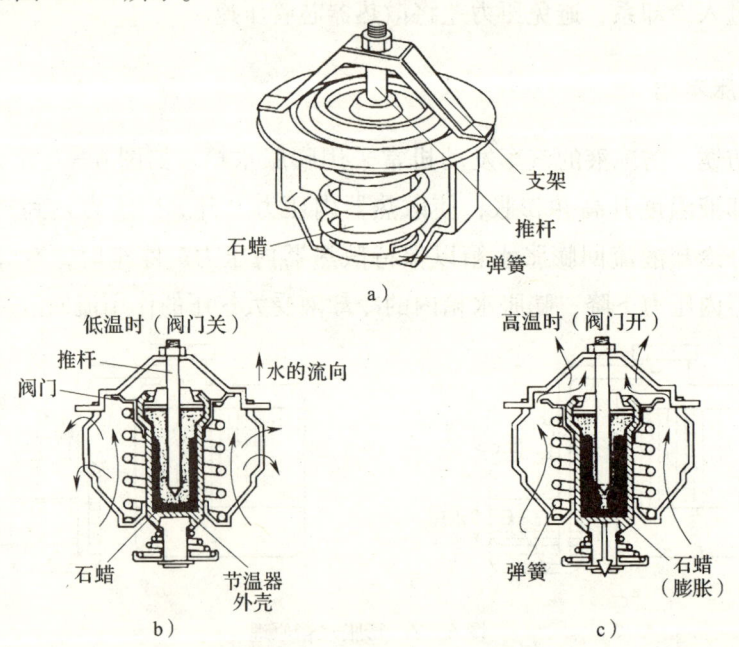

图6—9　节温器结构及工作原理
a）节温器结构　b）小循环　c）大循环

蜡式节温器的工作原理如下：

（1）如图6—9b所示，当水温低于76℃时，主阀门完全关闭，副阀门完全开启，由汽缸盖出来的水经旁通管直接进入水泵，故称小循环。由于水只是在水泵和水套之间流动，不经过散热器，且流量小，所以冷却强度弱。

（2）如图6—9c所示，当发动机水温达到76℃时，石蜡逐渐变成液态，体积随之增大，迫使橡胶管收缩，从而对中心杆下部锥面产生向上的推力。由于杆的上端固定，故中心杆对橡胶管及感应体产生向下的反推力，克服弹簧张力使主阀门逐渐打开，副阀门开度逐渐减小。由于水流经水泵、散热器和水套，故称大循环。由于经过散热器冷却，所以冷却强度强。

5. 冷却风扇

冷却风扇的功用是提高流经散热器的空气流速和流量，以增强散热器的散热能力并冷却发动机附件。当风扇转动时，对空气产生轴向吸力，空气流从前到后通过散热器芯，从而使散热器芯中的冷却水加速冷却。

冷却风扇的扇风量与风扇的直径、转速、叶片形状、叶片安装角度以及叶片数目有关。

轿车发动机上大多采用电动冷却风扇。电动冷却风扇系统一般由温度传感器、风扇、电动机等组成，如图6—10所示。根据冷却液温度变化，风扇断续工作，从而提高了整车的经济性能。电动冷却风扇具有能耗低、噪声小等优点。

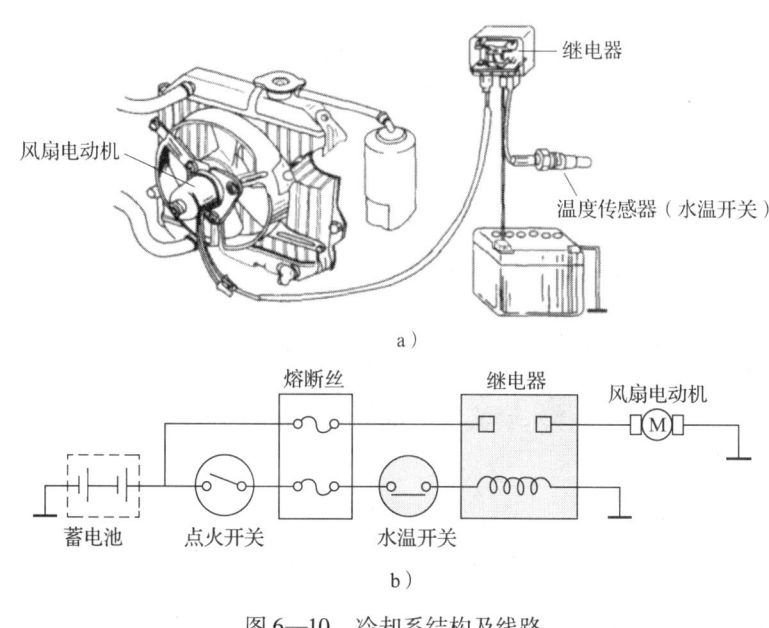

图6—10 冷却系结构及线路
a）结构 b）电动机配线图

三、冷却系的循环水路

发动机工作时，水泵将冷却液压入发动机汽缸体水套，然后流入汽缸盖水套吸收机体的热量。此后，为保证发动机在不同负荷、不同转速和气候环境下能够具有正常的工作温度，发动机的冷却液循环方式随发动机的工作温度的变化而改变，如图6—11所示。而控制冷却液循环方式的则由装在缸盖出水管或水泵进水管上的节温器进行控制。

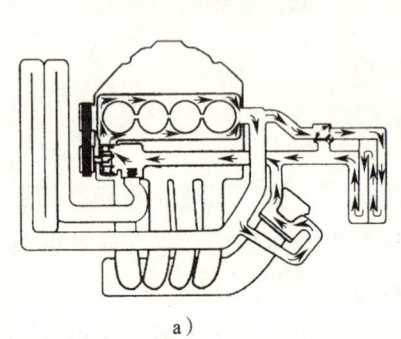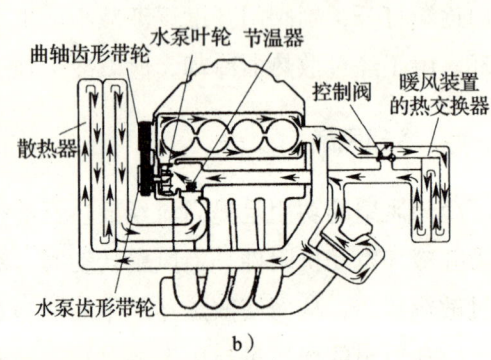

图6—11 冷却系循环
a) 冷却系小循环 b) 冷却系大循环

小循环：当发动机水温较低时，节温器的主阀门关闭，副阀门开启，即冷却液从水泵流出，经水套→节温器→水泵→水套进行循环，冷却液不经散热器冷却。当冷却液的温度低于76℃时，进行小循环。

大循环：当发动机水温较高时，节温器的主阀门开启，副阀门关闭，即冷却液从水泵流出，经水套→节温器→散热器→水泵→水套进行循环，经散热器冷却。当冷却液的温度高于76℃时，进行大循环。

混合循环：当节温器主阀门未完全关闭，副阀门未完全关闭时，大、小循环的特点都有，但循环时间较短。

车上的暖风装置也利用冷却液带出的热量来达到取暖目的。当需要取暖时，打开暖气控制阀，从汽缸体水套流出的部分冷却液可流入暖风热交换器供暖，随后流回水泵。

四、冷却液

冷却液是发动机冷却系中最重要的工作介质，汽车常用的冷却液有冷却水和加有防冻剂的防冻冷却液。

1. 冷却水

冷却水即直接用水作冷却液，它具有简单、方便的优点。但是，水沸点低、易蒸发，需经常添加。冷却液最好选用软水，即含盐分少的水，如雨水、雪水、自来水等，否则，易在水套内形成水垢，从而降低汽缸盖和汽缸体的传热性能，使发动机过热。水在严寒冬季易结冰，过夜必须放水，否则会因为结冰时体积膨胀造成胀裂汽缸体、汽缸盖的严重事故。

2. 防冻冷却液

防冻冷却液主要由防冻剂与水按一定比例混合而成，最常用的防冻剂是乙二醇，乙二醇可降低冰点和提高沸点。冷却液中水与乙二醇的比例不同，其冰点也不同。有些车型使用的防冻冷却液中还加有添加剂，添加剂可防止冷却液腐蚀、沉积（水垢）、形成泡沫和过热。

防冻冷却液有不同的牌号，应按汽车使用说明书中的规定选用和定期更换防冻冷却液。

提示：

不同牌号的防冻冷却液不可混用。

任务准备

1. **资料准备**

准备卡罗拉发动机的《维修手册》《汽车发动机构造与维修》学材（工作页）。

2. **工具准备**

准备52件套套筒扳手、数字万用表。

任务实施

一、检查冷却系的泄漏，冷却液液位和质量，散热器叶片及冷却风扇

提示：

在电动冷却风扇或散热器护栅附近操作时，须确认点火开关转到OFF。点火开关转到ON的情况下，如果发动机冷却液温度高或空调打开，则电动冷却风扇会自动开始运转。

步骤1：检查冷却系是否泄漏。

提示：

不要在发动机和散热器总成都很热的情况下拆下散热器盖分总成，以避免被烫伤。热膨胀会导致高温的发动机冷却液和蒸汽从散热器总成中释放出来。

（1）给散热器总成加注发动机冷却液，并接上散热器盖测试仪。

（2）如图6—12所示，抽吸散热器盖测试仪，直至压力达到137 kPa，然后检查并确认压力未下降。

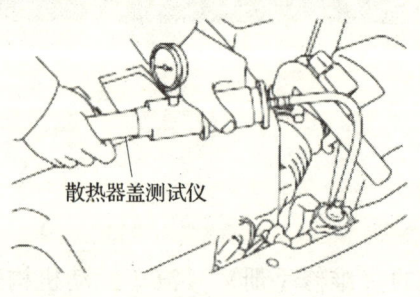

图6—12

如果压力下降，应检查软管、散热器总成和水泵总成是否泄漏。如果外部没有发动机冷却液泄漏的迹象，应检查散热器芯、汽缸体和汽缸盖。

步骤2：检查储液罐中的发动机冷却液液位。发动机冷机时，发动机冷却液液位应该处于低液位和满液位之间。如果发动机冷却液液位低于低液位，检查是否存在泄漏，并添加"丰田超长效冷却液"或类似的不含硅酸盐、胺、亚硝酸盐和硼酸盐并且基于长效混合有机酸技术的优质乙二醇冷却液至满液位。

步骤3：检查发动机冷却液质量。

（1）拆下散热器盖分总成。

提示：

不要在发动机和散热器总成都很热的情况下拆下散热器盖分总成，以避免被烫伤。热膨胀会导致高温的发动机冷却液和蒸汽从散热器总成中释放出来。

（2）检查散热器盖分总成和散热器加注口周围是否有过多的锈斑或水垢沉积。发动机冷却液中不能含有机油。如果发动机冷却液太脏，应更换冷却液。

（3）重新安装散热器盖分总成。

步骤4：检查散热器叶片是否堵塞。如果叶片堵塞，用水或蒸汽清洁器清洗，并用压缩空气使其干燥，如图6—13所示。

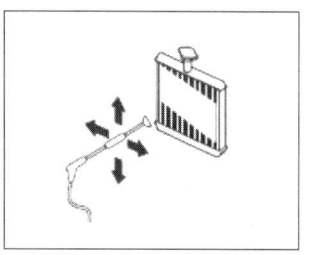

图6—13

提示：

● 为避免损坏叶片，喷射方向应对准散热器芯表面。

● 如果蒸汽清洁器和散热器芯之间的距离太近，有可能损坏叶片，所以喷射距离应执行表6—1要求。

表6—1　　　　　　　　　喷射距离

喷射压力	喷射距离
2.942~4.903 kPa	300 mm
4.903~7.845 kPa	500 mm

● 如果叶片弯曲，用旋具或钳子将其扳直。

● 不要让电子组件暴露在水中。

步骤5：检查冷却风扇在低温（低于83℃）状态下的工作情况。

（1）空调开关关闭时，将点火开关转到ON。

（2）检查并确认冷却风扇是否工作。如果不工作，则检查冷却风扇继电器和发动机冷却液温度传感器，并检查它们之间的连接器是否断开或线束是否断裂。

（3）断开发动机冷却液温度传感器连接器。

（4）检查并确认冷却风扇是否旋转。如果不旋转，则检查熔丝、冷却风扇继电器、ECM和冷却风扇，并检查冷却风扇继电器和发动机冷却液温度传感器之间是否存在开路。

(5) 重新连接发动机冷却液温度传感器连接器。

步骤6：检查冷却风扇在高温（高于93℃）状态下的工作情况。

(1) 起动发动机并关闭空调开关，然后将发动机冷却液温度升到高于93℃。

提示：

汽缸盖上的发动机冷却液温度传感器检测冷却液温度。

(2) 检查并确认冷却风扇是否旋转。如果不旋转，则检查发动机冷却液温度传感器、冷却风扇、线束和连接器。

二、更换冷却液

提示：

在电动冷却风扇或散热器护栅附近操作时，须确认点火开关转到OFF。点火开关转到ON的情况下，如果发动机冷却液温度高或空调打开，则电动冷却风扇会自动开始运转。

步骤1：排出发动机冷却液。散热器放水龙头塞、散热器盖分总成、汽缸体排放龙头塞位置如图6—14所示。

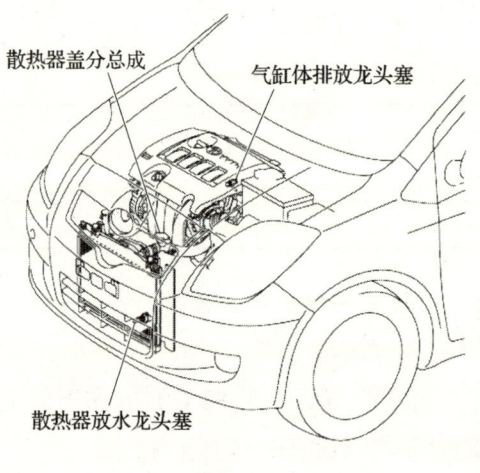

图6—14

提示：

不要在发动机和散热器总成都仍很热的情况下拆下散热器盖分总成，以避免被烫伤。热膨胀会导致高温的发动机冷却液和蒸汽从散热器总成释放出来。

(1) 松开散热器放水龙头塞。

(2) 拆下散热器盖分总成。

(3) 松开汽缸体排放龙头塞，然后排出冷却液。

步骤2：添加发动机冷却液。

（1）拧紧所有塞子。

（2）向散热器总成加注发动机冷却液，直到完全注满为止。

提示：

- 不要用水代替发动机冷却液。
- 使用不正确的发动机冷却液可能会损坏发动机冷却系统。
- 仅可使用"丰田超长效冷却液"或类似的不含硅酸盐、胺、亚硝酸盐和硼酸盐，并且基于长效混合有机酸技术的优质乙二醇冷却液（基于长效混合有机酸技术的冷却液是由低磷酸盐和有机酸组合而成的）。

（3）用手挤压散热器进水软管和出水软管若干次，以检查散热器总成内的发动机冷却液液位。如果发动机冷却液液位下降，则添加发动机冷却液。

（4）牢固地安装散热器盖分总成。

（5）缓慢向散热器水箱加注发动机冷却液，直到注满为止。

（6）排出冷却系统中的空气。

1）使发动机暖机直到节温器开启。节温器开启时，使冷却液循环几分钟。

提示：

可用手按压散热器进水软管来确认节温器的开启正时，并检查发动机冷却液开始流向软管的时间。

2）将发动机转速保持在 2 500~3 000 rpm。

3）用手按压散热器进水软管和出水软管若干次，以排出空气。

提示：

- 按压散热器软管时戴上防护手套。
- 散热器软管很烫，操作时须非常小心。
- 双手远离散热器风扇。

（7）使发动机停机，等待冷却液冷却。

（8）如果发动机冷却液液位低于满液位，再次执行步骤（2）~（7），重复此操作直到发动机冷却液液位处于满液位。

（9）重新检查散热器水箱总成中的发动机冷却液液位。如果冷却液液位低于满液位，则添加发动机冷却液。

步骤3：检查发动机冷却液是否泄漏。

三、检查水泵

水泵位置如图6—15所示。

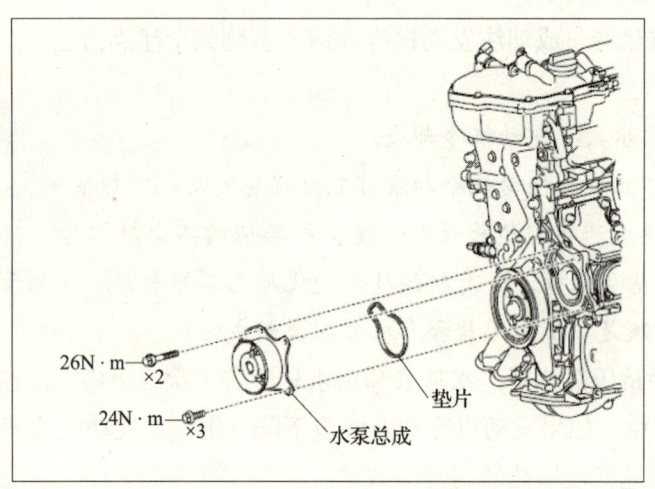

图 6—15

步骤1：拆卸发动机下盖 RH。

步骤2：拆卸 2 号汽缸盖罩。

步骤3：拆卸风扇和发电机 V 形皮带。

步骤4：检查水泵总成。

（1）如图 6—16 所示，转动皮带轮，检查并确认水泵轴承平稳和安静地转动，必要时更换水泵总成。

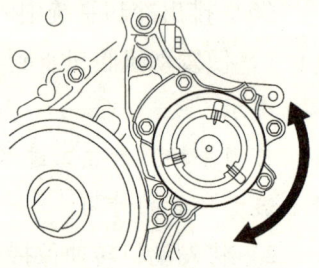

图 6—16

（2）确保冷却液未滴到水泵外壳上，必要时更换水泵总成。

步骤5：安装、调整、检查风扇和发电机 V 形皮带。

步骤6：安装 2 号汽缸盖罩。

步骤7：安装发动机下盖 RH。

四、拆装水泵总成

步骤1：拆卸发电机总成。

步骤2：拆卸水泵总成。

（1）如图 6—17 所示，拆下 5 个螺栓和水泵总成。

（2）如图 6—18 所示，从正时链盖上拆下水泵垫片。

步骤3：安装水泵总成。

（1）将新水泵垫片安装到正时链盖上。

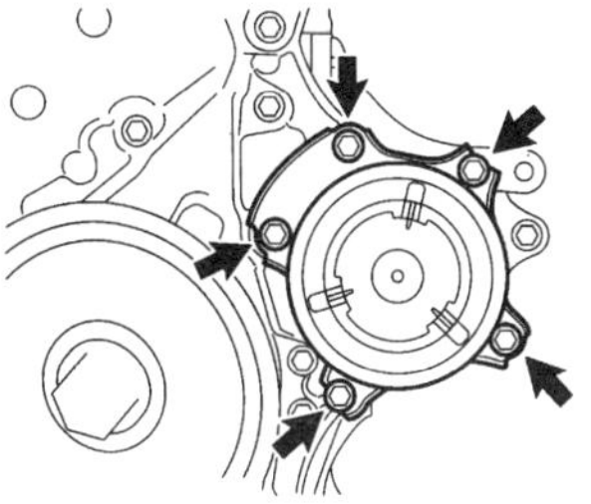

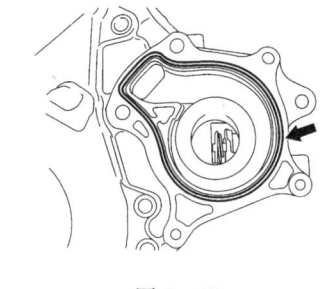

图 6—17

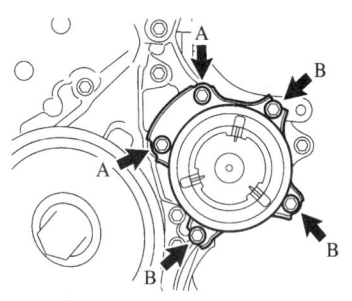

图 6—18

提示：

确保安装表面清洁。

（2）如图 6—19 所示，用 5 个螺栓安装水泵总成。

扭矩：26 N·m（螺栓 A），24 N·m（螺栓 B）。

螺栓长度见表 6—2。

表 6—2　　　　　　　　螺栓长度

项目	长度
螺栓 A	35 mm
螺栓 B	18 mm

图 6—19

步骤 4：安装发电机总成。

五、拆装和检查节温器

步骤 1：排出发动机冷却液。

步骤 2：如图 6—20 所示，拆下 2 个螺母，然后从汽缸体上分离带散热器软管的进水口。

步骤 3：拆卸节温器。

（1）如图 6—21 所示，从汽缸体上拆下节温器。

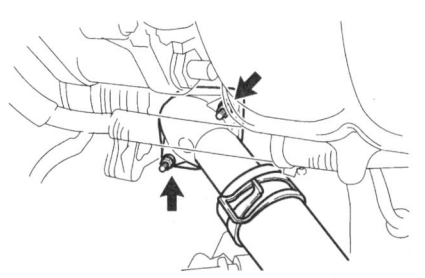

图 6—20

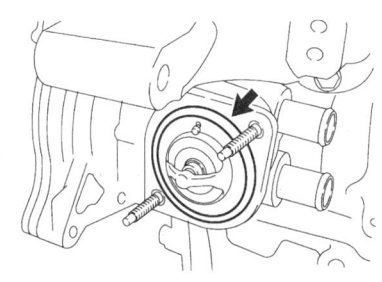

图 6—21

（2）从节温器上拆下垫片。

步骤4：检查节温器。

提示：

如图6—22所示，节温器上记录了阀门开启温度。

（1）如图6—23所示，将节温器浸没在水中，逐渐将水加热。

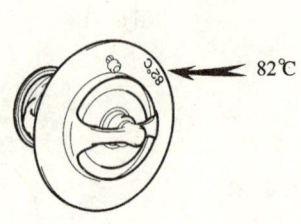

图6—22

图6—23

（2）检查节温器的阀门开启温度。如果阀门开启温度不符合规定，应更换节温器。

阀门开启温度：80~84℃。

（3）检查阀门升程。如图6—24所示，如果阀门升程不符合规定，应更换节温器。

阀门升程：95℃时为10 mm或更大。

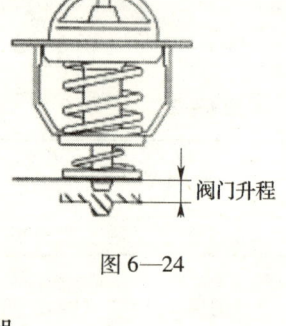

图6—24

（4）节温器在低温状态（低于77℃）下时，检查并确认阀门完全关闭。如果没有完全关闭，应更换节温器。

步骤5：安装节温器。

（1）将新垫片安装到节温器上。

（2）安装节温器，使跳阀向上。

提示：

如图6—25所示，跳阀应设定在任意一侧的10°以内。

步骤6：如图6—26所示，用2个螺母安装带散热器软管的进水口。扭矩为10 N·m。

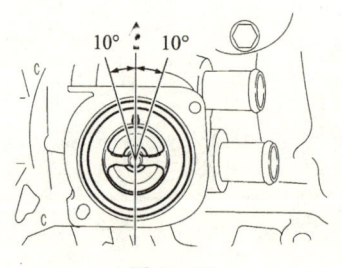

图6—25

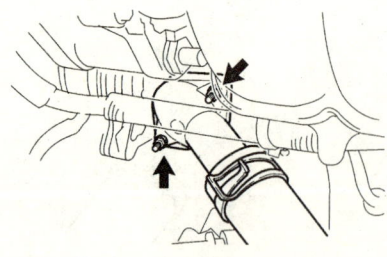

图6—26

步骤7：添加发动机冷却液，并检查发动机冷却液是否泄漏。

六、检查冷却风扇电动机

步骤1：断开冷却风扇电动机连接器。

步骤2：将冷却风扇电动机连接器连接到蓄电池上，然后检查并确认冷却风扇电动机平稳转动。

步骤3：如图6—27所示，根据表6—3中的值测量电流。

步骤4：连接冷却风扇电动机连接器。

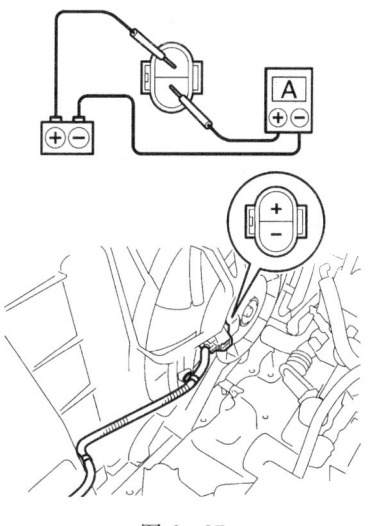

图6—27

表6—3　　　　　标准电流值

IT-II连接	条件	规定条件
1（+）-2（-）	12 V	10.2~14.4 A

七、检查2号冷却风扇继电器电阻

如图6—28所示，根据表6—4中的值测量电阻。如果结果不符合规定，则更换2号冷却风扇继电器。

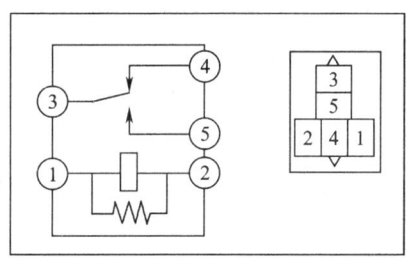

图6—28

表6—4　　　　　标准电阻值

IT-II连接	条件	规定条件
3-4	不施加蓄电池电压时	低于1 Ω
3-4	在端子1和2之间施加蓄电池电压时	10 kΩ或更高
3-5	不施加蓄电池电压时	10 kΩ或更高
3-5	在端子1和2之间施加蓄电池电压时	低于1 Ω

八、检查散热器盖分总成

即测量散热器盖阀门开启压力。

步骤1：如图6—29所示，如果在橡胶密封件1、2或3上有水垢或异物，直接用手刷洗。

步骤2：检查并确认橡胶密封件1、2和3无变形、破裂或膨胀。

步骤3：检查并确认橡胶密封件3和4没有黏到一起。

步骤4：在使用散热器盖测试仪之前在橡胶密封件2和3上涂抹发动机冷却液。

步骤5：如图6—30所示，使用散热器盖测试仪时，将它倾斜30°以上。

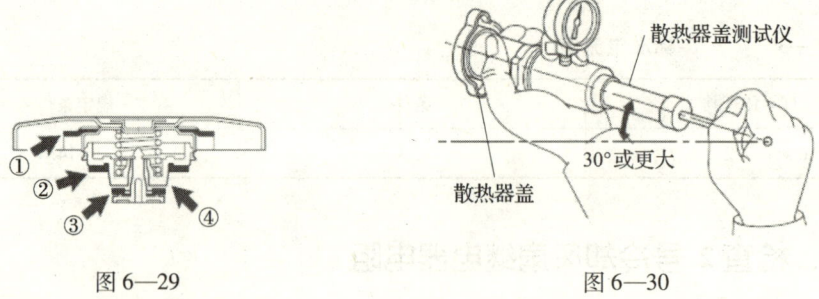

图6—29　　　　　　　　　　　图6—30

步骤6：抽吸散热器盖测试仪若干次，并检查最大压力（即使散热器盖不能保持最大压力，也不是故障）。如果最大压力低于规定的标准阀门最小值，则更换散热器盖分总成，判断标准见表6—5。

抽吸速度：每秒抽吸1次。

表6—5　　　　　　　　　　散热器盖测试仪压力

项目	规定条件
标准阀门（全新散热器盖）	93.3～122.7 kPa
标准阀门最小值（用过的散热器盖）	78.5 kPa

任务拓展

水冷却系常见故障的诊断与排除

冷却系常见故障诊断与排除见表6—6。

表 6—6　　　　　　　　　　冷却系常见故障诊断与排除

故障名称	故障现象	故障原因	诊断与排除
冷却液充足但发动机过热	发动机的冷却液充足，但在行驶中冷却液温度超过 363 K（90℃）（轿车超过 373 K），直至沸腾（俗称"开锅"）；或行驶中冷却液在 363 K（90℃）以上，如一停车，冷却液立刻沸腾	主要原因有两个方面：首先是冷却系的散热能力下降，其次是发动机产生的热量增加 冷却系本身的原因有：冷却风扇装反，或风扇规格不对；风扇皮带太松或因油污而打滑；电动风扇不转，或硅油风扇离合器损坏，使风扇不转或转速过低；散热器出水管老化吸瘪或内壁脱层堵塞；汽缸垫烧穿，或缸盖出现裂缝，使高温气体进入冷却系；节温器失效，使冷却液大循环受阻；水套水垢沉积过多，或分水管堵塞，分水不畅；散热器内芯管堵塞，或散热片倾倒过多；水泵损坏 其他系统的原因有：点火时间过迟；混合气过浓或过稀；燃烧室积炭过多；发动机机油量不足，或机油散热器工作不良	先检查风扇的转动情况及风扇皮带是否打滑，如风扇不转或转速太低，可调整风扇皮带松紧度，或检查硅油风扇离合器，或检查风扇电动机及温控开关的好坏，若损坏则应更换新件；若风扇转动正常，再用手分别感觉散热器和发动机的温度，若散热器温度低，而发动机温度高，说明冷却液循环不良，应检查散热器出水胶管是否被吸瘪，或胶管内壁是否有脱层堵塞，若胶管被吸瘪应更换新管；如散热器出水良好，再拆松散热器进水管，起动发动机试验，冷却液应有力排出，否则说明水泵或节温器有故障，或进一步拆下节温器试验，若散热器的进水管仍不排水，则说明水泵有故障，若拆下节温器后，散热器的进水管变得排水有力了，则故障就在节温器，应换用新件；检查散热器各部温度是否均匀，如果冷热不均，说明散热器内部芯管有堵塞或散热片倾倒过多；若以上检查正常，在冷却液温度过高的同时，发动机动力明显下降，并从散热器的加水口处涌出高温气体或从排气管处排出水蒸气，则应检查汽缸垫是否烧坏；对于长期未清洗水垢的发动机，若出现过热无法排除时，应考虑水套内积垢太多，可采用化学溶剂法清洗水垢 此外，还应检查是否由其他系统的原因引起过热

续表

故障名称	故障现象	故障原因	诊断与排除
冷却液不足引起发动机过热	水泵容纳不了规定的冷却液量，或在运行中冷却液消耗异常，使发动机过热	冷却水套或散热器积垢过多或堵塞；散热器漏水；散热器盖的进、排气阀失效；水泵水封不良或叶轮密封垫圈磨损甚而漏水；冷却系其他部位漏水；汽缸垫水道孔与汽缸相通；个别进气通道破裂漏水；气门室内壁破裂漏水	在发动机运转时，首先检查冷却系外部是否漏水，可通过紧固排除漏水部位；水泵泄水孔漏水，常被误认为散热器出水管漏水，可用一干燥洁净木条伸到水泵的泄水孔处，若木条上有水，则说明水泵漏水；若外部不漏水，则应考虑为冷却系内部漏水，若发动机运转，排气管排出大量的水蒸气，或拔出机油尺发现机油中有冷却液，则为水套破裂或汽缸垫水道孔破损，致使冷却液漏入曲轴箱、汽缸或进、排气道内
发动机突然过热	冷车起动后，发动机冷却液温度迅速升高而产生沸腾现象或汽车行驶中发动机突然过热	风扇皮带断裂；水泵轴与叶轮脱转；冷却系严重漏水；节温器主阀门脱落致使冷却液不能进行大循环；汽缸垫烧穿，或缸盖出现裂缝，高温气体进入冷却系	若汽车在行驶中发动机突然过热，且冷却液沸腾，切莫使发动机立即熄火，应急速运转散热 5 min，待冷却液温度下降后，再补加冷却液。首先检查冷却液数量是否充足，再检查风扇是否转动，若风扇停转，应察看风扇皮带是否断裂、硅油风扇离合器或电磁式风扇离合器是否损坏，若为电动风扇，应检查冷却液温度开关、冷却风扇电动机及其电路是否损坏；若风扇运转正常，冷却液数量足够，可用手感觉散热器和发动机的温度，如发动机温度很高，而散热器温度很低，说明水泵损坏或节温器失灵；若冷态发动机起动后，水箱口立即向外溢水并排出大量气泡，呈现冷却液沸腾状态，多为汽缸套、汽缸盖出现裂纹或汽缸垫烧蚀，使高温高压气体窜入水套所致，此时应分解缸盖、缸体，焊修裂纹或更换汽缸套、汽缸垫

任务七　发动机组装与验收

任务描述

一台丰田卡罗拉轿车发动机需进行解体检修，要求把发动机进行组合装配，并完成发动机竣工验收相关手续。

任务分析

学习目标：

1. 熟悉发动机的组成。
2. 能正确说出发动机的装配顺序。

3. 能正确说出发动机磨合的必要性和工艺规范。
4. 熟悉发动机竣工验收的技术条件。

工作过程与学习活动：

1. 相关资讯（发动机竣工验收的过程和技术条件相关知识）
2. 任务准备（维修手册、学材、工具）
3. 任务实施（发动机总成装配）

相关资讯

发动机竣工验收的技术条件

一、发动机维修竣工的技术条件

发动机大修后经过冷磨合、热磨合，试验检测合格，即可进行竣工验收。发动机验收必须按汽车修理技术标准中的有关规定执行。

1. 一般技术要求

（1）装备齐全，按规定完成了发动机磨合，无漏油、漏水、漏气、漏电现象。
（2）加注的润滑油量、牌号以及润滑脂符合原厂规定。
（3）无异响，急加速时无爆燃声，消声器无放炮声、工作中无异响。
（4）润滑油压力和冷却液温度正常。
（5）汽缸压力符合原厂规定，各缸压力差，汽油发动机应不超过各缸平均压力的8%，柴油发动机不超过10%。
（6）四冲程汽油发动机转速在500~600 r/min 时，以海平面为准。进气歧管真空度应在57.2~70.5 kPa 范围内，其波动范围为，六缸机不超过3.5 kPa，四缸机不超过5 kPa。

2. 主要使用性能

（1）发动机在正常工作温度下，5 s 内能起动。柴油发动机在5℃，汽油发动机在-5℃环境下，起动顺利。
（2）加速灵敏，过渡圆滑，怠速稳定，各工况工作平稳。
（3）最大功率和最大转矩不低于原厂规定的90%。

（4）最低燃料消耗率不高于原厂规定。

（5）发动机排放限值：汽油发动机排放应符合《点燃式发动机汽车排气污染物排放限值及测量方法（双怠速法及简易工况法）》（GB 18285—2005）的相关规定；柴油发动机排放应符合《车用压燃式发动机和压燃式发动机汽车排气烟度排放限值及测量方法》（GB 3847—2005）的相关规定。

（6）二级维护竣工的发动机除装备齐全、有效之外，还必须进行性能检测。要求能正常起动，低、中、高速运转均匀、稳定，水温正常，加速性能好，无断火、回火、放炮等现象。发动机运转稳定后应无异响。无负荷功率不小于额定值的80%。

（7）电子控制系统的设置应正确无误：自检警告灯应显示系统正常，或通过系统自诊断功能读取的故障码应为正常码。

二、发动机磨合

发动机磨合是维修工艺过程的一个重要工序，通过磨合可提高零件摩擦表面的配合质量、耐磨性、疲劳强度和抗腐蚀性能，同时能及时发现和清除在零件维修和装配中由于偏离技术条件而引起的一些缺陷，磨合过程可以扩大配合表面的实际接触面积，增大配合间隙，降低配合表面的粗糙度，降低摩擦阻力，提高零件的承载能力，达到恢复和提高发动机动力性、经济性、工作可靠性和延长发动机使用寿命的目的。因此，发动机装配完成后应进行科学的磨合，未经磨合的发动机是不允许投入使用的。

发动机的磨合过程分为两个阶段：第一阶段是出厂前在台架上进行的磨合，包括冷磨合与热磨合。冷磨合是由外部动力驱动总成或机构的磨合，而发动机自行运转的磨合则称为热磨合。发动机冷磨合与热磨合目的是细化发动机在修理、装配中各零件间摩擦表面的粗糙度，以获得更为良好的配合；第二阶段是发动机装车出厂后，在汽车运行过程中进行的磨合，一般称为汽车走合。本书主要介绍汽车修理厂对发动机进行的冷磨合和热磨合。

发动机的磨合质量在材料、结构、装配质量等条件已定的情况下，主要取决于磨合时期的转速、载荷、磨合时间和润滑油品质。发动机的生产厂家一般规定有磨合规范，其中主要规定了磨合转速、载荷和磨合时间等。

1. **发动机冷磨合**

发动机的冷磨合是依靠外力带动发动机以不同的转速运转，在惯性负荷作用下实现磨合的方法。

（1）冷磨合转速。发动机冷磨合的转速不是固定不变的，是根据发动机的技术状况和使用润滑油黏度来进行选择的。冷磨合起始转速一般选用400～600 r/min，终止转速为1 200～1 400 r/min。如果起始转速过低，由于曲轴溅油能力不足，机油泵输油压力过低，难以满足配合副的很大摩擦阻力和摩擦热对润滑、冷却和清洁能力的需求，极易造成配合副破坏性损伤。而由于高摩擦阻力和高摩擦热的限制，起始转速也不能过高。

发动机磨合的关键是汽缸与活塞环、活塞和曲轴与轴承等配合副的磨合。配合面上的载荷主要由活塞连杆组的质量和离心力形成，据实验证明，在转速为1 200～1 400 r/min范围内，单位面积上的载荷最大。超过或低于此转速，载荷都会减小，均会影响磨合效果。

目前，汽车发动机磨合转速多采取四级调速，每级磨合规范的转速间距为200～400 r/min。在每级转速下，随着表面质量的改善，磨损率逐渐下降至平衡状态。无级调速磨合效率低，为了提高磨合效率．故采取有级调速。

(2) 冷磨合载荷。单靠活塞连杆组所产生的载荷显然不够，磨合效率低。实践证明，装好汽缸盖，堵死火花塞螺孔，借助汽缸的压缩压力来增加冷磨载荷是极为有益的。

(3) 冷磨合时间。冷磨时间的长短应根据零件加工质量和装配情况而定，加工表面粗糙度小，时间可缩短，反之则延长。一般情况下，每级不超过60 min的运转。

(4) 冷磨合的润滑。现行的冷磨合润滑方式有自润滑、油浴式润滑和机外润滑。实践证明，机外润滑方式最佳，对提高磨合效率极为有利。所谓机外润滑，是指由专门的泵送系统将专门配制的黏度较低、硫化极性添加剂含量高的专用发动机润滑油，以较大的流量送入发动机进行润滑的润滑方式。这种方式不但使摩擦表面松软，加速磨合过程，而且润滑、散热以及清洁能力很强，还可以提高磨合过程的可靠性。发动机磨合中要按规范及时更换润滑油，防止磨料磨损。

提示：

● 冷磨合过程中应经常检查机油压力表所指示的压力是否正常和各机件的工作情况是否良好，如发现异常，应立即停机检查，查明原因并排除故障后再磨合。

● 冷磨后应将发动机进行部分分解，检查活塞、活塞环与汽缸壁的接触情况。检查曲轴、凸轮轴的轴颈与其轴承（瓦）的磨合是否正常等。排除发现的故障后将发动机全部零件清洗干净，按规定标准全部装复发动机，准备进行热磨合。

2. 发动机热磨合

热磨合是在冷磨合的基础上，以发动机自身产生的动力进行运转磨合试验的过程，通常称为热试。它是为了检查发动机是否达到了应有的装配性能，对发动机油路和电路做必要的调整,同时为发动机做汽车行驶前的走合,以保证发动机的正常使用。热磨合时在台架上进行的检查项目主要有:检查冷却液容量,使之达到上刻度线;检查机油油面,使之达到机油尺的F线上;检查和调整胶带的松紧度。

热磨合分无载热磨合和负载热磨合两种。

(1) 无载热磨合。无载热磨合起始转速与冷磨合终止转速相近,通常为1 000～1 200 r/min,运转时间通常为1 h,磨合原理与冷磨合类似,目的是检查热工况下发动机各部件的配合情况,对发动机进行必要的调整,并消除发现的缺陷,为负载热磨合做准备。

无载热磨合过程中需要检查的项目有:

1) 检查机油压力。

2) 检查发动机水温、机油温度是否正常。

3) 检查并校正点火提前角。

4) 检查发动机有无异响,如有异响,应立即停机检查并予以排除。

5) 检查发动机有无漏油、漏水、漏气和漏电现象。

6) 用断缸法检查各缸工作是否良好。

7) 测量汽缸压力是否正常。要求汽缸压力不低于原厂规定值。各缸的压力差,汽油发动机不超过5%,柴油发动机不超过8%(测量汽缸压力前,先用压缩空气吹净火花塞周围的脏物,再拆下全部火花塞。把汽缸压力表的锥形橡皮头插在被测缸的火花塞孔内,节气门全开。然后用起动机带动曲轴转动3～5 s,记下压力表读数)。

(2) 负载热磨合。负载热磨合必须在有加载设备的专用试验台上进行。负载热磨合的起始转速通常根据能保证发动机主油道有足够的供油压力来确定,一般为800～1 000 r/min。终止转速为额定转速的60%(一般载货汽车发动机)或50%(轻型汽车发动机),柴油发动机为额定转速。其级间转速差为200～400 r/min。

磨合的起始负荷为额定功率的10%～20%。终止负荷为额定功率的80%,其每级间负荷的额定功率差为3.68 kW,每级磨合时间为30～45 min,总磨合时间不少于2 h。

负载热磨合过程中的检查项目有:

1) 检查水温、机油压力和机油温度是否符合规定。

2) 检查发动机在各种工况下运转平稳,无异响,否则应停机排除。

3) 校准点火正时。

发动机负载热磨合后,为保证修理质量,应拆检主要机件。一般拆检项目包括:

1) 检查活塞的接触面是否正常,有无拉毛、起槽等现象。

2）汽缸表面应无拉痕、起槽等现象。

3）活塞环接触面应不小于90%。

4）主轴承和连杆轴承接触面应无起槽和烧结现象。

5）汽缸衬垫应无漏水、漏气现象。

任务准备

1．资料准备

准备卡罗拉发动机的《维修手册》《汽车发动机构造与维修》学材（工作页）。

2．工具准备

准备52件套套筒扳手、曲轴皮带轮专用拆卸工具、机油滤清器专用拆卸工具、14 mm火花塞扳手、油封安装专用工具等；将发动机安装在发动机检修台架上。

任务实施

发动机总成装配

一、安装曲轴箱及油底壳

步骤1：安装加强曲轴箱总成。

（1）在图7—1所示位置连续涂抹密封胶（直径：2.5 mm）。

提示：

- 清除接触面的所有机油。
- 涂抹密封胶后3 min内，安装曲轴箱。
- 安装加强曲轴箱后，至少2 h内不要起动发动机。

（2）如图7—2所示，用11个螺栓安装加强曲轴箱，螺栓长度见表7—1；重新检查螺栓1和2的扭矩；如图7—2所示。扭矩为21 N·m。

（3）用干净的布擦去多余的密封胶。

步骤2：安装发动机后油封。

（1）如图7—3所示，用专用工具SST和锤子均匀敲打油封，直到其表面与后油封座圈边缘齐平。

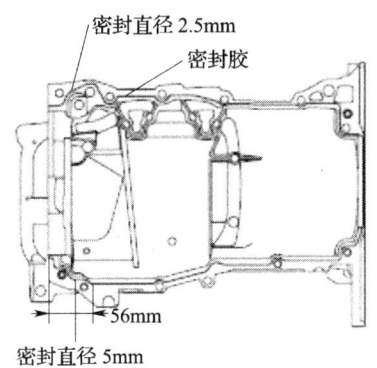
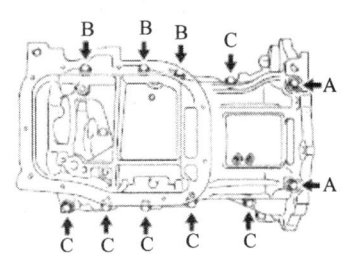

图 7—1　　　　　　　　　　　图 7—2

表 7—1　　　　　　　　　　螺栓长度

项目	长度
螺栓 A	138 mm
螺栓 B	35 mm
螺栓 C	70 mm

提示：

- 使唇口远离异物。
- 不要斜敲油封。

（2）在新油封唇口涂抹通用润滑脂。

提示：

注意在涂抹后要拭去曲轴上多余的润滑脂。

步骤3：如图7—4所示，用3个螺栓安装机油泵。扭矩为21 N·m。

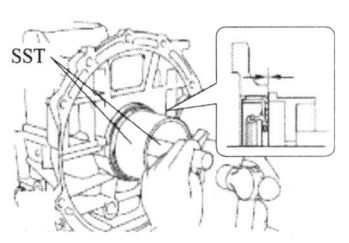
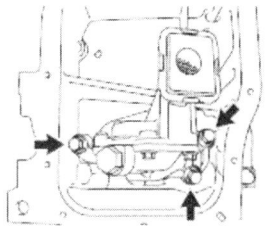

图 7—3　　　　　　　　　图 7—4

步骤4：安装2号油底壳分总成。

（1）清除所有旧的填料，切记不要将油滴在汽缸体和油底壳的接触面上。

（2）如图7—5所示，涂抹一条直径4.0 mm连续的密封胶。

提示：

- 清除接触面的所有机油。

- 涂抹密封胶后 3 min 内安装油底壳。
- 安装油底壳后，至少 2 h 内不要起动发动机。

（3）如图 7—6 所示，用 10 个螺栓和 2 个螺母安装 2 号油底壳。扭矩为 10 N·m。

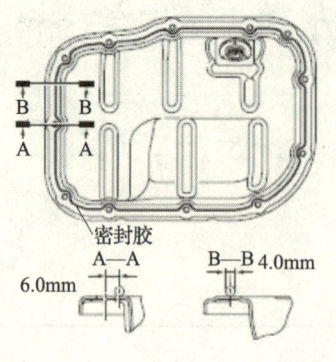

图 7—5

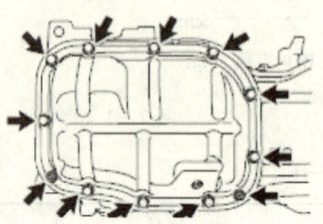

图 7—6

步骤 5：如图 7—7 所示，安装新衬垫和油底壳放油螺塞。扭矩为 37 N·m。

步骤 6：如图 7—8 所示，在放水开关的螺纹上涂抹黏合剂。如图 7—9 所示，安装汽缸体放水开关分总成，扭矩为 20 N·m。然后将放水螺塞安装到放水开关上，扭矩为 13 N·m。

提示：

- 在放水开关紧固至规定扭矩后，继续拧紧放水开关不得超过一圈（360°）。

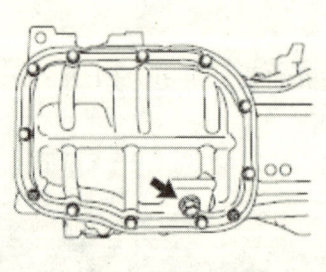

图 7—7

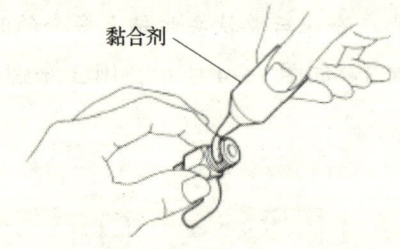

图 7—8

- 在涂抹密封胶后 3 min 内安装放水开关。
- 安装放水开关后，至少 2 h 内不要起动发动机。

步骤 7：如图 7—10 所示，在通风阀的螺纹上涂抹黏合剂；如图 7—11 所示，安装通风阀。扭矩为 20 N·m。

提示：

- 涂抹密封胶后 3 min 内，安装曲轴箱。
- 安装通风阀后，至少 2 h 内不要起动发动机。

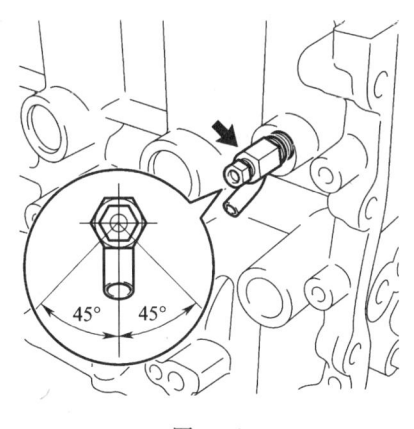

图 7—9

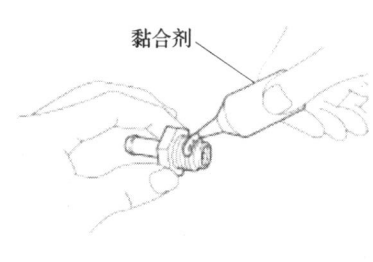

图 7—10

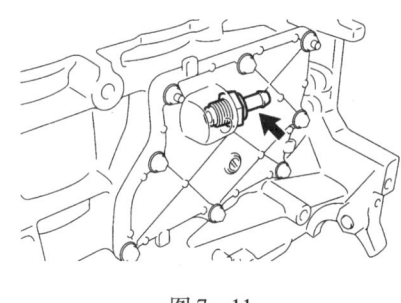

图 7—11

二、安装汽缸盖总成

步骤1：安装汽缸盖衬垫。

（1）如图7—12所示，将新衬垫放在汽缸体表面，并使印有批次号的一面朝上。

提示：

- 清除接触面的所有机油。
- 确保衬垫按正确的方向安装。

步骤2：安装汽缸盖分总成。按图7—13所示顺序，用10 mm的双六角扳手，分几步均匀地安装并紧固10个汽缸盖固定螺栓和平垫圈。扭矩为49 N·m。

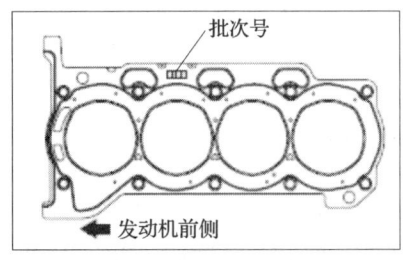

图 7—12

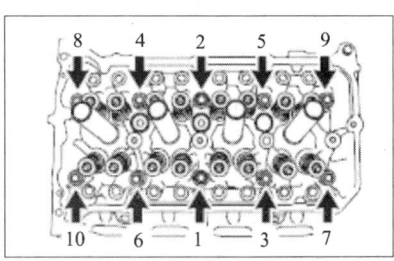

图 7—13

提示：

● 分两步紧固汽缸盖螺栓：首先在螺栓的螺纹和与垫圈相接触的螺栓头下的部位涂抹一薄层发动机机油，然后将螺栓和平垫圈安装至汽缸盖。

● 不要将垫圈掉到汽缸盖里。

步骤3：安装气门间隙调节器总成。

提示：

● 使气门间隙调节器远离灰尘和异物。

● 仅使用干净的发动机机油。

(1) 如图7—14所示，将气门间隙调节器放入装有发动机机油的容器中。

(2) 将专用工具SST顶端插入气门间隙调节器的柱塞中，并用顶端挤压柱塞中的单向球。

(3) 将专用工具SST和气门间隙调节器压在一起，上下移动柱塞5~6次。

(4) 检查柱塞的运动情况并放气。正常情况下，柱塞上下移动。

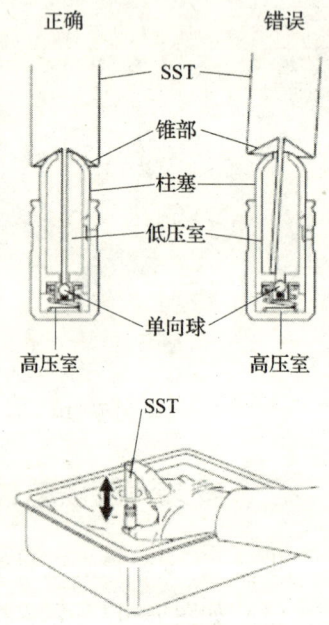

图7—14

提示：

从高压室放气时，确保SST的端部已如图所示压住单向球。如果没有压住单向球，空气不会从高压室排出。

(5) 放气后，拆下SST。然后，试着用手指迅速且用力地按压柱塞。正常情况下，柱塞很难移动。

(6) 安装气门间隙调节器。

提示：

将气门间隙调节器安装回原处。

步骤4：安装1号气门摇臂分总成。

(1) 在气门间隙调节器端部和气门杆盖端上涂抹发动机机油。

(2) 确保将气门摇臂安装至如图7—15所示位置。

步骤5：安装进气凸轮轴轴承。

(1) 清洁轴承的双表面。

(2) 安装2个进气凸轮轴轴承。

(3) 如图7—16所示，用游标卡尺测量轴承盖边缘和凸轮轴轴承边缘间的距离。

尺寸（A - B）：0.7 mm 或更小。

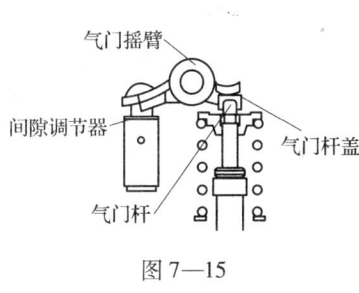

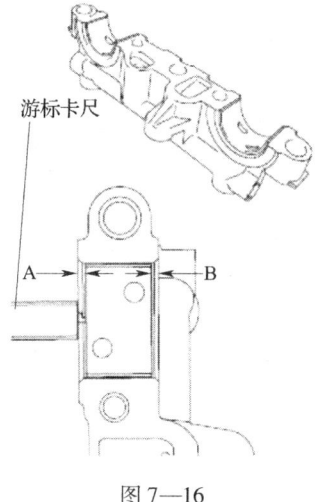

图7—15   图7—16

提示：

通过测量尺寸A和B，将轴承固定至轴承盖中心。

步骤6：安装机油控制阀滤清器。

（1）检查并确认滤清器的滤网上没有异物。

（2）如图7—17所示，安装机油控制阀滤清器。

提示：

安装机油控制阀滤清器时，不要触碰滤网。

步骤7：安装排气凸轮轴轴承。

（1）清洁轴承的双表面。

（2）安装2个排气凸轮轴轴承。

（3）如图7—18所示，用游标卡尺测量轴承盖边缘和凸轮轴轴承边缘间的距离。

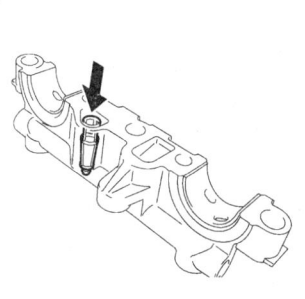

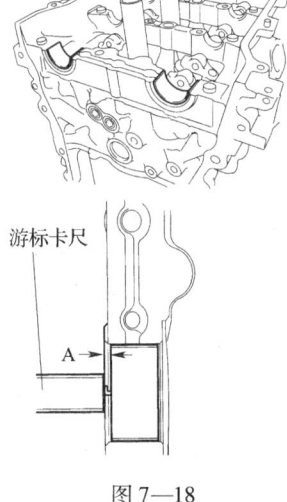

图7—17   图7—18

尺寸（A）：1.05~1.75 mm。

提示：

通过测量尺寸 A，将轴承固定至轴承盖中心。

步骤8：安装排气凸轮轴。

（1）清洁凸轮轴轴颈。

（2）在凸轮轴轴颈、凸轮轴壳和轴承盖上涂抹一薄层发动机机油。

（3）如图 7—19 所示，将排气凸轮轴安装到凸轮轴壳上。

步骤9：安装凸轮轴。

（1）清洁凸轮轴轴颈。

（2）在凸轮轴轴颈、凸轮轴壳和轴承盖上涂抹一薄层发动机机油。

（3）如图 7—20 所示，将凸轮轴安装到凸轮轴壳上。

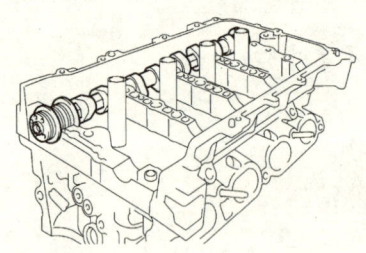

图 7—19

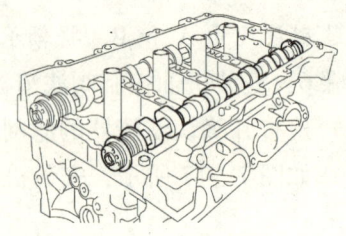

图 7—20

步骤10：安装凸轮轴轴承盖。

（1）在凸轮轴轴颈、凸轮轴壳和轴承盖上涂抹发动机机油。

（2）如图 7—21 所示，确认各凸轮轴轴承盖上的标记和号码，并将其置于正确的位置和方向。

提示：

确保凸轮轴的锁销如图所示安装。

（3）按如图 7—22 所示顺序，紧固 10 个螺栓，扭矩为 16 N·m。

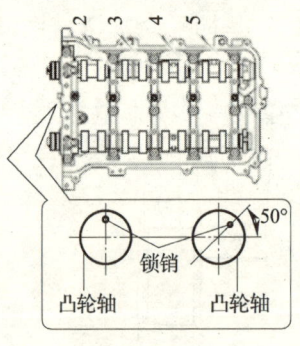

图 7—21

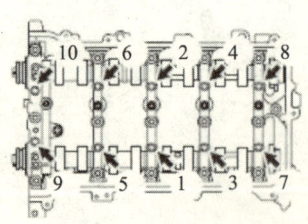

图 7—22

步骤11：安装凸轮轴壳分总成。

（1）确保将气门摇臂按如图7—23所示安装。

（2）如图7—24所示，连续涂抹密封胶。

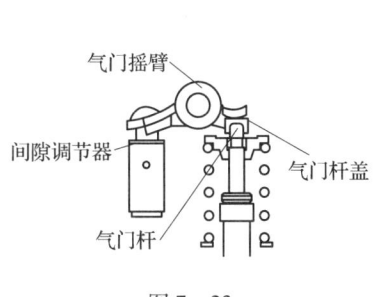

图7—23

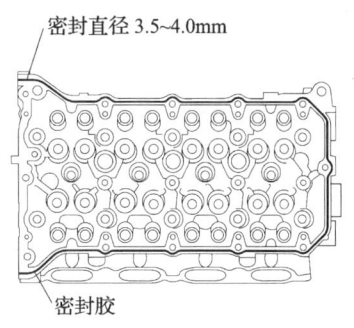

图7—24

密封直径：3.5~4.0 mm。

提示：

● 清除接触面的所有机油。

● 在涂抹密封胶后3 min内安装凸轮轴壳分总成。

● 安装后至少2 h内不要起动发动机。

（3）固定凸轮轴和排气凸轮轴。

（4）安装凸轮轴壳，并按图7—25所示顺序紧固17个螺栓，扭矩为27 N·m。

提示：

● 安装凸轮轴壳后，确保凸轮凸角按如图所示安装。

● 如果在安装过程中任何螺栓松动，则拆下凸轮轴壳、清洁安装表面并重新涂抹密封胶。

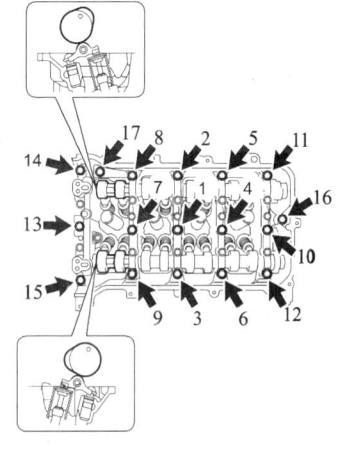

图7—25

● 如果在安装过程中因螺栓松动而拆下凸轮轴壳，则应确保先前涂抹的密封胶未进入任何机油通道。

● 安装凸轮轴壳后，拭去凸轮轴壳和汽缸盖之间渗出的密封胶。

三、安装发动机正时链条

步骤1：安装凸轮轴正时齿轮总成。

（1）检查并确认锁销已安装在凸轮轴上。

(2) 如图7—26所示,使直销和键槽不对准,将凸轮轴正时齿轮和凸轮轴放置在一起。

提示:

不要用力推入凸轮轴正时齿轮总成,这样可能导致凸轮轴锁销端部损坏凸轮轴正时齿轮总成的安装表面。

(3) 将凸轮轴正时齿轮轻轻推向凸轮轴的同时,按照图7—27所示方向旋转凸轮轴正时齿轮,将齿轮销进一步推入键槽中。

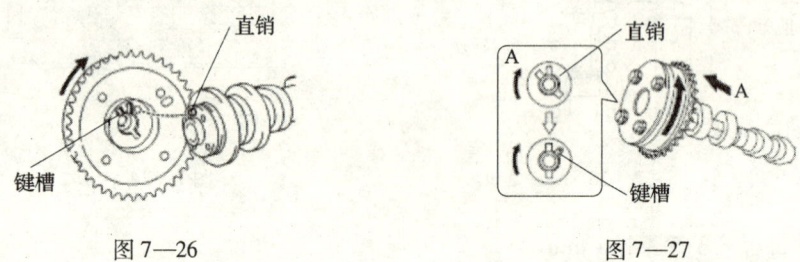

图7—26　　　　　　图7—27

提示:

不要使凸轮轴正时齿轮朝延迟方向(顺时针)转动。

(4) 如图7—28所示,测量齿轮和凸轮轴间的间隙,间隙为0.1~0.4 mm。

(5) 如图7—29所示,在凸轮轴正时齿轮固定就位时,紧固凸缘螺栓,扭矩为54 N·m。

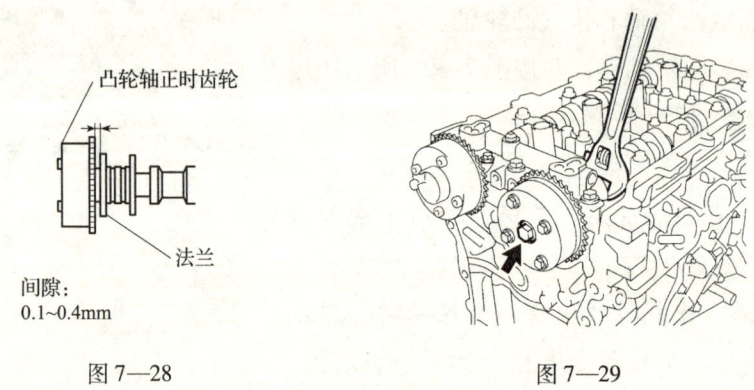

图7—28　　　　　　图7—29

(6) 如图7—30所示,检查并确认凸轮轴正时齿轮可以朝延迟方向(顺时针)转动,并锁止在最大延迟位置。

步骤2:安装排气凸轮轴正时齿轮总成。

(1) 检查并确认锁销已安装在凸轮轴上。

(2) 如图7—31所示,对准键槽和直销,然后将排气凸轮轴正时齿轮和凸轮轴连接起来。

(3) 将齿轮轻轻地压在凸轮轴上,并转动齿轮,将齿轮销进一步推入键槽中。

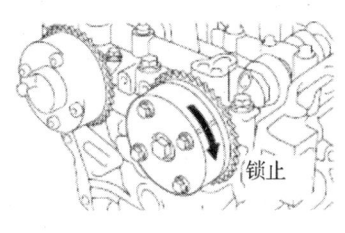 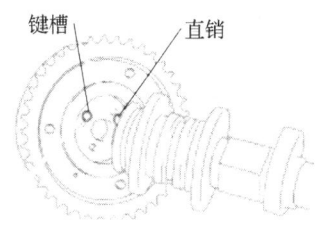

图 7—30　　　　　　　　　图 7—31

提示：

一定不要使排气凸轮轴正时齿轮朝延迟方向（顺时针）转动。

（4）检查并确认齿轮凸缘和凸轮轴间没有间隙。

（5）如图 7—32 所示，排气凸轮轴正时齿轮固定住时，拧紧凸缘螺栓。扭矩为 54 N·m。

（6）检查排气凸轮轴正时齿轮的锁止情况，确保排气凸轮轴正时齿轮已锁止。

步骤 3：安装曲轴正时齿轮键。如图 7—33 所示，用塑料锤敲进 2 个曲轴正时齿轮键。

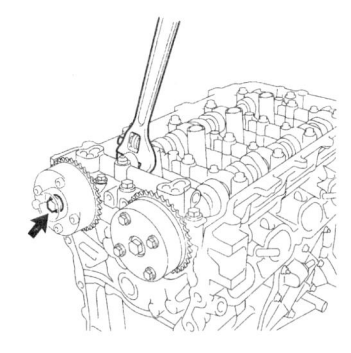 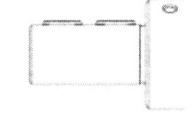

图 7—32　　　　　　　　　图 7—33

提示：

敲进曲轴正时齿轮键，直至其与曲轴接触。

步骤 4：安装 1 号曲轴位置信号盘，使"F"标记朝前，如图 7—34 所示。

步骤 5：安装 2 号链条分总成。

（1）如图 7—35 所示设置曲轴键。

（2）转动驱动轴以便切口朝向右水平位置。

（3）如图 7—36 所示，使黄色链条标记对准每个齿轮的正时标记。

（4）用齿轮上的链条将链轮安装到曲轴和机油泵轴上。

（5）用螺母暂时紧固机油泵主动链轮。

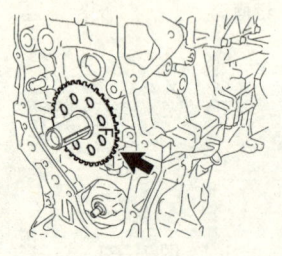
图 7—34

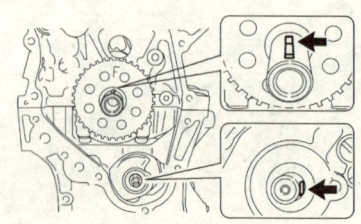
图 7—35

（6）如图 7—37 所示，将减振弹簧插入到调节孔，然后用螺栓安装链条张紧器盖板。扭矩为 10 N·m。

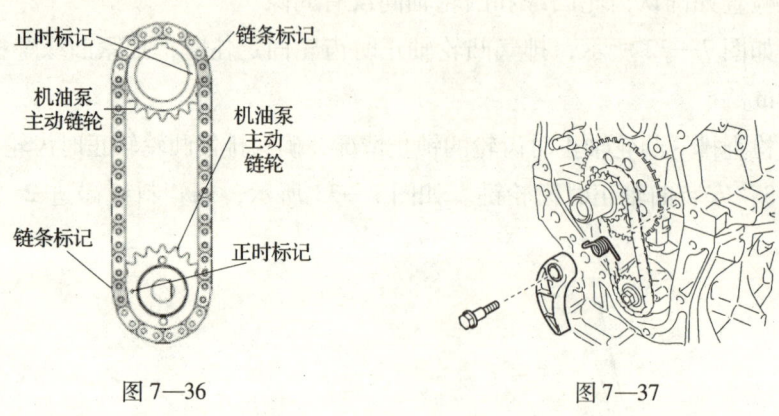
图 7—36　　　　　图 7—37

（7）如图 7—38 所示，将机油泵主动链轮的调节孔对准机油泵凹槽。

（8）如图 7—39 所示，将一个直径为 4 mm 的杆插入机油泵主动轴齿轮的调节孔以便将齿轮锁定就位，然后紧固螺母。扭矩为 28 N·m。

步骤 6：如图 7—40 所示，安装曲轴正时链轮。

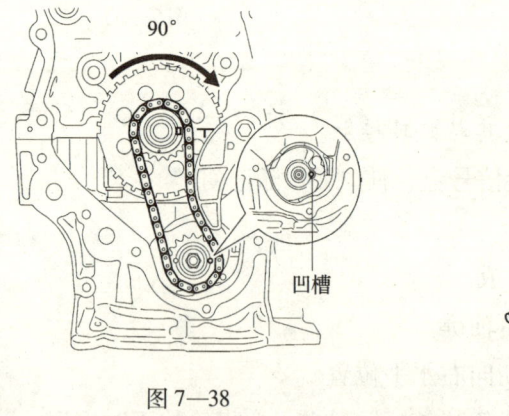
图 7—38

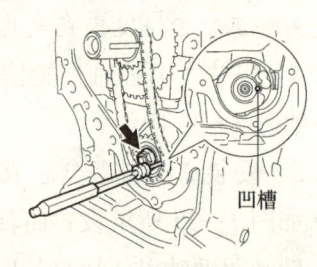
图 7—39

步骤 7：如图 7—41 所示，用 2 个螺栓安装 1 号链条振动阻尼器。扭矩为 21 N·m。

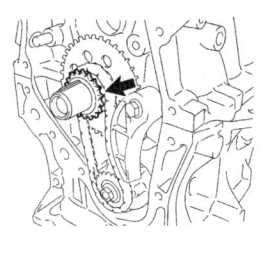 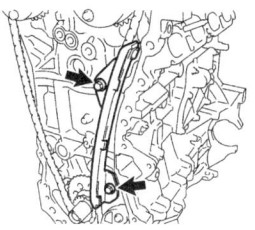

图 7—40　　　　　　　　　图 7—41

步骤 8：如图 7—42 所示，用 2 个螺栓安装 2 号链条振动阻尼器。扭矩为 10 N·m。

步骤 9：安装链条分总成。

（1）检查 1 号汽缸 TDC/ 压缩位置。

1）暂时紧固曲轴皮带轮螺栓。

2）如图 7—43 所示，逆时针转动曲轴，以使正时齿轮键位于顶部。

 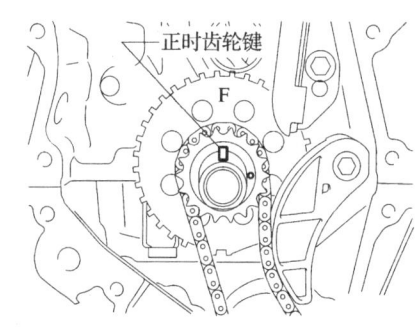

图 7—42　　　　　　　　　图 7—43

3）拆下曲轴皮带轮螺栓。

4）如图 7—44 所示，检查每个凸轮轴正时齿轮上的正时标记。

（2）如图 7—45 所示，将标记板（橙色）和正时标记对准并安装链条。

提示：

● 确保使标记板位于发动机前侧。

● 凸轮轴侧的标记板为橙色。

● 不要使链条缠绕在凸轮轴正时齿轮总成的链轮周围，只可将其放置在链轮上。

● 将链条穿过 1 号振动阻尼器。

（3）如图 7—46 所示，将链条放在曲轴上，但不要使其缠绕在曲轴周围。

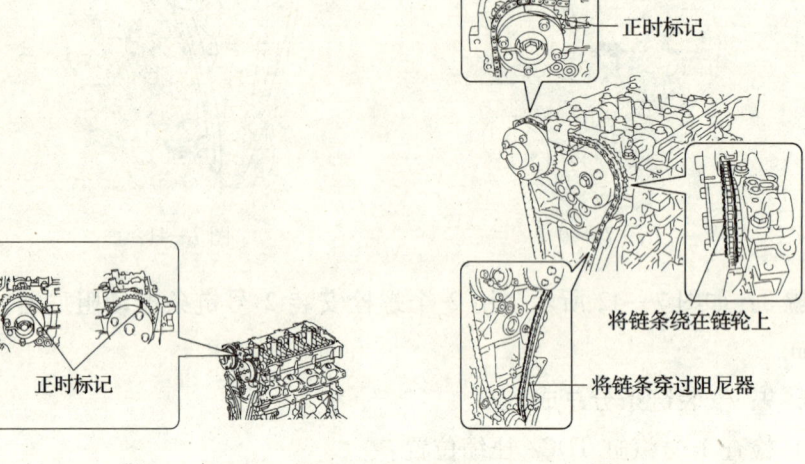

图7—44　　　　　　　图7—45

（4）如图7—47所示，用扳手固定住凸轮轴的六角头部分，并逆时针旋转凸轮轴正时齿轮总成，以使标记板（橙色）和正时标记对准。

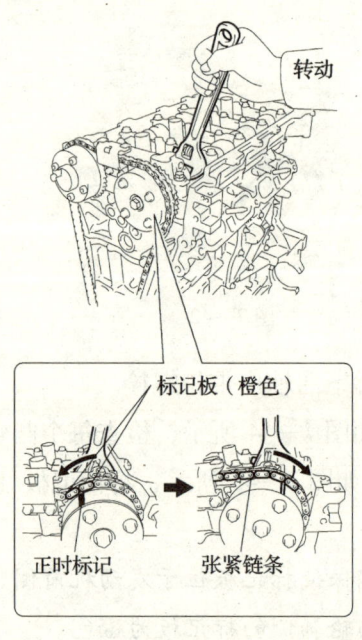

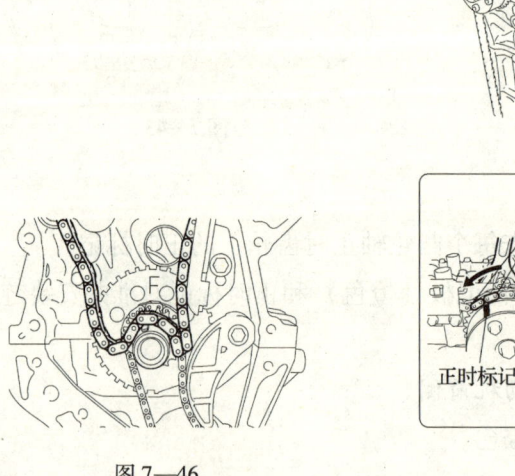

图7—46　　　　　　　图7—47

提示：
- 确保使标记板位于发动机前侧。
- 凸轮轴侧的标记板为橙色。

(5) 用扳手固定住凸轮轴的六角头部分，并顺时针旋转凸轮轴正时齿轮总成。

提示：

为了张紧链条，缓慢地顺时针旋转凸轮轴正时齿轮总成，防止链条错位。

(6) 将标记板（黄色）和正时标记对准，并将链条安装至曲轴正时齿轮。

提示：

曲轴侧的标记板为黄色，如图7—48所示。

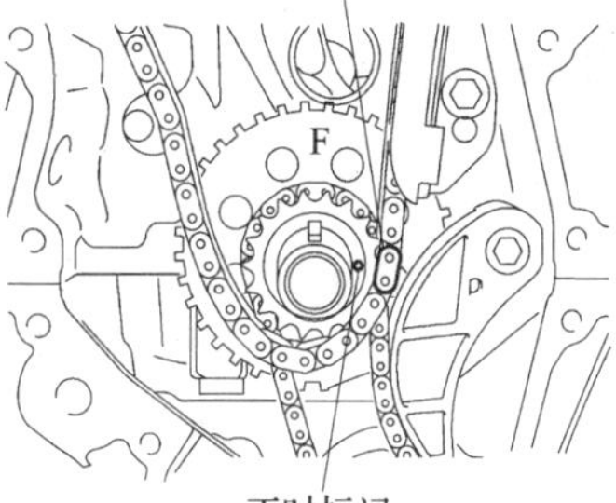

(7) 在TDC/压缩位置时，重新检查每个正时标记，如图7—49所示。

图7—48

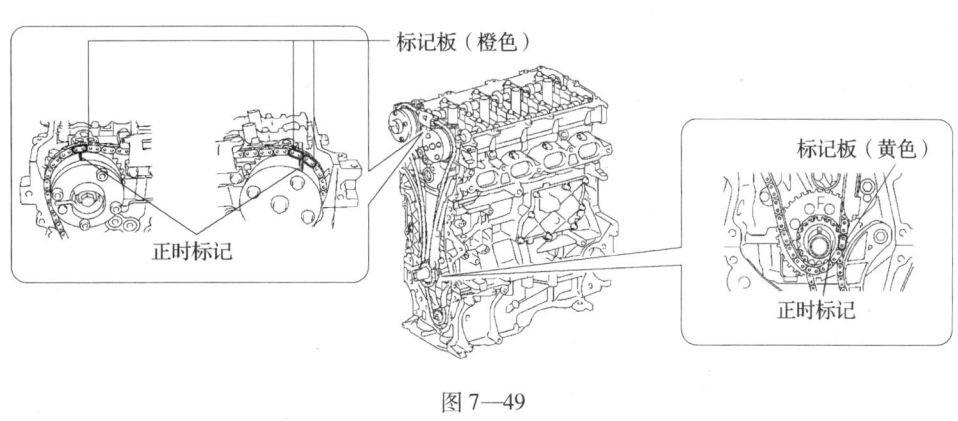

图7—49

步骤10：如图7—50所示，安装链条张紧器导板。

四、安装发动机附件

步骤1：如图7—51所示，用4个螺栓安装1号发电机支架。扭矩为21 N·m。

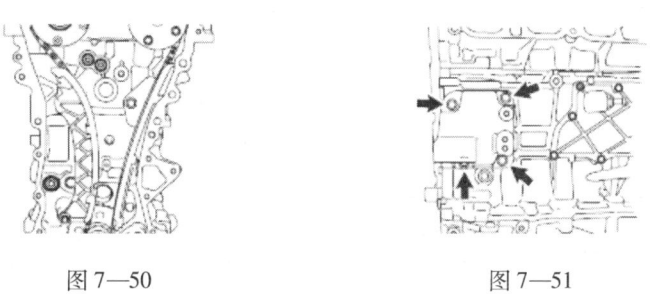

图7—50   图7—51

步骤2 如图7—52所示，用3个螺栓安装进水口壳。扭矩为21 N·m。

步骤3 安装正时链条盖油封。

（1）如图7—53所示，用专用工具SST敲入一个新油封，直到其表面与正时齿轮箱边缘齐平。

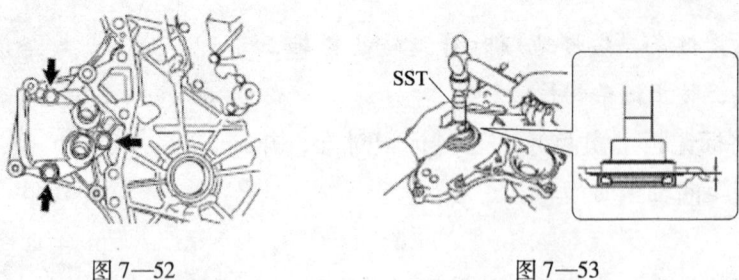

图7—52　　　　　　　　　　图7—53

（2）在油封唇口上涂抹一薄层通用润滑脂。

提示：

- 使唇口远离异物。
- 不要斜敲油封。
- 确保油封边缘不伸出正时链条盖。

步骤4：安装正时链条盖分总成。

（1）如图7—54所示，清除所有旧填料（FIPG），切记不要将油滴在正时链条盖、汽缸盖和汽缸体的接触面上。

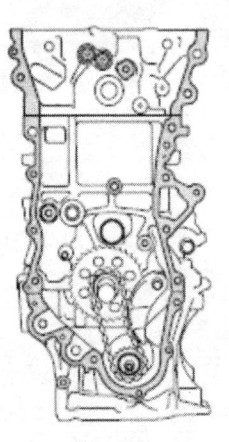 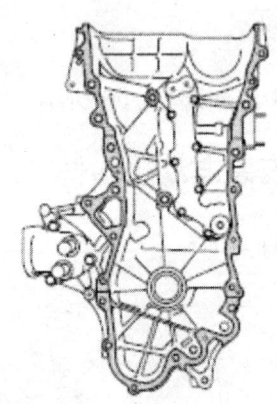

图7—54　清洁和去除

（2）如图7—55所示，安装3个新O形圈。

（3）如图7—56所示，涂抹密封胶。

密封直径：3.0 mm。

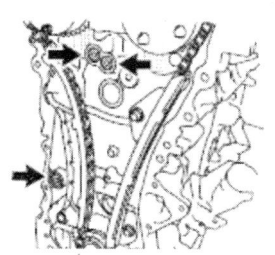

图 7—55

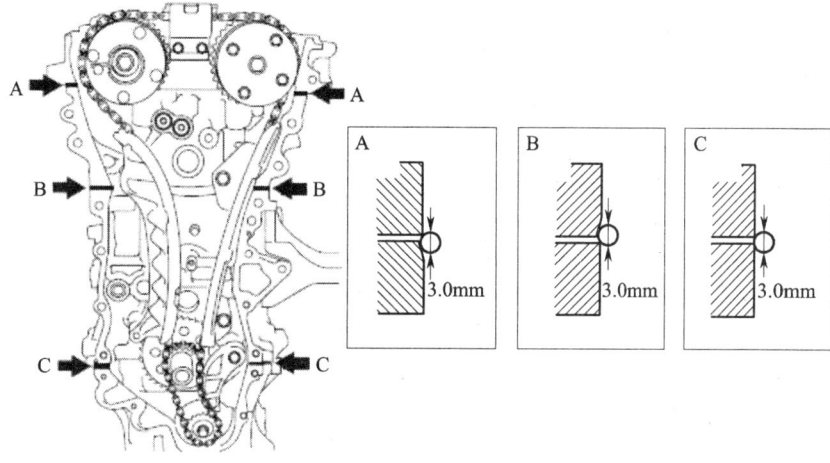

图 7—56

提示：

- 清除接触面的所有机油。
- 涂抹密封胶后 3 min 内安装链条盖。
- 安装正时链条盖分总成后，至少 2 h 内不要起动发动机。

（4）如下图 7—57 所示，给正时链条盖连续涂抹密封胶。

提示：

- 如果接触面潮湿，则在涂抹密封胶前用无油抹布擦拭。
- 涂抹密封胶后 3 min 内安装链条盖，并在 15 min 内紧固螺栓。
- 安装后至少 2 h 内不要起动发动机。

按表 7—2 所示方式涂抹密封胶。

（5）安装正时链条盖。

（6）如图 7—58 所示，安装新衬垫。

提示：

清除接触面的所有机油。

（7）如图 7—59 所示，用 3 个螺栓安装水泵。扭矩为 24 N·m。

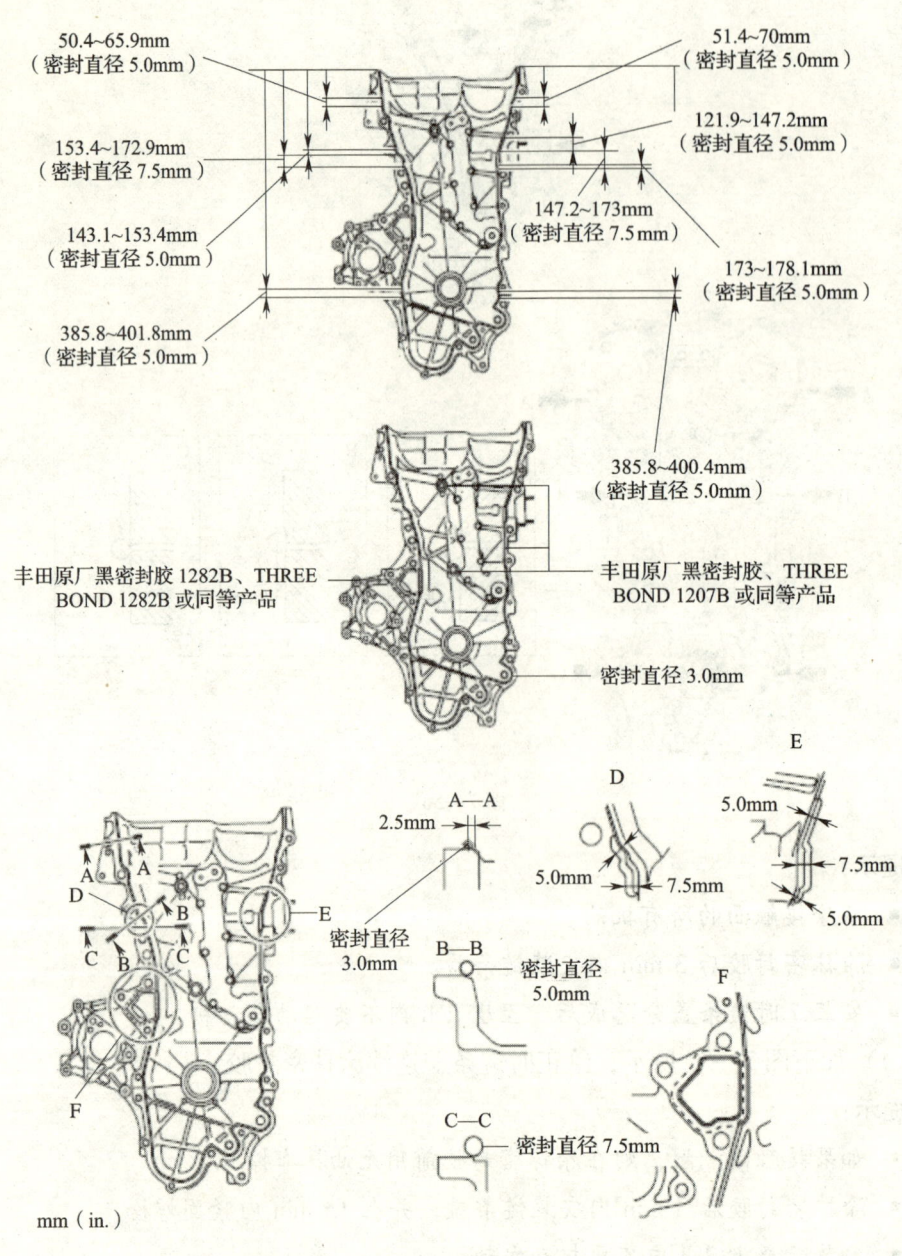

图 7—57

表 7—2　　　　　　　　　　密封胶涂抹要求

部位	密封胶直径	密封线以内的涂抹位置	密封胶
连续线区域	3.0 mm	2.5 mm	丰田原厂黑密封胶，Three Bond 1207B 或同等产品
虚线区域	4.0 mm	3.0 mm	丰田原厂黑密封胶 1282B、Three Bond 1282B 或同等产品

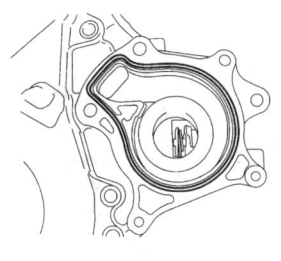
图 7—58

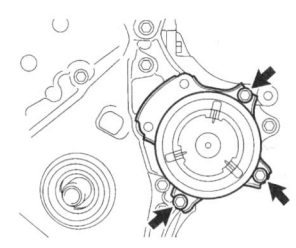
图 7—59

（8）如图 7—60 所示，用 3 个螺栓安装发动机悬置支架。螺栓长度为 80 mm。

提示：
- 在安装链条盖后 10 min 之内安装悬置支架。
- 安装后至少 2 h 内不要起动发动机。

（9）如图 7—61 所示，安装 2 个新 O 形圈。

图 7—60

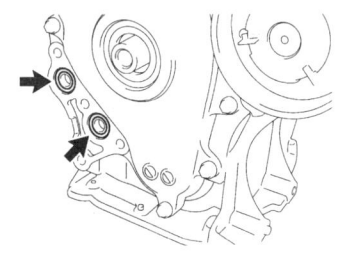
图 7—61

（10）如图 7—62 所示，用 4 个螺栓暂时紧固机油滤清器支架。螺栓长度 35 mm。

图 7—62

提示：
- 在安装链条盖后 10 min 之内安装机油滤清器支架。
- 安装后至少 2 h 内不要起动发动机。

（11）在螺栓 E 的螺纹上涂抹黏合剂。

（12）按图 7—63 所示顺序，用 26 个螺栓安装正时链条盖。

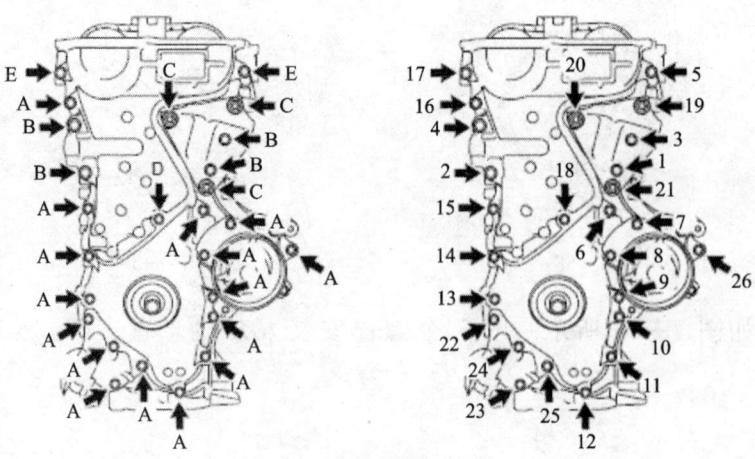

图 7—63

扭矩：螺栓 A、E 26 N·m。
　　　螺栓 B　　　51 N·m。
　　　螺栓 C　　　51 N·m。
　　　螺栓 D　　　10 N·m。

提示：
- 如果接触面潮湿，则在涂抹密封胶前用无油抹布擦拭。
- 涂抹密封胶后 3 min 内安装链条盖，并在 15 min 内紧固螺栓。
- 安装后至少 2 h 内不要起动发动机。

螺栓长度见表 7—3。

表 7—3　　　　　　　　　　　　螺栓长度

项目	长度
螺栓 A、E	35 mm
螺栓 B	55 mm
螺栓 C	80 mm
螺栓 D	40 mm

步骤 5：安装曲轴皮带轮。

（1）将曲轴皮带轮定位键对准皮带轮上的键槽。

（2）如图 7—64 所示，用专用工具 SST 固定皮带轮就位并拧紧螺栓。扭矩为 190 N·m。

提示：

安装 SST 时要检查其安装位置，以防止 SST 安装螺栓接触正时链条盖分总成。

步骤6：安装发动机机油压力开关总成。

（1）如图 7—65 所示，在机油压力开关的 2 或 3 个螺纹上涂抹黏合剂。

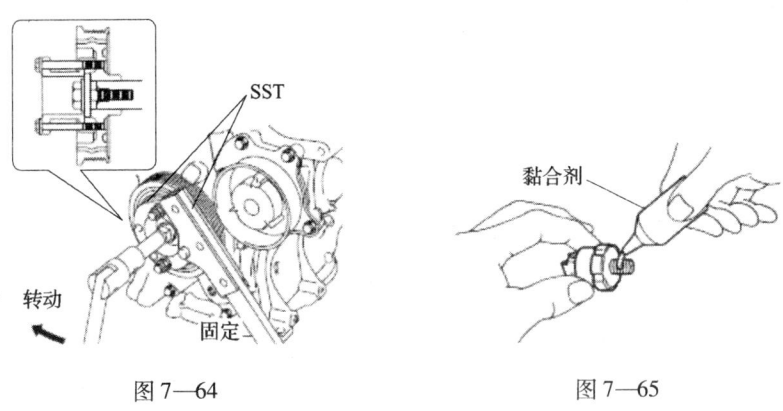

图 7—64　　　　　　　　图 7—65

（2）如图 7—66 所示，用 24 mm 长套筒扳手安装机油压力开关。扭矩为 15 N·m。

提示：

- 涂抹黏合剂后 3 min 内安装机油压力开关。
- 安装后 1 h 内不要起动发动机。

步骤7：安装发动机冷却液温度传感器。

（1）将新衬垫安装到发动机冷却液温度传感器上。

（2）如图 7—67 所示，用 19 mm 的长套筒扳手安装温度传感器。扭矩为 20 N·m。

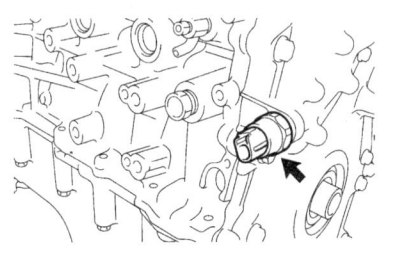 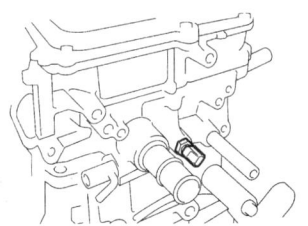

图 7—66　　　　　　　　图 7—67

步骤8：如图 7—68 所示，用螺栓安装爆震控制传感器。扭矩为 21 N·m。

提示：

确保爆震控制传感器在正确位置。

步骤9：如图7—69所示，在螺塞的2或3个螺纹上涂抹黏合剂，并安装1号锥螺纹塞。扭矩为43 N·m。

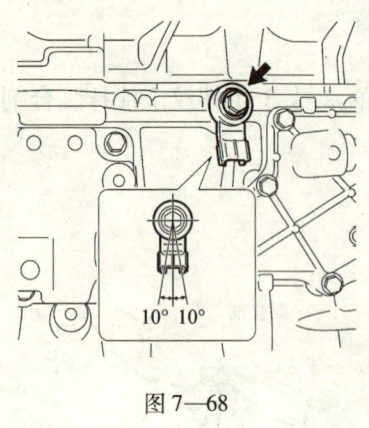

图7—68

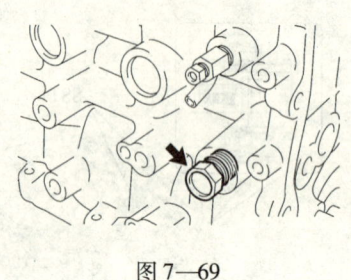

图7—69

提示：
- 涂抹黏合剂后3 min内安装螺塞。
- 安装后1 h内不要起动发动机。

步骤10：安装曲轴位置传感器。

（1）如图7—70所示，在传感器O形圈上涂抹一薄层发动机机油。

（2）如图7—71所示，用螺栓安装曲轴位置传感器。扭矩为10 N·m。

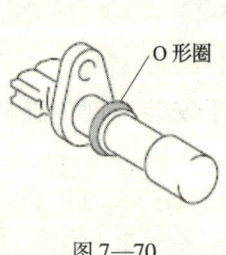

图7—70

图7—71

步骤11：安装1号链条张紧器总成。

（1）松开棘轮爪，然后完全推入柱塞，将挂钩固定在销上以使柱塞位于图7—72所示位置。

提示：
确保凸轮固定在柱塞的第一个齿上，使挂钩穿过销。

（2）如图7—73所示，用2个螺母安装一个新衬垫、支架和1号链条张紧器。扭矩为10 N·m。

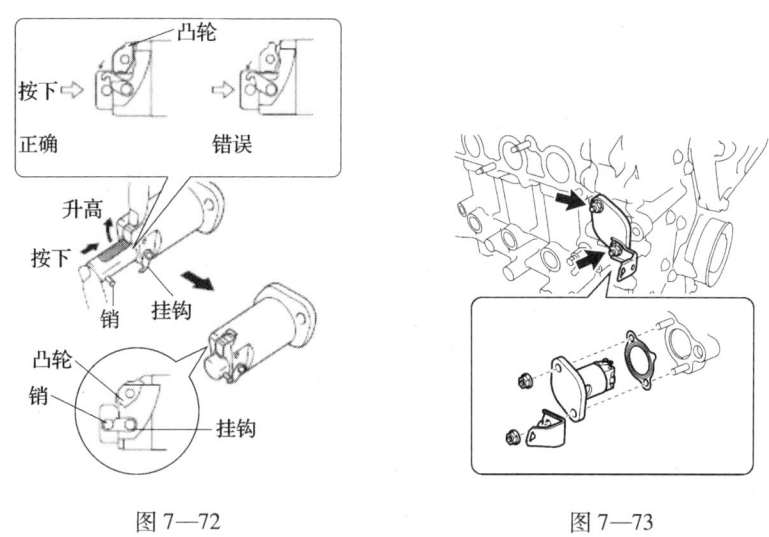

图 7—72　　　　　　　　　　图 7—73

提示：

如果安装链条张紧器时挂钩松开柱塞，重新固定挂钩。

（3）如图 7—74 所示，逆时针转动曲轴，然后从挂钩上断开柱塞锁销。

（4）如图 7—75 所示，顺时针转动曲轴，然后检查并确认柱塞伸出。

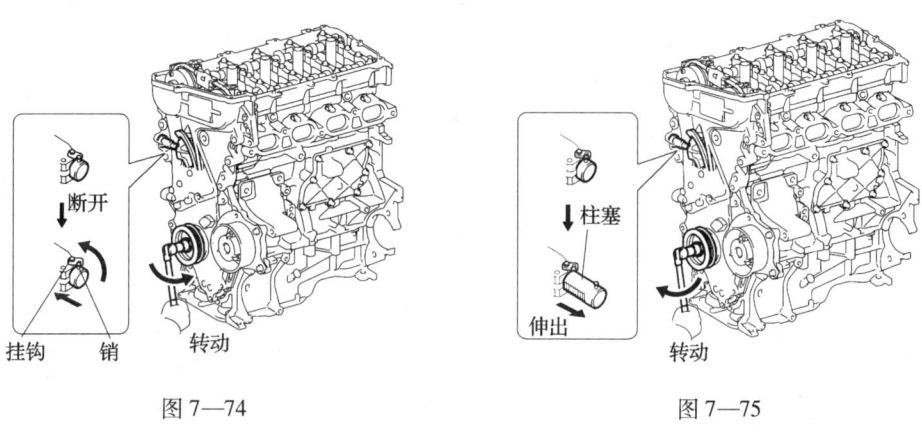

图 7—74　　　　　　　　　　图 7—75

步骤 12：安装机油滤清器分总成。

（1）如图 7—76 所示，使用 12 mm 六角套筒扳手安装机油滤清器座。扭矩为 30 N·m。

（2）检查并清洗机油滤清器的安装面。

（3）在新机油滤清器的衬垫上涂抹一层干净的发动机机油。

（4）将机油滤清器轻轻地旋到位并拧紧，直到衬垫接触机油滤清器底座。

（5）使用扭矩扳手时，如图 7—77 所示，用专用工具 SST 紧固机油滤清器。扭矩为 25 N·m。

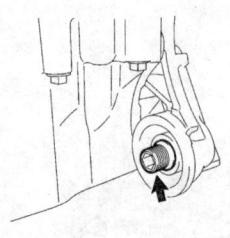
图7—76

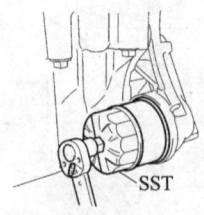
图7—77

(6) 不使用扭矩扳手时,如图7—78所示,用专用工具SST将机油滤清器再拧紧3/4圈。

步骤13:如图7—79所示,将衬垫安装至汽缸盖罩。

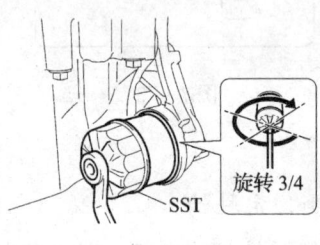
图7—78

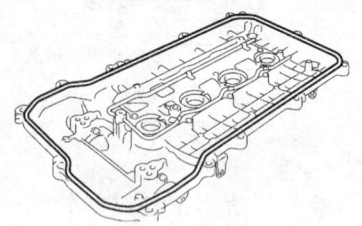
图7—79

提示:

清除接触面的所有机油。

步骤14:安装汽缸盖罩分总成。

(1) 如图7—80所示,将3个新衬垫安装至进气凸轮轴轴承盖。

(2) 如图7—81所示,涂抹密封胶。

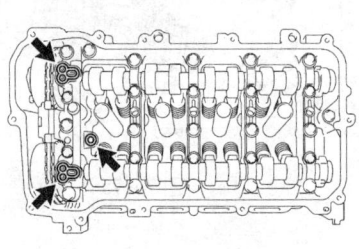
图7—80

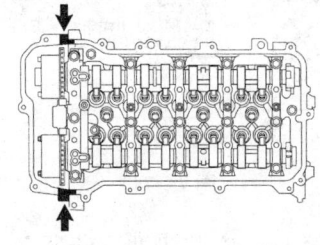
图7—81

提示:

- 清除接触面的所有机油。
- 涂抹密封胶后3 min内安装汽缸盖罩,并在15 min内紧固螺栓。
- 安装后至少2 h内不要起动发动机。

(3) 如图7—82所示,用1个新密封垫圈和13个螺栓安装汽缸盖罩。扭矩为10 N·m。

步骤 15：安装凸轮轴正时机油控制阀总成。

（1）如图 7—83 所示，在新 O 形圈上涂抹一薄层发动机机油，并将 O 形圈安装到凸轮轴正时机油控制阀上。

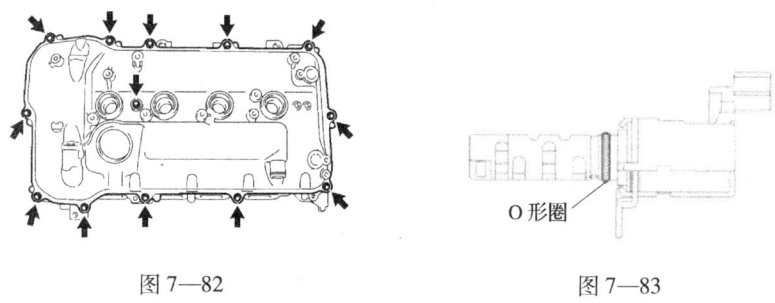

图 7—82　　　　　　　　　图 7—83

（2）如图 7—84 所示，用 2 个螺栓安装 2 个凸轮轴正时机油控制阀和支架。扭矩为 10 N·m。

步骤 16：安装凸轮轴位置传感器。

（1）如图 7—85 所示，在传感器 O 形圈上涂抹一薄层发动机机油。

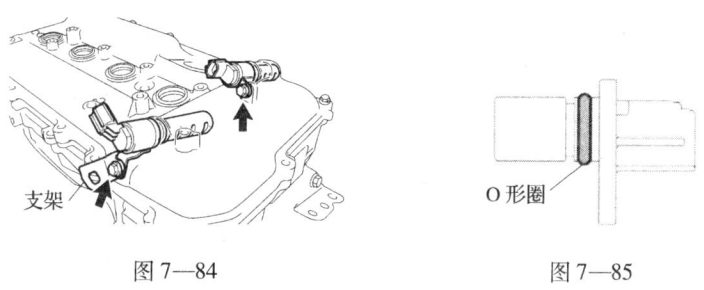

图 7—84　　　　　　　　　图 7—85

（2）如图 7—86 所示，用 2 个螺栓安装 2 个传感器。扭矩为 10 N·m。

步骤 17：如图 7—87 所示，用 14 mm 火花塞扳手安装 4 个火花塞。扭矩为 20 N·m。

步骤 18：如图 7—88 所示，安装 2 个发动机舱盖接头。扭矩为 10 N·m。

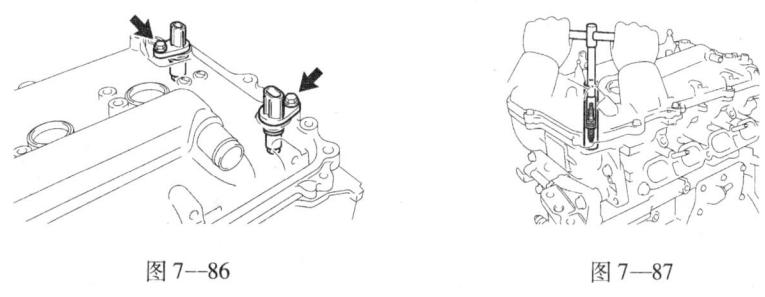

图 7—86　　　　　　　　　图 7—87

步骤 19：如图 7—89 所示，安装机油加注口盖新衬垫。

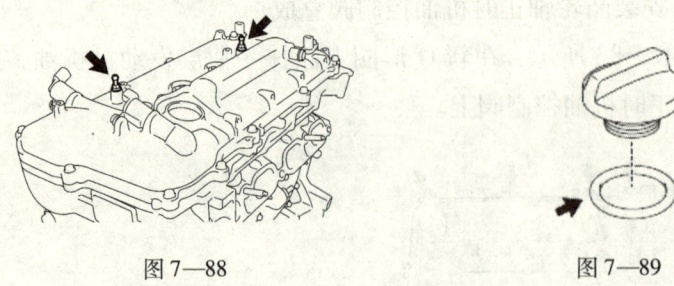

图 7—88　　　　　　　图 7—89

步骤 20：如图 7—90 所示，安装加油口盖分总成。

步骤 21：如图 7—91 所示，用 2 个螺栓安装 2 个发动机吊架。扭矩为 43 N·m。

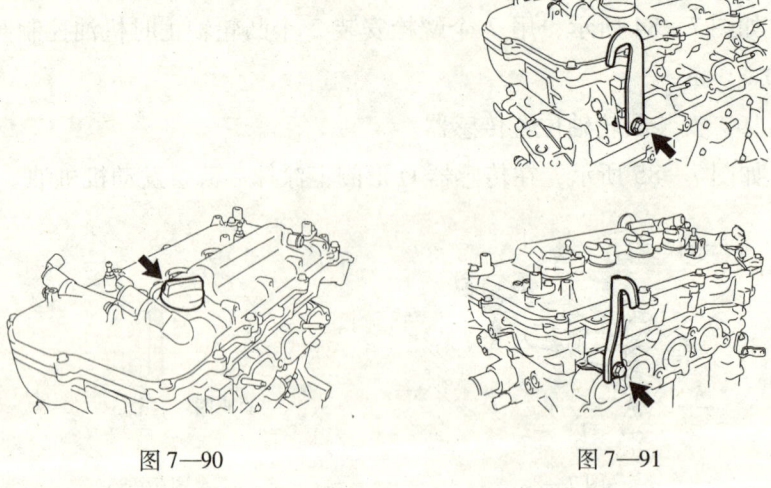

图 7—90　　　　　　　图 7—91

步骤 22：如图 7—92 所示，用螺栓安装收音机设置调相器。扭矩为 10 N·m。

步骤 23：安装节温器及水管。

（1）将新垫片安装到节温器上。

（2）安装节温器，使跳阀向上。

提示：

如图 7—93 所示，跳阀应设定在任一侧的 10°以内。

图 7—92　　　　　　　图 7—93

(3) 如图7—94所示，用2个螺母安装带散热器软管的进水口。扭矩为10 N·m。

(4) 如图7—95所示，用2个卡夹安装进水软管。

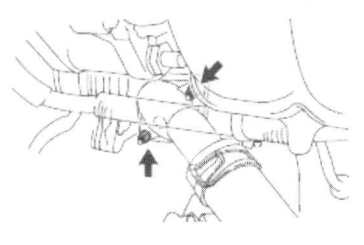

图7—94

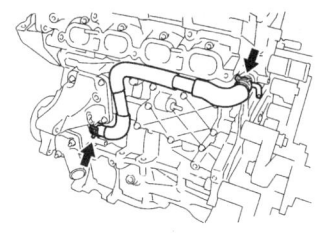

图7—95

(5) 用卡夹安装水旁通软管。

(6) 如图7—96所示，用2个螺栓安装1号水旁通管。扭矩为21 N·m。

(7) 如图7—97所示，将3号水旁通软管连接至进水口壳体。

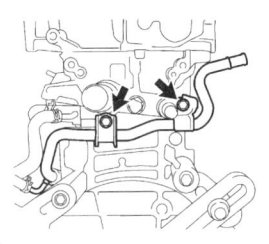

图7—96

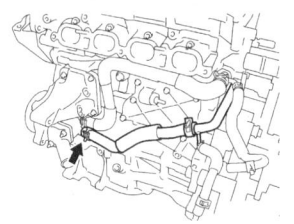

图7—97

步骤24：安装通风软管。

步骤25：安装排气歧管及隔热垫。

(1) 将新衬垫安装到排气歧管上。

(2) 如图7—98所示，用5个螺母安装排气歧管。扭矩为21 N·m。

(3) 如图7—99所示，用3个螺栓安装歧管撑条。扭矩为43 N·m。

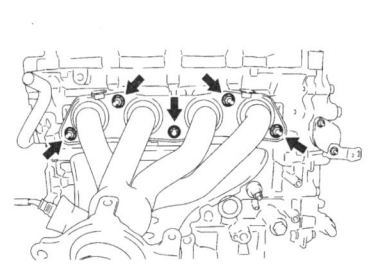

图7—98

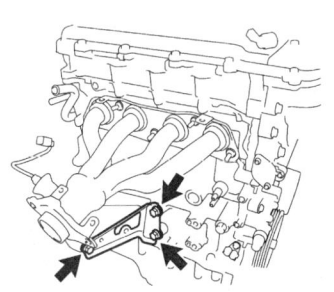

图7—99

(4) 如图 7—100 所示,使用 4 个螺栓安装排气歧管 1 号隔热罩。扭矩为 12 N·m。

步骤 26:安装机油尺分总成。

(1) 在新 O 形圈上涂抹发动机机油。

(2) 如图 7—101 所示,用螺栓安装机油尺,使之穿过新 O 形圈。扭矩为 21 N·m。

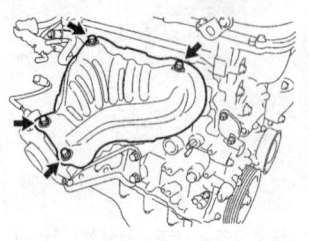

图 7—100

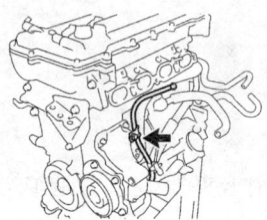

图 7—101

步骤 27:用 4 个螺栓安装 4 个点火线圈总成。扭矩为 10 N·m。

步骤 28:安装喷油器及燃油管分总成。

(1) 如图 7—102 所示,在新的 O 形圈上涂抹一薄层汽油,然后将其安装到各喷油器上。

(2) 在输油管与喷油器 O 形圈的接触表面上涂抹一薄层汽油。

(3) 如图 7—103 所示,左右转动喷油器,同时将其安装到输油管上。如果不顺畅,则更换为新的 O 形圈。

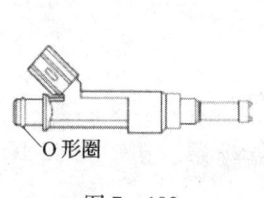

图 7—102

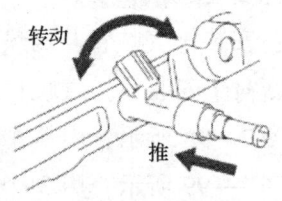

图 7—103

提示:

● 不要扭曲 O 形圈。

● 安装完喷油器后,检查并确认其可以顺畅地转动。

(4) 如图 7—104 所示,将 2 个 1 号输油管隔圈安装到汽缸盖上。

提示:

按正确的方向安装 1 号输油管隔圈。

(5) 如图 7—105 所示,安装带 4 个喷油器的输油管,然后暂时安装 3 个螺栓。

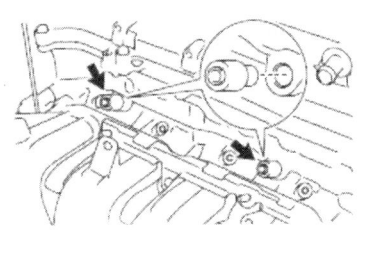
图 7—104

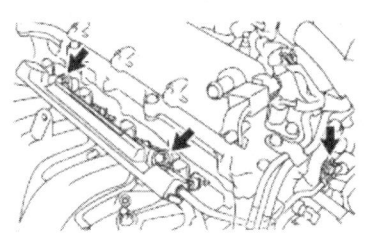
图 7—105

提示:
- 安装输油管时不要使喷油器掉落。
- 安装输油管后,检查并确认喷油器能顺畅地转动。

(6) 将 3 个螺栓拧紧至规定扭矩。扭矩为 21 N·m。

(7) 如图 7—106 所示,将燃油管连接器推入燃油管内,直到听到"咔嗒"声。

提示:
- 开始作业之前,检查并确认燃油管连接器和燃油管的断开部位没有任何划痕或异物。
- 连接燃油管之后,用手拉燃油管连接器和燃油管,检查并确认其牢固连接。

步骤29:安装进气歧管。

(1) 将新衬垫安装到进气歧管上。

(2) 如图 7—107 所示,用 4 个螺栓和 2 个螺母安装进气歧管和进气歧管撑条。扭矩为 28 N·m。

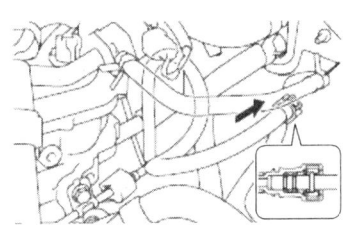
图 7—106

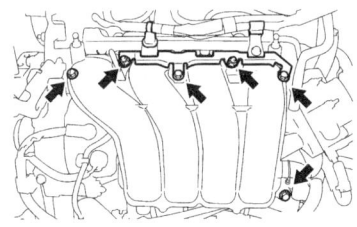
图 7—107

(3) 如图 7—108 所示,连接 2 根水旁通软管。

(4) 将通风软管连接到进气歧管上。

(5) 用 2 个螺栓安装气管。扭矩为 10 N·m。

(6) 安装线束支架。扭矩为 10 N·m。

步骤30：安装螺栓和风扇皮带调节杆。扭矩为19 N·m。

步骤31：拆卸发动机台架。

（1）用起重机安装发动机吊链装置和发动机。

（2）从发动机台架上拆下发动机。

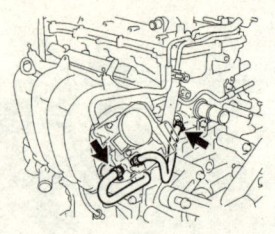

图7—108